古代歷史文化研究輯刊

三一編

王明蓀 主編

第24冊

曖昧的歷程
——中國古代性別亞文化研究
（第七冊）

張 杰 著

國家圖書館出版品預行編目資料

曖昧的歷程——中國古代性別亞文化研究（第七冊）／張杰
著 -- 初版 -- 新北市：花木蘭文化事業有限公司，2024〔民
113 〕
目 6+226 面；19×26 公分
（古代歷史文化研究輯刊 三一編；第 24 冊）
ISBN 978-626-344-676-2（精裝）
1.CST：同性戀 2.CST：性別研究 3.CST：社會生活
4.CST：歷史 5.CST：中國
618   112022534

古代歷史文化研究輯刊
三一編　第二四冊　　　　　　　　ISBN：978-626-344-676-2

曖昧的歷程
——中國古代性別亞文化研究（第七冊）

作　　者　張杰
主　　編　王明蓀
總 編 輯　杜潔祥
副總編輯　楊嘉樂
編輯主任　許郁翎
編　　輯　潘玟靜、蔡正宣　美術編輯　陳逸婷
出　　版　花木蘭文化事業有限公司
發 行 人　高小娟
聯絡地址　235 新北市中和區中安街七二號十三樓
　　　　　電話：02-2923-1455 ／傳真：02-2923-1452
網　　址　http://www.huamulan.tw 信箱 service@huamulans.com
印　　刷　普羅文化出版廣告事業
初　　版　2024 年 3 月
定　　價　三一編 37 冊（精裝）新台幣 110,000 元

曖昧的歷程
——中國古代性別亞文化研究
（第七冊）

張杰 著

目

次

從《雨村詩話》看乾嘉時期的優伶男色

李調元（1734～1802），四川綿陽人，乾隆二十八年（1763）進士。歷官吏部員外郎、廣東學政、直隸通永道。他才華豐贍，著作宏富，在所編刊《函海》、《續函海》中收有《童山詩集》、《童山文集》、《南越筆記》、《雨村曲話》、《周禮摘箋》等數十種。李氏善為詩文，交遊廣泛，所著《雨村詩話》從詩歌角度反映社會生活，對於優伶男色多有記載，很值得予以關注總結。

《雨村詩話》正編十六卷，補遺四卷，嘉慶六年（1801）刊於叢書《續函海》，正編另有李氏萬卷樓初刻本。以進士翰林的清貴身份，李調元所與交遊、所曾知聞者多為當時的知名士宦。乾隆三十九年（1774），他赴任廣東鄉試副考官，與正考官王懿修〔註670〕偕行。

> 余過黃梅，時縣令曹秋圃，王春甫故人也。邀余二人入署，張燈聽劇。有歌者銀郎，春甫甚昵之。曹令解意，為移樽至館，使銀侍酒。以令在座，礙於耳目，未得款洽。擬回轅時，將後車載之。別後思之不置。次日抵德化，適值七夕，以「銀郎」二字分韻，春甫得「銀」字，有云：
>
> 牽牛欲渡知何處，只見天河那見銀。
>
> 後試畢回京，舟至三水，春甫得廣西提學信，猶諄諄以銀郎為念，曰：「吾不及君，正坐此也。」及余至黃梅，則秋圃已調任他所，銀郎亦渺不知所之矣。余作詩寄春圃云：
>
> 七夕蒲亭有所思，曾將銀字押成詩。
>
> 潯江孤客腸空斷，明月何曾似昔時？〔註671〕

對於銀郎，王懿修的私意是將其收為孌童，隨侍在側，乃至與有衽席之歡。李調元欣然旁觀，樂其事成，對於事不克諧感到可惜。當然，士優之交通常不會如此「深入」，還是逢場作戲、短時狎賞居多。李氏記其京東通州所見：

> 通州無樂部，飲宴必雇京中梨園。時天成部在州，有歌者翔兒，習庵頗昵之，贈余詩云：
>
> 蘭堂布甌觚，四坐明燈耿。
>
> 檀槽撥新聲，翩翩舞袖影。

〔註670〕字春甫，乾隆三十一年丙戌科（1766）進士。

〔註671〕《雨村詩話》卷五。

為歡夜厭厭，疑入華胥境。

殷勤捧卮人，相對肯獨醒。

愛花不忍折，嗒然已酩酊。

遑問秋江邊，芙蓉怨孤冷。

解佩情漫通，乘槎路方永。

明日溯波歸，三星照笭箵。

余復嘲之云：

品花不在貌，令人心終耿。

滿園紅紫爛，獨愛牽牛影。

既邀周郎顧，胡為便出境？

至今望重來，淚滴睡袖醒。

何時再鴻雪，淺斟話酩酊。

黃花有興無，登高趣更永。

寄問羨魚人，及早備笭箵。

蓋戲之也。〔註672〕

按：曹仁虎字來殷，號習庵，〔註673〕李調元還曾記其一事：

嘉定曹來殷學士，風流跌宕，好徵歌。與珠郎狎，贈詩云：

一桁銀燈照畫屏，綺筵夜靜酒微醒。

壁郎妙舞珠郎曲，拍遍紅牙掩淚聽。

王蘭泉戲贈云：

往事分明附逝波，湖田別鶴奈愁何。

碧梧小院重門裏，曾記珠郎擪笛歌。〔註674〕

按：王昶字德甫，號蘭泉、述庵，〔註675〕李調元記他與大詩人袁枚（字子才）之間的一段交往，歌童桂郎居於其間，為風流添色。

乾隆己亥仲秋，王述庵從軍前，乞假回。適子才遊北固山，相與舟中話別。子才有小史桂郎隔船度曲，歡飲達旦。述庵臨別有詩云：

桂枝風調冠南吳，一縷清歌一串珠。

並作老夫情緒惡，江雲黯淡雨模糊。

〔註672〕《雨村詩話》卷八。
〔註673〕參見本書第301頁。
〔註674〕《雨村詩話》卷二。
〔註675〕參見本書第1014～1017頁。

子才和云：

謝公陶寫客中情，流管清絲夜不停。

為道何戡年半老，不宜相見只宜聽。〔註676〕

比述庵假滿入都，則羅兩峰、余少雲已各繪圖長安，傳為雅事。
後庚子三月，述庵有江右之行，復次京口。則子才居白下，桂郎在
金閶，非復囊日風景。淡雲微雨，青燈危坐，不勝今昔之感，復作
詩寄子才云：

多景樓前畫舫停，空江微雨夜冥冥。

坐中只少中郎並，喚取歌珠剪燭聽。〔註677〕

乾隆十七年（1752）狀元秦大士是袁枚的學生，下筆立就，曾經調侃其師：

江寧秦潤泉大士，乾隆壬申殿撰。為秀才時，受知於袁子才。
甲子科，袁從沭陽就聘南闈，過燕子磯，見秦題詩，心異之。次年，
袁調江寧，月課多士，拔其尤者，如龔孫枝及秦等二十人。徵歌選
勝，大會於徐園。有伶人康郎，為子才所賞，秦即席賦詩云：

秋雲羃羃午陰長，舞袖風回桂蕊香。

忘是將軍門下客，公然仔細看康郎。

一座為之解頤。〔註678〕

我們談論清代的優伶男色，最盛之地當屬北京。乾嘉之際之後，有關相公
情態的詩文載述可謂俯拾即是。而在此之前，涉及京優賣色的記載尚不算多，
李調元曾記一例：

直隸滄州李隨軒廷揚，庚辰進士。由工部郎中授廣東南韶道，
升臬司。隨軒多髯，善諧謔，與桂秀岩林同為工部郎中，相善。隨
軒與京伶李德翠號翠官親昵。一日見其浴，遍體如漆，乃遣之。後
秀岩總制粵東，隨軒執下屬禮見，秀岩握手笑問曰：「頗憶黑郎否？」
隨軒不覺面赤。〔註679〕

〔註676〕《京口遇王蘭泉廷尉，舟中見贈四章，即與其數答之》之二，見袁枚《小倉
　　　　山房詩集》卷二十六。此詩之四云：「不載楊枝載桂枝，折花時是散花時。為
　　　　儂寄語司關者，敝履遺簪有所思。」袁氏自注：「予以桂郎薦淮關榷使，君（王
　　　　昶）為載往。」
〔註677〕《雨村詩話》卷三。
〔註678〕《雨村詩話》卷五。
〔註679〕《雨村詩話》卷四。

李廷揚與翠官「親昵」到見其洗浴的地步，雖然因黑而止，但此前的日常接觸肯定不僅僅是賞其演藝。在乾隆後期，京優中最出名的是李調元的四川同鄉魏長生（魏三），李氏記曰：

> 近日京師梨園，以川旦為優。而最著為金堂魏長生，其徒成都陳銀官次之，幾於名震京師。……未幾，魏與陳以事押回原籍。余歸田往成都，曾於新都見陳，非復前觀矣。過金堂，魏三曾以書來約一見，余有詩云：
>
> 魏王船上客，久別自燕京。
> 忽得錦官信，來從繡水城。
> 謳推王豹善，曲著野狐名。
> 聲價當年貴，千金紙不輕。
> 傅粉何平叔，施朱張六郎。
> 一生花底活，三日坐中香。
> 假髻雲霞膩，纏頭金玉相。
> 《燕蘭》誰作譜，名獨殿群芳。〔註680〕

詩中「魏王」是指《戰國策》中與龍陽君共船而釣者。魏長生被比作龍陽，像東漢秦宮那樣「一生花底活」，自有其男色上的魅人之處，這也是吳長元《燕蘭小譜》卷之三將其稱為「野狐教主」的原因。〔註681〕

乾隆四十七年（1782）居官通永道時，李調元因罪獲譴，贖免後於乾隆五十年（1785）回蜀，此後居鄉近二十載，直到去世。對於本省川優色藝，他自然多有觀察和接觸。

> 成都伶人羅振名，色藝動一時。周載軒頗盼之，羅謂其可親。
> 一日出扇求題，周即書云：
> 到來總是風流客，醉寫成都絕妙詞。
> 過眼雲煙休錯認，慢拈紅豆葱相思。
> 羅得詩，悵悵而去。〔註682〕

羅振名一腔柔情蜜意，可從周載軒那裏討得的卻是尷尬無趣。當然，面對優伶的獻媚取憐，一般情況下士宦都會樂於稱賞的。

〔註680〕《雨村詩話》卷十。
〔註681〕參見本書第596～597頁。
〔註682〕《雨村詩話》卷十四。

　　吳壽庭在蜀，有歌者雙采，色藝冠一時，常侍杯酒。署鹽茶觀
察未幾，以解督魁制軍〔註683〕進京。臨行送至駟馬橋，雙采求詩，
先生即書云：

　　又看蓉城一度春，匆匆車馬出郊闉。

　　橋邊指點銷魂樹，無過當筵折柳人。

　　花田十里素馨花，誰為移根蜀國誇？

　　珍重海棠明月伴，從今流照向西家。〔註684〕

　　成都太守趙少鈍秉淵，太僕損之先生長君。損之與余交最契，
少鈍詩克傳家學，見余蒙以父執，稱愧不敢當。一日請祭江瀆，周
東屏少農小酌，邀吳壽庭與余作陪。時雙采亦侍左右，東屏頗昵之。
余因用壽庭第二首韻戲東屏云：

　　金盞尊前玉樹花，肌膚丰度盡堪誇。

　　最憐依樣葫蘆客，一夜郵亭認作家。〔註685〕

按：此詩為李氏《成都趙太守少鈍秉淵招飲，和壽庭韻戲周東屏》之二，
其一云：

　　烽火攢眉度一春，今朝始得出城闉。

　　誰談澤潞兵三萬，難覓揚州姓杜人。〔註686〕

李調元將周興岱（號東屏）戲比為唐代杜牧，我們自會想到杜氏名句：「十
年一覺揚州夢，贏得青樓薄倖名。」

除去隸屬戲班的商業優伶，乾隆年間豪貴之家還有蓄養家優的。與商優相
比，他們由於身份關係而具有更濃的龍陽色彩，在某種意義上可以被視為男
妾。對此，李調元也記有數則故事：

　　元郎，宛平查蔗塘為仁家所寵歌童也。乙卯秋，會稽商寶意編

　　修盤入都，路經水西，蔗塘出歌者演劇。元郎度曲，寶意自吹紫簫

　　和之。臨別贈元郎云：

　　妙高臺上好風光，值得東坡醉一場。

　　解唱幾時明月有，元郎本是舊袁郎。〔註687〕

───────────────

〔註683〕魁倫，嘉慶四至五年（1799～1800）任四川總督，因貽誤軍機遭褫職逮問。

〔註684〕《雨村詩話》補遺卷二。

〔註685〕《雨村詩話》補遺卷二。

〔註686〕《童山詩集》卷四十。

〔註687〕東坡有「命袁絢歌『明月幾時有，把酒問青天』」句。──原注。

水西秋景未凋殘，送客留情坐夜闌。

惱亂好花紅著眼，不教攀折只教看。

末語令人解頤。〔註688〕

武進劉種之存子，閣學圃三先生仲子。召試，以《菜花賦》舉第一，授中書。旋登進士〔註689〕，入翰林。有青衣周定珠，字得發，武進人，婉媚能歌，嬖之。圃三禁之甚嚴，乃暗藏他處，私相狎妮。復尋獲，逐之。乃入保和崑腔班唱旦，其名大噪，而存子往來如故。圃三卒後，存子視學山右，遂攜之偕行。山樵贈以詩云：

舞衫歌扇助輕盈，十載京華早擅名。

不忘深恩依舊主，尊前時度囀春鶯。〔註690〕

可謂有始有終矣。〔註691〕

薛筠，吳縣人，上元高繼允澗南青衣也。善歌，有殊色，能詩。《曉行》云：

風煙初接塞垣秋，曉日籠鞭過驛樓。

並馬忽驚人在後，貪看山色不回頭。

《望都道中》云：

野風吹落芰荷香，一片孤城送晚涼。

彷彿湖心亭畔路，滿簾秋水泛斜陽。

甚清雋。隨澗南官晉，未幾得病卒，澗南慟悼不已。一日宴客，有小童自庭中出，忽仆，良久起，自稱「我是薛筠」，索紙筆大書云：

一入風輪三紀多，雪泥鴻爪又來過。

不須更作悲思曲，千載紅兒總逝波。

綺語新詞記昔年，而今懺悔隔人天。

自從別卻芙蓉主，心事分明白玉蓮。

剷除不斷是情根，清夢冰天嬝嬝魂。

刪盡亂絲留一縷，難忘還是主人恩。

〔註688〕《雨村詩話》卷十一。

〔註689〕乾隆三十一年丙戌科，1766年。

〔註690〕安樂山樵（吳長元）《燕蘭小譜》卷之四曾載此詩，其記定珠經歷云：「得髮兒，〔京師〕保和部。姓周氏，字定珠，江蘇武進人。靡容膩理，雅態柔情，擅名十餘年，為崑旦中秀相者。幼曾為小史，後隨主人出蒞山右。」

〔註691〕《雨村詩話》卷十三。

藕絲衫子薄於紈，萬里罡風也不寒。

施我金錢渾不用，散他幽犴補盂蘭。

嚴城峻嶺不曾遮，行向山涯又水涯。

昨夜美人林下過，輕彈清淚洗梅花。

手披青縷下晴嵐，來往鄉關路再三。

旅櫬何時歸故國，孤煙一片是江南。

　書畢，復仆，尋愈如常。客詢其故，童不知也。澗南愈思之不
置，效唐人《比紅兒詩》，作《比筠兒詩》百首。載其一云：

嫣然一笑頰潮紅，斜倚闌干拂蕙風。

絕似翩翩周小史，芙蓉開處日初東。〔註692〕

　　由一部《雨村詩話》，我們大體可以看出優伶男色在乾嘉年間的流行程
度。李調元還曾記謂：「官伎侑酒，自唐宋以來皆然。今既奉禁，故多以伶人
妝飾代之，相習成風。惟黔中提學山陰吳編修泰交壽昌不以為然，有《觀劇
詩》云：『暫輟登場侍酒頻，也知粉黛總非真。平生不解紅裙醉，任爾擎杯奉
別人。』亦今之古人也。」〔註693〕清代的男優與唐宋官伎相對應，雖然彼時
之女伎（妓）不像清代，重點不在賣身。而即便如此，男優男伎對照之下肯定
也不只是賣藝。貴州學政吳壽昌不以為然，竟像是官員當中的異數。當然，男
色之鬻可分不同的程度。在最低限度上，男優無非就是演唱既畢歡顏奉酒；然
後，優伶與士宦存在私下接觸，可能只是談笑諧謔，也可能會牽手撫弄；而如
果情難自禁，就會是同床臥起、出賣色身了。像本文開始所記王懿修，雖然因
故未成，他對銀郎肯定懷有身體上的慾念。至於家庭男優，像周定珠、薛筠之
流，男妾面貌生動畢現，以身事主是他們的分內之事。

　　從《雨村詩話》我們還可以看出，與優伶男色的興盛流行相對照，娼妓女
色書中很少予以述及。清代實行禁娼政策，不但官吏狎妓有禁，而且開設妓院
本身都是違法的。《大清律例》卷三十三規定：「凡官吏宿娼者，杖六十。若官
員子孫宿娼者，罪亦如之。」「凡無籍之徒窩頓流娼土妓，引誘局騙者，均杖
一百。鄰保知情容隱者杖八十，其失察之該管地方官交部照例議處。」因此，
狎妓宿娼在乾嘉年間是一種遮遮掩掩的、有損名譽的事情。與唐宋元明不同，
風流才子的多情韻事不再演生於青樓北里。在總體數量上，女妓的賣色賣身

〔註692〕《雨村詩話》卷十四。
〔註693〕《雨村詩話》卷八。

當時還是多於男優。但在社會影響上，男優男色則是勝過女妓女色的。當時名優被以多種形式進行稱賞，社會精英的目光都集中到了他們的身上。而妓女的恩客則多為中下層男子，名妓也就不可多見。乾嘉年間如此，整個清代大體也是如此。這在中國歷史上是值得關注的一個性文化現象，該現象的產生是由於理學對兩性關係的控制過於嚴苛，從而男男情色成為了慾望的一個宣洩口。

當然，理學性道德的禁慾特質對男風必然也會產生約束性的影響，包括優伶男色在內，同性戀也不能表現得過於張揚。李調元曾記：「閩中稱至愛者曰契弟，非盡褻語也，而人皆諱之。」〔註694〕這是說的良人之間的同性戀。而良人對於出賣男色，更是避之唯恐不及：

> 成都向太史曰貞乾夫，年十四，過目成誦，有神童之目。美丰姿，在塾中為人誑去，誘入梨園學戲。其兄尋覓半年不得，後聞在重慶某班裝旦角色，聲名藉甚。乃蹤得之，議以價贖回。而班主以向青年童音，方倚為本班首屈，居奇不肯。其兄遂詣巴縣訟，而令亦方謀漁獵其色也，斷仍留本班。其兄遂赴太守上控。……〔註695〕

向日貞之兄堅決要把弟弟從戲班贖出，顯然是唯恐家門遭辱。日貞後來不負兄望，中進士〔註696〕，入翰林，光宗耀祖。與為優唱旦相比，真可謂天上地下。

就李調元個人而言，他是有條件深度欣賞優伶男色的：

> 余自乙巳〔註697〕歸里，居醒園，閉門不出，日以課歌童為樂。

有詩云：

> 笑對青山曲未終，倚闌閑看打漁翁。
> 習氣未除身尚健，自敲檀板誄歌童。〔註698〕

李氏自蓄家優，這難免會讓人聯想到一些曖昧的場景。可他卻借清初劇作家李漁的一首詩，表示自己只是在欣賞演藝：

> 金華李笠翁漁，工詞，所著十種曲如景星卿雲，爭先睹之為快。
> 余家有歌伶，皆令搬演。其第十種名《比目魚》，則其命意結穴也。

〔註694〕《雨村詩話》卷十一。
〔註695〕《雨村詩話》卷十三。
〔註696〕康熙五十二年癸巳科，1713年。
〔註697〕乾隆五十年，1785年。
〔註698〕《雨村詩話》卷九。

有自題詩云：

> 邇來節義頗荒唐，盡把宣淫罪戲場。
>
> 思借戲場維節義，繫鈴人授解鈴方。
>
> 可知其編曲苦心矣。有謂余癖此者，余常誦此詩答之。〔註699〕

李調元把自己和賞狎伶色、比昵孌童的行為進行了區隔，事實容或如此，我們姑且姑妄聽之。這至少可以表明，乾嘉年間在表現與優伶的關係時，適當的收斂還是必需的，優伶男色不適合肆意宣揚。

惇王綿愷的兩面人生——兼談道光年間男風表現的兩面性

惇親王綿愷是嘉慶皇帝第三子，曾經高貴榮寵又曾屢遭顛躓。他的一生充滿矛盾，性戀生活閃爍恍惚。下面重點結合其《靈臺小補》、《業海扁舟》進行記述反映。

一、本事鈎沉

《靈臺小補》表面上是為了奉勸京城優伶改業從良而作，筆者共見到了道光十二、十四、十六年 3 個刻本和一個道光十三年的抄本。該書作者自署為白山悟夢子，他在初刻本中自謂：「余本草野布衣，居國東土。若吾儕車載斗量，又何足算。」（序第 4～5 頁）「余一介庸夫，質本凡材。是作也，毫無文義，皆市井俗談。」（序第 25 頁）白山即長白山，可見作者自定的身份是一位普通滿洲人。但對此書一旦展開閱讀，我們就會發現作者並非如此簡單。悟夢子認為戲劇中黃巾、瓦崗、水滸一類的故事是在稱揚造反，而現實中的亂民作為戲迷都曾受到過啟發，所謂：

> 鑼鼓喧闐鬧不休，李逵張順鬥漁舟。
>
> 諸公莫認如兒戲，盜賊揚眉暗點頭。（第 12 頁）

悟夢子對嘉慶十八年（1813）天理教林清、李文成起事記憶尤其深刻，而其中某些情節不是一般人所能知悉的。他曾「回憶當年從東華門竄入之賊匪尚問伊同夥之賊，言金鑾殿在於何處？再該逆攻中正殿門時，膽敢刀砍門問，喝令喇嘛快快投降」（序第 18～19 頁）。「當癸酉季秋拿獲逆犯王福祿時，首逆林

〔註699〕《雨村詩話》卷八。

清已偽封伊為飛筆丞相併有血花袍。余曾親見搜出此物，是件舊白布汗衫，上有血跡。」（序第 21 頁）這些回憶都是屬於親見近聞，悟夢子已經進入了清廷的統治中心，絕非市井閒人可比。在道光十四年刻本中，悟夢子於新增加的《梨園說》、《心上篇》之後自署「樂齋金連凱題於鳥歌花笑之樓」。「金」是皇室族名「愛新」之意譯，那麼「連凱」呢？只要對道光朝的歷史略有瞭解，我們就會想到綿愷：連、綿同義，凱、愷同音。

綿愷（1795～1839），道光皇帝同父異母弟。當年天理教徒眾攻入皇宮，情急之下他與兄長綿寧（道光即位後改名旻寧）一起手持鳥銃親自上陣，經過驚險戰鬥終於將敵擊潰。綿寧雖為嘉慶嫡長子，不過他的母親孝淑皇后已經去世，而綿愷的母親孝和皇后則是正位中宮，因此在皇位繼承上兩人各具優勢。嘉慶二十五年七月二十五日，嘉慶帝在熱河突然崩逝，遺詔一時無法找到。噩耗報入北京，孝和皇太后當即傳下懿旨，立綿寧為新帝，也就是道光皇帝。因此在整個道光朝，皇太后備享尊榮，她對道光的各項施政也是積極支持，不多干預。在此背景下，綿愷的身份地位不禁耐人尋味。他距離帝位曾經只有一步之遙，親生母親又對皇兄恩義深厚。可嘉道年間不同於清末，皇室成員所擔任的多是一些榮譽職務，再加上綿愷確實能力有限，結果他在政治上無甚可為，深感現實與所欲之間的落差。

道光對他的這位御弟採取的是恩威並用之策。他曾授予綿愷宗人府宗令等職，可一旦綿愷犯有過錯，道光的懲治則可謂不留情面。而這時皇太后通常是站在皇帝一邊，認為自己的親子是咎由自取。道光三年，因其福晉乘轎逕入神武門，結果被罰俸三年。而道光七年的懲治就與《靈臺小補》直接相關了。是年十月二十一日內閣奉上諭，道光帝細數綿愷的不是：

> 惇親王綿愷從前在上書房時，於文史弓馬全不留心，狎比便佞，不喜正言。皇考仁宗叡皇帝〔註700〕暨聖母皇太后屢加訓誡，固知悛改。朕御極後，篤展親之誼，將伊晉封親王。念其年逾三十，冀可諳習時事，近年派管旗務，並補授宗人府宗令。每於召見時，所以教導者剴切周詳，無微不至。乃伊習與性成，不自檢束。前曾與太監張明德私相往來，旋因張明德在昇平署當差，不能常往，復起意令將太監苑長青輾轉引出，於上年冬間誘令在府藏匿。殆經發覺，內務府行文該王府提傳，尚以府中並無苑姓太監支吾聲覆。直至眾

〔註700〕嘉慶帝。

供碻鑿，不能再匿。又私令舒凌阿將苑長青帶至清河地方，作為九
月間逃走，希圖掩飾，是誠何心！綿愷前經降旨退出內廷行走，並
革去一切差事，著加恩降為郡王。此係朕小懲大誡，望其改過自新。
綿愷宜倍知感愧，加意檢束，無負朕教誨成全至意。若仍任意妄行，
復萌故態，朕必執法嚴懲，不能再邀寬待也。〔註701〕

上論提到的昇平署是清宮內的演劇機構，張明德、苑長青既是太監又是
優伶，均為淨角，道光七年時年齡分別是 46、27 歲。親王與優伶下賤交往密
切，當然是屬於「不自檢束」。在《靈臺小補》中悟夢子寫道：「朝列諸貴中因
演戲而受責污名，黜爵夭壽。則吾不敢言其人，更不忍言其人也。」（序第26
頁）話雖如此，忽明忽暗之間悟夢子還是要說的，並且其實說的就是他自己：

余自幼觀劇甚富且麗，優人內亦識二三。是以備嘗此中滋味，
真可謂過來人也。況余受此中欺，被此中騙，因此招怨，因此禍及
他人，拖累無辜，三十餘年不可勝數。已往之事追悔無及，實言者
傷心，聽者酸鼻，姑置勿論，付諸浩歎耳。（序第1～2頁）

這段話是在大發感慨，所言情節相對模糊。悟夢子尚言：

余平生心性，迂闊太甚。自念三十餘年歲月久矣，受謗招怨數
亦多矣。非但不能救人之患難，反害人之身家。白頭慈母有倚閭之
歎，壯年孝子受荷校之殃。是誰之過歟？皆余一己之咎戾也。（序第
3頁）

這段話說得比較具體，謂有人因為悟夢子的緣故而遭荷校披枷之殃。那麼
他自己呢？

竊念余自獲譴後，歲月未周，自邀恩赦。

竊思丁亥小陽之怨，非不知輕舉妄動，自疏檢點，實欲將禍福
置諸腦後也。

況余至親未滿三旬而歿，興言及此，哽噎吞聲。（序第63～65頁）

丁亥小陽是指道光七年十月，《清史稿·卷二百二十一·惇恪親王綿愷傳》
曾載：「七年，坐太監張明得私相往來，復匿太監苑長青，降郡王。」又載：
「八年十月，追敘蒼震門捕賊，急難禦侮，復親王，諭加意檢束。」從這兩條
記載來看，惇親王綿愷的經歷與悟夢子正復相同，並且他同父同母的親兄弟
綿忻（1805～1828）正是未滿三旬而歿。所以，只要對道光朝的宮廷皇族史

〔註701〕《清實錄》宣宗成皇帝實錄卷之一百二十八。

粗有瞭解，人們並不難看出悟夢子暨金連凱也就是綿愷。他在《靈臺小補》中詳細追述嘉慶癸酉年林清之亂的平定，因為那是他一生中的一個突出亮點。倉猝危難之際，時年 19 歲的他和兄長一起親歷險境，擊潰叛逆，手足之情歷歷在焉。可兄長繼位之後，身為皇太后親生長子的綿愷卻不止一次遭到責斥，在道光皇帝的眼中，綿愷既不成器又對自己的皇位有些威脅。前面道光七年的內閣上諭謂綿愷「習與性成，不自檢束」，此話已經說得比較直接了，認為綿愷與張明德、苑長青關係曖昧。同年十月二十一日的旨意檔是口語記錄，所言更加實在：

> 奉朱批：張明德、苑長青先在昇平署左近枷號示眾，滿日即行發遣。又祿喜〔註702〕面奉諭旨：前者召見惇親王，朕言昇平署無非於茶膳房一體之差，並不很為奇特。惇親王倚此等之人為奇，況憨阿嗎〔註703〕傳的透徹，嘴都說乾了，竟不中用。再者並不是裏邊短此二人唱戲，俟大內之人都照此樣，成何事體！其張明德罪過應發，其苑長青亦必須發。若不發苑長青，好像朕與惇親王爭此太監是的。〔註704〕

這段記載中，「憨阿嗎傳的透徹，嘴都說乾了」可與前面論旨中「皇考仁宗叡皇帝暨聖母皇太后屢加訓誡，罔知悛改」相對應，可見綿愷的狎優之好已成習性，向來如此。而「張明德、苑長青先枷號示眾，滿日即行發遣」則能與《靈臺小補》中的「白頭慈母有倚閭之歡，壯年孝子受荷校之殃」相對應，悟夢子暨綿愷的連累對象就是張、苑二人。

在《靈臺小補》中，悟夢子在放出一些煙霧的同時對於自己的真實身份並未刻意隱瞞，那麼他寫作此書的目的是什麼？表面上是勸人勿為優伶賤業，而在更深的層面上，則是為自己的遭受貶斥鳴報不平，是為了力證清白，表明自己與張明德、苑長青並無特殊關係。為此，他不避嫌疑，主動談到了男色同性戀的問題：

> 《書》：「比頑童，實為亂風。」〔註705〕
>
> 大都好男風者，居此梨園多半。
>
> 況雞姦幼童，律應斬。此實傷天害理，喪德敗度之惡習。

〔註702〕昇平署總管太監。
〔註703〕嘉慶帝。
〔註704〕《清昇平署志略》，第31頁。
〔註705〕見《尚書·伊訓》，頑童即孌童、男寵。

姻緣雖巧豈宜男，漁獵紛紛作美談。

禽獸不如君愧否？雙雄相逐忿嬌憨。（序第 59、60、65 頁）

悟夢子明確談及男色，對它表明了堅決否定的態度。他進而表示：「萬惡淫為首，余竊恐無間地獄有待斯人也。況余即深受此累，真不白之苦心。人皆笑余，謂余曰醋鼻不好飲，枉自擔虛名。余情甘擔此虛名，中心無愧也。此所謂只求吾心所安，無愧心即無愧神。」（序第 60 頁）悟夢子的遭遇困厄與男風男色有關，他為自己辨白道：「余前所言受謗招愆者，諺所謂慈悲生禍害也。揆諸余心本意，真敢自許誠意救人，實非有意陷人也。欲保全人之品行，非敗壞人之聲名。此中所差者，未臻全美，籌畫欠通，亦太急烈耳。然觀彼梨園弟子，如困水火之中，愚意如解倒懸之厄，不得不急奮不自顧。背若負芒，尚何暇三思耶？」（序第 61 頁）聯繫到綿愷的遭貶原因，悟夢子在此所言應當就是他藏匿苑長青之事。他認為自己純粹是在幫助苑長青解難，結果卻背上了狎優好色、不自檢束的惡名。客問曰：「爾真敢自許衾影無愧乎？」你與優伶真的沒有同床共寢過嗎？悟夢子斬釘截鐵般地答道：「敢！」（序第 62 頁）

《靈臺小補》的版本筆者共看到 4 個，從其增刪情況也可看出悟夢子對其「不幸」經歷的念念於心。道光十二年刻本卷末寫道：

《靈臺小補》已雕刊，獨坐幽齋靜裏觀。

緬憶當年增隱痛，追思往事倍含酸。

蘭釭明滅神初倦，蓮漏丁冬夜欲闌。

愁緒萬端書不盡，幾回掩卷再三歎。（第 16 頁）

道光十三年本是一個精抄本，對十二年本做了幾處文字上的修訂，如正心修身、如困水火之中、衝天冠、鼓詞分別改為正心養性、如困勁旅之中、平天冠、古詞。書中鈐「白山」、「悟夢子」朱印，卷末題「道光十三年十月初三日何長山謹錄」。可見十三年抄本是十二年刻本的校錄本，而接下來的十四年本則是據抄本刊刻，另外在卷末又增加了《梨園說》、《心上篇》等評論。

在道光十四年刻本的基礎上，道光十六年刻本對十二年本進行了較多改動。主要是刪改了有關好心救人、拖累無辜的內容，從而所記減少了與綿愷本事的聯繫，不過悟夢子即綿愷仍是可以推斷出來的。並且，十六年本在「非敗壞人之聲名」和「此中所差者」之間增加了一句話：「況實係兩相情願，非強求也。」（序第 60 頁）這句話頗具感情色彩，曖昧而又坦誠，明眼人一看就知道說的是苑長青私入惇王府一事。

悟夢子對自己的「冤屈」無時或忘，對優伶男色「深惡痛絕」。他在附錄七截（七絕）八首中寫道：

> 徽班卑鄙歎成群，更有邪淫不忍聞。
>
> 清夜捫心當自愧，迂言逆耳勸諸君。
>
> 微歌選舞樂生平，既樂生平放鄭聲。
>
> 淫亂姦邪真惡態，壽宴開處尚稱觥。（第 12 頁）

乾隆後期徽班進京，之後徽漢合流，京劇逐漸形成。而在此過程中，相公私寓制度也日趨完備。在戲班之外，戲曲師傅貲買私寓，教習幼伶。除去歌舞演唱，以旦角為主的幼伶還會陪酒侍客，出賣色相，人稱相公，諧音像姑。悟夢子詩中所寫「徽班卑鄙歎成群」就是在歎息成群相公的所作所為，可以再看嘉慶年間的一首竹枝詞：

> 徽班老闆慣龍陽，傅粉熏香坐客傍。
>
> 多少冤家冤到底，為伊爭得一身瘡。〔註706〕

「龍陽」是變童乃至男妓的代稱，相公優伶的性質由此可知。

其實對於相公男色的態度，悟夢子在《業海扁舟》中有更詳盡的表達。《扁舟》係道光間抄本，前附道光十三年金連凱序言、惇順識語、悟夢子戲題、友月居士題句並道光十四年作者自題，自題缺佚署名頁。署名雖然如此令人眼花繚亂，其實都是悟夢子的略施煙幕。按：綿愷是被封為惇親王，所以惇順也非突兀之名。

《業海扁舟》是雜劇體裁，不過其說教氣息太濃，因而戲曲表現僅為形式，倒可看成是勸善書的特別一類。具體內容見本書第 377～378 頁。

至此，一位將相公男色視若疫癘的道學先生的古板面貌已經如在目前。據此我們不禁感歎道光間人真是道德嚴肅，連宗室皇族都能這樣自律。可接下來幾年之後的突發事件中惇王綿愷卻是淫暴恣睢，不禁讓人深感驚訝。

道光十八年五月，民婦穆陳氏上告都察院，謂其夫穆其賢在惇王府當差，無故獲咎，遭到毆禁，現已奄奄待斃。案件奏聞皇帝，道光令定郡王載銓等嚴加案訊，結果令人瞠目。綿愷的罪錯包括，（1）令下人冒領已故官員俸銀。（2）蓄養優伶。全順、全祿本係南府民籍伶人，道光七年南府改為昇平署，民伶全部出宮。全順兄弟並未返回蘇州原籍，而於道光十年被綿愷接入府內收

〔註706〕《草珠一串·市井》。

養。惇王福晉對此不滿，在太后面前埋怨，太后令王改正。綿愷陽奉陰違，依然如故。（3）囚禁僕役。綿愷在其府第、寓園之內散禁的奴僕、太監多達 67 人，更進一步，他還建造了兩間闆板房，將穆齊賢等 15 人囚禁於中。板房四面密閉，僅留一送飯的小口。遭禁者「均先行剝去衣服鞋襪，僅留衫褲。每日給飯二次，便溲具在屋內。夜間不給燈火，並令徹夜輪流值更」。此類暴行當中還出現了逼死人命的情況：民人盧歡在惇王府供役期間因不堪虐待而逃跑，被捉回後綿愷親自鞭打拷問，然後「用鐵鍊十字鎖項，繞至背後鎖固，加繫二三丈長繩於書房內桌腳。每遇掃地遞飯，均戴繩出入」。因書房內丟失了一個金茶托，盧歡懼受嚴罰，竟至服毒自盡。〔註 707〕道光知悉綿愷所犯後震怒，於六月六日降旨：「綿愷著交宗人府嚴加議處。優人全順、全祿著交兵部，連伊家屬一併遞回原籍蘇州折責，交地方官嚴加管束，毋許潛行回京滋事。至被禁之富安等八十二名，均因細故被禁，不必再行羈累。其闆板房二處，即著拆毀。」八日再降諭旨：將綿愷「革去親王，降為郡王，並革去紅絨結頂、金黃蟒袍，以示懲儆」〔註 708〕。

在此，惇王綿愷常年對全順、全祿寵幸備至，二人名為家優實同男妾，這已經影響到了夫妻感情，不知綿愷如何能夠「衾影無愧」？而我們尤其需要注意的是他的囚禁行為。性虐待不是中國性文化的傳統，即便在豔情小說當中，不論男色、女色，至多是施方陽具粗大，受方一時難忍，難忍的結局通常是所謂滑溜如意，逐漸得趣。這時我們再看盧歡的被鎖形象，他與現代紀實回憶或文學作品中的性受虐者何其相似。雖然盧歡本人對其所受虐待只覺痛苦，不過綿愷作為施虐者卻有可能從中獲得性的快感。他將多名壯年男子集體關押，「剝去衣服鞋襪，僅留衫褲」，這其中可能也有觀虐意淫的成分在內。

滿懷羞慚，綿愷再也無力用化名為自己辨白了。五個月之後，十八年十一月十一日道光帝將紅絨結頂、金黃蟒袍賞還給他。再過二十幾天，十二月初四日皇帝親臨惇王府，原來綿愷因病去世了。人一不在，道光自然想起了自己弟弟的各種好來，降諭內閣道：「朕弟惇郡王綿愷自六齡即隨朕在上書房讀書，友愛甚篤。伊年力富強，方冀長承恩澤，何意遽爾薨逝，聞之實深感惻。著加恩賞還親王，派總管內務府大臣阿靈阿辦理喪事。」〔註 709〕同月十二、二十

〔註 707〕以上內容見馬哲非：《綿愷囚禁多人案始末》，《紫禁城》，1992 年第 2 期。
〔註 708〕《清實錄》宣宗成皇帝實錄卷之三百十一。
〔註 709〕《清實錄》宣宗成皇帝實錄卷之三百十七。

二日，道光又兩次前往賜奠，友于之情盡顯無遺。綿愷身後無子，八年之後道光乃將皇五子奕誴過繼給他。奕誴之孫溥儁在光緒二十五年十二月（1900年1月）被慈禧太后立為大阿哥，綿愷一系又一次暫短地接近了權力頂峰。

二、背景分析

　　如上所述，顯然綿愷身上存在著太多的矛盾。他樂於參政卻才具平庸，表面和雅卻內心乖戾。而在性戀與感情方面，他雖然有妻有妾，但是更好男色孌童；在男色男風方面，他既曾溫柔地寵幸也曾恣肆地性虐。通過《靈臺小補》、《業海扁舟》，綿愷向人們展示的是他對正統社會價值觀的堅定維護，可他的實際所為卻是恰好相反。可以說，理學、道學的兩面性在他身上具有集中的體現。清朝道光年間，皇帝無力革新卻也能竭力守成，程朱理學在社會上牢牢佔據著統治地位。禁慾主義是理學的一個突出特徵，雖然主要禁的是女色，不過作為理論上的延伸，男色它同樣也是反對的。就綿愷所嗜喜的優伶男色而言，相關法律懲治請見本書第606頁，而道德是法律的基礎，相關道德勸誡請見本書第604～606頁。

　　具體事例方面，綿愷的罪錯是發生在道光七年、十八年，這兩年前後皇帝都還處理過類似的道德風化案件。道光七年，「候選道員曹堃與伊叔招約優人在寓酣飲，於該優人飲酒醉斃之後，並不報官相驗，輒私行遺屍出城」[註710]。優人侑酒以致醉斃，其中的狎褻情形不問可知。道光帝見到御史參奏之後命刑部究訊，於十二月初七日降旨：「此案候選知縣曹六典以職官挾優飲酒，有乖行止。復於該優人醉斃之後，賄囑官人隱匿不報，希圖掩飾，尤為荒謬。著即革職，發往軍臺效力贖罪。曹堃以候選道員不知檢束，狎比優伶，實屬有玷官箴，著即革職，以示懲儆。」[註711]請注意，類似「不知檢束，狎比優伶」的文句在道光責斥綿愷的諭旨中也曾出現過。道光十七年，民人賈玉呈告，其子賈花亭年13歲，在莊親王府內學戲時被親王姦宿。道光帝命宗人府會同刑部審理，審明後降旨：「莊親王奕賚擬以折罰親王半俸九年，自係照例辦理。惟情節甚屬卑鄙，奕賚著實罰親王俸五年以示懲儆。」[註712]奕賚與童伶「姦宿」，這是確鑿無疑的雜姦同性戀行為。第二年又發生了著名的靈官廟事件，奕賚在尼庵靈官廟內吸食鴉片，結果受到嚴懲，被革去王爵。因此事件而遭懲

[註710] 《清代起居注冊·道光朝》道光七年十一月初七日。
[註711] 《清代起居注冊·道光朝》道光七年十二月初七日。
[註712] 《清實錄》宣宗成皇帝實錄卷之二百九十四。

治的還包括鎮國公綿順、內務府郎中文亮等多人，他們在庵內狎妓聽曲，分別受到革爵、革職等處分。而據相關時曲俗調的描寫，靈官廟裏其實是女妓、男優並陳：「狎姣的楚岫巫峰雲雨樂，攜優的促膝聯袂後庭春。」〔註713〕「相公、女檔子、煙花妓娼，夜晚同宿在客堂。」〔註714〕

　　從上述法律、道德、案例來看，道光年間的社會風尚確有其嚴肅拘執的一面。不過在另一方面，僅就男風同性戀而言，只要讀一讀陳森所著世情小說《品花寶鑑》，道光年間以北京相公男色為代表的男風之盛也確非虛語。該書第十八回描述相公優伶的人生經歷，與《業海扁舟》所寫可以互相印證：

> 少年時丰姿美秀，人所鍾愛，鑿開混沌，兩陽相交，人說是兔。
> 到二十歲後，人也長大了，相貌也蠢笨了，尚欲勾人魂魄，攝人精
> 髓，則名為狐。到三十後，嗓子啞了，鬍鬚出了，自己買些孩子，
> 教了一年半載，便叫他出去賺錢。生得好的，賺得錢多，就當他老
> 子一般看待。若生得平常的，不會哄人，不會賺錢，就朝哼暮喝：
> 一日不陪酒就罵，兩日不陪酒就打。此等凶惡棍徒，則比為虎。到
> 時運退了，只好在班子裏，打旗兒去雜腳，那時只得比做狗了。

　　《品花寶鑑》版本眾多，極易得見，此不細述。這裏請看嘉道之際佚名《燕京雜記》中的記載：

> 優童之居，擬於豪門貴宅。其廳事陳設，光耀奪目，半是豪貴
> 所未有者。至寢室一區，結翠凝珠，如臨春閣，如結綺樓，神仙至
> 此當亦迷矣。

> 優童自稱其居曰下處，到下處者謂之打茶圍。置酒其中，歌舞
> 達旦，酣嬉淋漓，其耗費不知伊于胡底。

> 京師優童甲於天下，妖態豔妝，逾於秦樓楚館。優童外又有剃頭
> 仔，又有頓子房，惑人者不一而足。常言男盜女娼，今則男娼女盜。

　　嘉道社會承繼康乾盛世的遺緒，在近於凝滯的平和安定之下，人們過著一種庸常依違的生活。相公體制在當時的北京已經發展成熟，狎伶賞劇成為了中上層人士日常生活的一個組成部分。相公之態如此之媚、之居如此之雅、之服務如此之曼靡，這些可以說明的是消費人群之眾與廣。當時的竹枝詞寫道：

〔註713〕《清蒙古車王府藏子弟書・續靈官廟》。
〔註714〕《清蒙古車王府藏子弟書・靈官廟》。

茶園樓上最消魂，老斗錢多氣象渾。

但得隔簾微獻笑，千金難買下場門。〔註715〕

簾子才掀未出臺，齊聲唱采震如雷。

樓頭飛上迷離眼，訂下今宵晚飯來。〔註716〕

捐班新到快嬉遊，戲館連宵醉不休。

博得黃金買歌舞，終歸潛夜渡蘆溝。〔註717〕

　　其實在聲色享受方面最奢糜的還是皇家。乾嘉時期的宮廷演劇機構有南府和景山，盛時總人數達上千之眾。道光皇帝示人以儉，道光元年，景山合併於南府。七年，民籍優伶（外學）全部被革退，且改南府為昇平署，太監優伶（內學）的人數較前也減少了許多。但雖如此，皇室戲樂依然還是角色齊全，技藝精妙。像道光十三年新入署的童伶就有班進喜等 10 人，其中輝四喜「年十五歲，十二月十六日由惇親王交進，正旦」〔註718〕。自身蓄養如此多的伶人，卻要求臣僚摒絕聲色，結果只能是導致官員們陽奉陰違、言行不一。嘉慶和道光皇帝都有喜好男色的傳聞。《清昇平署志略》第二章曾載：「據一般傳聞云：宣宗為皇子日，有外省貢來貂褂三襲，宣宗欲之。而仁宗方以上好者兩襲，賜其寵幸之民籍學生，次者一襲歸宣宗。宣宗慊之，故甫行即位，便立頒明詔，裁減外學。」〔註719〕。宣宗、仁宗分別是道光、嘉慶帝的廟號。關於嘉慶，（圖 449）還有一個特別聳人聽聞的傳說：嘉慶二十五年七月，皇帝出京秋獮木蘭，與寵優龐韶濂在一涼亭內歡會，忽遭雷劈，兩人燒成了一堆白骨。〔註720〕嘉慶的突然去世和孝和皇太后的迅速決斷對道光帝的前途產生了決定性的影響，先皇以如此方式死去超出了事理常情，當然是不可能的事情。不過退一步講，清朝諸帝雖不荒淫但也多慾，在避暑山莊這樣的逸豫隱秘之地，皇帝寵幸過的不會全是他的嬪妃。

　　關於道光，（圖 450）按照《梵天廬叢錄》的記載，他曾為得幸之內監娶婦，見本書第 270 頁。不管真相怎樣，道光帝喜好觀劇是可以肯定的，像苑長青事件其實就是他和自己兄弟爭奪優伶。長青後來又自成所敕回，繼續為皇帝

〔註715〕《草珠一串・市井》。

〔註716〕《都門竹枝詞・觀劇》。

〔註717〕《都門紀略・都門雜詠・詞場門》。

〔註718〕《清昇平署志略》，第 433 頁。

〔註719〕《清昇平署志略》，第 31 頁。

〔註720〕《太后與我》，第 243～245 頁。

唱戲，還得過不少賞賜。我們當然不能妄下結論，認為苑長青必定是周旋於道光和綿愷之間的一位龍陽嬖伶。但深宮之內的事情，過於絕對的否定性判斷最好也不要得出。道光間蟲鳴子《蟲鳴漫錄》卷一曾載：「有人居京師貿易，與內監某善，互相戲謔。偶言欲狎其後，內監笑曰：『吾臀曾受龍精一次，不可犯也。』人傳以為笑。」此為笑言，但我們也應適當地做些回味。

　　補充一點，嘉慶皇帝共有 5 個兒子。長子未命名即夭殤，次子、三子是道光和綿愷。四子綿忻係綿愷親弟，《靈臺小補》曾言：「況余至親即係同病迴異。昔有同胞兄弟共好梨園，各有所謂，弟樂兄苦。樂已夭折，苦今尚在。」（序第 65 頁）可見，在對優伶男色的喜好上綿愷兄弟可謂同志，綿忻好得更深，這是他二十多歲即已「夭折」的一個原因。嘉慶第五子綿愉係恭順皇貴妃鈕祜祿氏所生，針對優伶男色，他在《愛日齋隨筆》中曾謂：「演戲之事迷人，蓋有三道焉。……嗚呼！與小人居，傷天害理。損目瘰瘖，生瘡損資，尚報應之小者。促壽斬嗣，終不能由聖道，不可以為人，起橫禍於目前，遺淫風於身後，乃報應之大者也。以古聖人正人心化風俗之樂，變之再三，而成此靡靡之音，又生出雄狐綏綏之事，誤盡多少聰明而未已也。可歎矣夫！」文中的「損目瘰瘖，生瘡損資」是指因與優伶「小人」同居交歡而得淫病；「促壽斬嗣，起橫禍於目前」呢？這與綿愷兄弟的經歷若合符節，不知是否實有所指。《愛日齋隨筆》係附於《愛日齋集》之末，有趣的是，《愛日齋集》是由綿愷嗣子奕誴作序，道光之子奕訢、奕譞均有題詞。奕訢稱頌他的叔父道：

　　　　旨遠詞深妙絕倫，清心寡慾見天真。

　　　　學徵原本承前聖，意為箴規啟後人。

　　　　詩似春風能化物，文如秋水不沾塵。

　　　　和平敦厚堪垂訓，思慕遺徽勵自新。

　　但雖如此，奕訢這一代依然是好「與小人居」。恭、醇二親王奕訢、奕譞身為清末關乎國家興亡的宗室皇親，他們都蓄有著名的王府戲班。接下來，奕訢之子載澂是清末最出名的紈絝浪子，在野史當中，同治皇帝出宮冶遊，載澂充當了引誘陪伴者的角色，而同治所逛其實很可能是相公堂子。當時京城男風勝於女色，相公優於妓女。載澂早死，奕訢去世後他的王爵由其長孫溥偉承襲，在英國人巴恪思回憶加想像的駭世作品《太后與我》中，溥偉和綿愷之孫載漪、曾孫溥儁都是當時宗室同性戀圈子裏的活躍人物。

　　道光年間及其前後，以寵狎優伶為主要內容的宗室男風其表現可謂斑駁

陸離。一方面似乎興盛放肆，一方面又似乎蕭索克抑。宗室如此，官宦庶民亦是如此。從道德規控的角度看，道光年間的理學道學主要針對的是兩性關係，婦女地位被貶低，男女交往受限制。在作為都城的北京，受此影響至少女妓業確實陋劣萎縮。《品花寶鑒》曾經形象地描寫道：「此地的妓女，生得不好。紮著兩條褲腿，插著滿頭紙花，挺著胸脯，腸肥腦滿，粉面油頭。吃蔥蒜，喝燒刀，熱炕暖似陽臺，秘戲勞於校獵。」〔註 721〕在此背景下，相公業可以說是作為女妓業的替代而存在的，自有其興盛的現實原因。不過與此同時，理學的禁慾主義在普遍意義上對男風同性戀自會加以抑制，況且男風本身還有「顛倒陰陽」這一特殊的「悖謬」特性。於是人們既要守理，又欲容情，心與身鬥，只能是遮遮掩掩曖昧地去做。這時再看本文所詳記的惇王綿愷的兩面人生，則其所言所行大致也在情理之內，不可以特例視之。

晚清名士李慈銘的精神戀愛

精神戀愛是一種特殊的感情形態，其特點是在親密程度上超乎一般日常交誼，但又很少或者說不含有性的成分。借用《聊齋誌異》中的一句話即是：「觀其容可以忘饑，聽其聲可以解頤，得此良友，時一談宴，則色授魂與尤勝於顛倒衣裳。」〔註 722〕這種戀愛形式既可以發生在異性之間，也可以發生在同性之間。下面試對晚清名士李慈銘的感情經歷進行一些介紹和分析，他的戀愛對象是咸豐同治年間京中出名的優伶沈芷秋。

一

李慈銘（1830～1894），字愛伯，號蒓客，浙江會稽（紹興）人。（圖 451）道光三十年（1850）22 歲時中秀才，咸豐九年（1859）進京，入貲捐納為戶部郎中。同治四年（1865）離京返鄉，九年中舉，十年重返京城。從此一直到去世都是在京居住，其間光緒六年（1880）52 歲時中進士，終於掌山西道監察御史任上。

沈芷秋（1848～？），名全珍，江蘇蘇州人。師從昆旦朱韻秋，居春華堂，後來自主麗華堂。他工崑曲，善演《遊園驚夢》、《鵲橋密誓》諸劇，「體閒儀

〔註 721〕《品花寶鑒》第十二回。
〔註 722〕《聊齋誌異·卷一·嬌娜》。

靜，纏綿盡情。」〔註723〕「靜細沉著，不作浮響。每一囀喉，座客無復喧呶者。」〔註724〕

在對名人做品評時，通常是稱之為著名的學者、文人、官宦，而人們對於李慈銘則是異口同聲地稱之為名士。這一身份的獲得，才氣固然是必要前提，如李氏就既通經史又善文辭。「可謂碩學鴻文，蔚為著述者也。」〔註725〕但僅僅有才是不夠的，其人還應有廣泛的交際，李氏就是平日詩酒往還不斷，雖然他不時地要自歎懷才不遇，貧病交集。同時，其人還要做出一些風情風月之舉，由於有才，俗人的狹邪在他那裏便成為了風流。李慈銘居京數十載，其間與優伶相公的交往幾乎一直未斷，並且他還不諱展現，在自己廣為人知的《越縵堂日記》中有詳細的記述。

李慈銘曾經招飲過的優伶雖然人數很多，不過比較固定的只有4位。咸同年間是萬芷儂和沈芷秋，重返京城後是錢秋菱和朱霞芬。從其日記來看，他與萬、錢、朱三位雖然親近但還是在範圍之內，而與沈芷秋則明顯地不同尋常。

李－沈之交開始於同治三年，而前此數年的一件事已經使李對沈印象頗深。《日記》咸豐十年七月二十曰：「昨聞有中書舍人吳某者，以舉人入貲。及友狎歌郎全珍（全珍沈姓字芷秋，近年來名噪樂部，都中昆旦推為第一），負纏頭貲數百緡。嗣呼郎輒不至，而吳惑之益甚。數日前，吳偶過郎，郎適以事被師所答。吳極以好語誘之遁，即挈郎上車去。吳時貧甚，不能居京師，遂謀同出都。未行，郎之師率人入吳室，啟櫃搜及郎，遂惡語侵吳。吳慟哭，謂郎曰：『事不諧，吾必死矣！』郎歸，吳是夕仰藥而死。吳年已四十餘，予正月間曾兩與飲曲中，不料其鍾情至此也。」咸豐十年沈芷秋年只十四歲，即已能傾人至此！

同治三年，芷秋年已十八歲，正是玉樹臨風，美如璧人的時候。這年正月二十日，李慈銘觀看四喜班的演出，「昆伶畢集，芷秋演《驚夢》，尤為擅

〔註723〕《明僮續錄》，見《清代燕都梨園史料》，第427頁。

〔註724〕《懷芳記》，見《清代燕都梨園史料》，第590頁。

〔註725〕平步青：《掌山西道監察御史督理街道李慈銘傳》，見《越縵堂日記》卷首，民國九年（1920）商務印書館石印本，日記起清同治二年（1863）四月迄光緒十五年（1889）七月。咸豐四年（1864）三月至同治二年三月的日記稱為《越縵堂日記補》，民國二十五年（1936）商務印書館石印本。光緒十五年七月至光緒二十年（1894）元月的日記稱為《荀學齋日記》，燕山出版社，1988年影印本。

場」。二十七日復觀，「當場多昆伶，極一時之選。芷儂、芷秋演《後親》一齣，尤可喜」。三月十一日，他應友人之邀到韓家潭福雲堂夜飲〔註726〕，座中見有芷秋。四月十三日，白天看了芷秋演的《獨佔》，晚上在別人的酒局上第一次招呼之。五月初十日，第一次以主人的身份在芷秋家請客：「晡後詣德甫，同慈民、研孫飯。飯畢偕至春華堂（在韓家潭），人定後飲芷秋室。德甫招雲仙，慈民招芷儂，研孫招芷香。三更始散，付芷秋酒局三十千。」

　　其時的李慈銘生活很是困頓，五月初十的酒資就是借自友人。六月十七日致另一友人書，「多敘次秋怨之辭，以囊金已盡，不能再涉沅江也」。但雖如此，幾天之後的二十二日就「晤芷秋，付以前開發五十六千」。入冬以後，二人之間更形親近，十月初四日，「傍晚詣春華堂，邀徐介亭、胡梅卿、趙心泉夜飯，為芷秋請分子也。梅卿四金，介亭三金，心泉不至亦贈二金，予贈十二金，賞其長隨二金」。在當時，與某一相公關係較固定者，是為該相的恩客，俗稱老斗。李慈銘招即芷秋，還為他請分子，過節時則給敬歲銀，〔註727〕老斗的身份顯然已經居之不疑。四年四月，芷秋生病不能侍飲，李慈銘聞後即往視之，過了兩天又去探視（四·四·十），再過幾天則遣僮僕往視（四·四·十三）。芷秋病後來陪，李則「以其病新愈，不肯留之」（四·四·二十二）。關愛之情，無處不見。只是李越縵居京七載，家中老母思念日甚，雖然眷戀秋郎，卻也必定南歸。下面是他離京前幾天的一些活動，四·四·三十：「幼翹邀飲春華堂，予招芷秋。三更散後，子千再邀飲聯星堂，予仍招芷秋。」五·一：「子千邀夜宴聯星堂，予招芷秋，贈以金字摺扇一柄。」五·三：「詣芷秋話別，再贈六金。」五·六：「初更後允臣邀至福雲堂採菱家設酒餞行，予先偕幼翹詣春華堂與芷秋話別。芷秋言昨夢送君至寶店，雞鳴而別，不圖今日猶得見君。允臣自福雲作片來催，即偕幼翹往。予招芷秋，五更始散，芷秋約予明日往別。」五·七：「午後詣芷秋話別，芷秋贈太乙丹四枚。碩卿邀飲，夜赴之。碩卿先為予招芷秋，贈吳繡煙荷包一枚。」同治四年五月初八日，滿懷依依不捨之情，李慈銘離京返鄉。

〔註726〕虎坊橋韓家潭胡同及其周圍陝西巷、胭脂胡同等是北京城中優伶相公的聚居之地。當時居於堂寓下處的優伶稱為相公，可以陪客宴樂，李慈銘所招飲者均是。是時堂飲規例：一人請眾客來，眾客各招所識，各付招侑之資，主人則付酒食之資。酒店中飲大致亦如此例。

〔註727〕見同治四年正月十一日日記。以後同治年間的年、月、日或用簡寫，如本例即可寫為四·正·十一。

　　在這一年多的時間裏，兩人交往大多是在堂寓酒樓。度曲清譚，其樂也融融：「予與芷秋倚燈按曲，頗於此中得少佳趣。」（三・六・六）「芷秋與蕙仙同度《思凡》一曲，又獨度《遊園》、《絮閣》兩曲，清歌寵人，不啻九錫。」（四・正・十二）「芷秋歌吳歈小調數曲，其樂令人忘老。」（四・正・二十四）天氣晴好時偶會出遊，三年秋曰：「上午出西便門至天寧寺，予招芷秋，日夕而歸。」（三・九・十五）四年春日，芷秋邀往極樂寺看海棠，李慈銘正值患病，不果此行，便賦《桂枝香》詞云：「歎一霎清明穀雨，正扶病將愁，難遣孤旅。雨日東風，添得黃昏悽楚。」（四・三・二十四）可想此遊若成，會給他帶來多大的樂趣。

　　只是寄情既深，期冀則高，間或便會生出幽怨。三年七月初十曰：「吳松堂來邀飲聞德堂。晡後出赴飲，招芷秋久不至，及罷酒始來。予頗怪之，略不顧接。芷秋掩抑通辭，玉容寂寞，告予以傾飲龍樹寺，見君一紙即驅車歸，道灣行又不及速。甫及家，聞君車已駕，亟踉蹌來。因舉屨際予曰：『街泥已污絢矣。』予轉益憐之，與從容小坐而別。」而經常在困擾李慈銘的則是一個「錢」字。身為貲郎，所入無多，與相公交往則是很費孔方的一件事。在芷秋並非求索無饜，在李氏已是竭其綿薄，時有難以為繼之感。三年十一月初六曰：「日來貧甚，生計為難。而沅思益深，楚歌不歇。旅窗風雪，惆悵遂多。」三年十二月初十曰：「今夜二更時擁重裘獨立庭中取涼。月色清綺，似元夜前後。風影盡息，頗動嬉春之思，屢欲呼車出從秋君飲。既念年事太逼，債負如山，清興忽消，羈愁遂集。」風月場中有如此苦境，是為耽迷深摯的結果。

　　同治十年二月，李慈銘重入京都。六年倏忽過去，他已年逾不惑，芷秋則已離師脫籍，在百順胡同自立了麗華堂。（圖 452）這年當中，李氏於芷秋曾經招飲數次，但風物依舊，人不其然，前緣已被時光沖刷得淺淡而恍惚。八月二十九日，飲後以《臺城路》詞贈芷秋：

　　　　十年扶醉金門路，秋風又吹萍梗。絳燭圍尊，銀襟貯月，重話舊遊輕俊。筵前漫省，看零落何戡，半凋青鬢。怕說更深，畫簾斜墮桂花影。　　江南燕歸未準。天崖芳草遠，誰寄愁信。庾賦傭金，清歌換米，同是隨人消損。商量舊隱，待種樹招鶯，借它清陰。只恐年年露寒雅占穩。

　　第二年復招一次，然後再過四年，光緒二年七月二十八日，李慈銘最後

一次招飲沈芷秋：「芷秋自壬申（同治十一年）五月（實為四月）見之於秦宜亭坐上，今四年餘矣。聞其閉門戒飲，不赴人召。今日作書與之，始為一出也。」於是聞歌感舊，為賦《永遇樂》詞云：（圖453）

> 紗幌銀屏，今宵還醉，花影深處。飣坐菱香，繡襟芷老，總是傷心侶。當年風調，絲囊羽扇，問有幾人能語？只筵前盈盈畫燭，淚痕為我偷注。　一時鶯燕，恁爭持羅帶，題遍傷春好句。誰分而今，白頭蕭颯，難賣黃金賦。只餘橫笛，米家歌裏，略記貞元風度。還愁問，簾前月色，尚如舊否？

二

作為同性之間的精神戀愛，其關係表現是介於同性戀和同性友誼之間。咸同光緒年間正是北京相公業的繁榮之期，時人曾記：「京師宴集，非優伶不歡，而甚鄙女妓。士有出入妓館者，眾皆訕之。結納雛伶，徵歌侑酒，則揚揚得意，自鳴於人，以為某郎負盛名，乃獨厚我。」〔註728〕李慈銘謂士宦中「其惑者，至於遍徵斷袖，不擇艾豭，妍媸互淆，雌雄莫辨」〔註729〕。這種實際的「遍徵斷袖」式的同性戀李氏是有親眼所見的，同治三年十一月二十二曰：「士彬儇佻無行，面目尖危，而顧影自媚，孌童崽子之名居之不疑。」三年十一月二十四曰：「丁士彬醜媚之狀更不可堪，至與心蘭互脫其袴，相為以手出精。地獄變相，乃至於此！」對於丁士彬之流，李慈銘堅決要劃清界限：「德夫嘗言世人畏見我輩，正如魑魅罔兩畏見青天白日耳。予謂此輩豈足為魑罔廝役，亦何嘗畏見我輩。蓋如蛣蜣，渠略輾轉矢穢中，亦別有一光明世界。雖見神龍在空，亦覺目中無人。」（三‧十一‧二十二）「此等小人醜穢事，本不屑污吾筆。欲示後人以京師風氣掃地至此，予之憤時嫉俗，固出於不得已也。」（三‧十一‧二十四）

在記寫與沈芷秋的關係時，李慈銘曾經幾次用到同性戀典故。三年六月十九日在《雨夜有憶》中寫道：

> 咫尺青鶯便斷聞，漫書花葉寄朝雲。
> 燈前秋扇留殘滴，雨後春衫發故熏。
> 楊柳常為牽恨物，蘼蕪新著懺愁文。

〔註728〕《金壺七墨‧遁墨卷二‧伶人》。
〔註729〕《越縵堂日記》光緒三年四月初七日。

多應終古沅湘水，翠被蘭舟怨鄂君。

詩中用到了「鄂君繡被」之典。鄂君是楚國令尹，他曾用「覆被」的舉動來表示對一越人的愛意。〔註730〕既然被「怨」，則李慈銘並不想去做「鄂君」。三年十一月二十四曰：「寒士無金錢驕人，又素性木石，不能結斷袖之愛。非小作狡獪，則庾蘭成仰看蕭韶面，不待至青油幕下矣。」「斷褏（袖）之愛」即西漢哀帝與董賢之間的同性戀之愛。庾蘭成即北周著名文學家庾信，他曾經寵愛梁宗室蕭韶，後韶為郢州刺史，「接信甚薄，坐青油幕下，引信入宴，有自矜色」〔註731〕。既然明確地講不能結「斷褏之愛」，則雖然自比為庾信，也非實比。三年十二月二十六曰：「力疾詣桐雲堂，予招芷秋，三更歸。沈約分桃，徒添病中懺悔耳。」沈約是南朝著名文學家，他在《懺悔文》中曾經悔責自己「分桃斷袖，亦足稱多」的過去。〔註732〕在此，李氏自比為沈約，單獨看這是實比，但綜合李氏的前後言行，還是以為虛比為當。在四年正月二十曰的日記中他曾記道：「是日諸郎形跡媟昵，頗異於常。芷秋倚予肩而歌，予雖亦酬答之，要仍凝然自處。」連「倚肩而歌」都非常事，更越度的行為李慈銘是接受不了的。按：李越縵曾經有過狎女娼的經歷，偶而也曾與娼女有過性關係，這種情況下他會明確地記為「留某某室中」、「宿某某室」〔註733〕，而在與沈芷秋的交往中則無此記載。

雖無實際的覆被斷袖之事，用上述典故本身就能說明關係非同尋常，不會是一般的泛泛之交。李慈銘在同治四年二月初九日曾經概言一年以來的所歷所感：「此郎攪人不已，正坐我命窮耳。因思去年四月識此郎時，德夫（陳驤）屬沮止予，謂芷秋性冷不可近，我輩以杖頭博歡，何苦相嬲。予終不聽，德夫知不可回，乃以他事激怒之，予亦不為止。一日謂德夫曰：『人生今世，豈尚有行胸懷時？出門見人，輒生嗔怒。幸見一人而愛之，平生懷抱，便舉以相付。君不肯以酒邊片席地相饒耶？』德夫聞言惝然自失，由是反從臾予，為之作《沅江秋思圖》後序及尋秋詩。入冬後，德夫見芷秋待予漸異於前，又謂予曰：『彼既親君，君寧能自遠。君非流浪忌歸者，何假人言？』嗣聞人有言及予者，輒曰：『彼所為非君輩所知。』或持以戲笑，則怒曰：『何傷蕁客者！』」文中，李慈銘於其芷郎已經達到了「愛」的程度，這已經引起了旁人的閒言噓

〔註730〕見《說苑‧善說》。
〔註731〕《南史‧卷五十一‧長沙宣武王懿傳附韶傳》。
〔註732〕見《沈隱侯集》卷一。
〔註733〕《越縵堂日記》咸豐十一年二月二十一日、三月初三日。

笑。但他並不在意，且曾慨歎道：「李生既生斯世，惟當求鬢影琴聲、拈花微會者，庶於此中得少趣耳！」（三·十一·七）

《沅江秋思圖》繪於同治三年四月二十六日，其時距初次招飲芷郎僅僅十幾日，李氏自序云：「蓋聞楚天為結恨之鄉，秋水實懷人之物。白雲無盡，蒼波捲空。騷客所鍾，勝流棲寄。況夫蘭芷被澤，風露泫華。當其朝霞在嶺，夕月臨江。哀猿一鳴，棹謳間發。故將愁絕，誰曰能堪。僕本恨人，何時不憶。爰傳尺素，繪此遙襟。庶幾點綴騷容，流連墨雨。春風若采，誰尋白蘋之花。微波可通，永證斑竹之淚。」李慈銘特意把意境寫得縹緲恍惚，不過「結恨之鄉」、「懷人之物」、「僕本恨人」、「斑竹之淚」等語辭已經把感情表達得真摯深切。此圖是李氏的寄情之物，曾遍求題詠，欲廣人知。同治四年四月將離京時又請人畫在了扇面之上，隨時展觀，懷思不已。而重回京城之後，與芷秋的交往雖已稀少，《沅江秋思圖》卻是仍然攜在身邊，仍然在請人題詞賦詩。〔註734〕同治十三年五月二十七日，他「心似彈棋局，終朝自不平」，想到了繪圖的往事，便賦《一萼紅》詞云：

　　記年時試凌波步屧，常自惜春遲。雁去西風，猨啼夜月，幽恨傳遍江蘺。漸開到紅蘭碧芷，費幾許花葉琢新詩。露白舟空，峰青霧擁，那解相思。　　腸斷懊憹重唱，只瀟湘意淺，不繫縈絲。綠綺賽簾，黃金解佩，心事都怕人知。忍偷換珍珠密約，便緘淚何處更通辭？

光緒十一年五月十五日，李慈銘閒來無事，偶檢「羊辛楣昔年所寄其從母妹所繪便面二事，其一《沅江秋思》」。睹物思人，為題一絕句云：

　　滿意瀟湘採白蘋，秋風一起阻修鱗。

　　微波無限紅蘭思，卻背歸鴻喚榜人。

李氏自注：「此詩寄託遙遠，它人不能索解。」

多年前的舊事還能觸起如此情思，這就說明在李慈銘的內心深處，沈芷秋一直都佔據著特殊的位置。他把芷秋定格在了同治三四年間色藝妙絕的時候，可時光有遷流，人我今俱非，再去回首前塵，只能是莫可如何而已。同治十三年三月，有一次「諸同年燕集安徽館，秋菱演《驚夢》一齣，趙桐孫歎為僅見。予曰：『君未見沈芷秋耳，若令比藝，不止拔茅棄荊矣。』」（十三·八·十五）《驚夢》是沈芷秋的擅演之劇，當初李慈銘觀看芷秋表演，最早看到的就是此

齣。在他的心目中，別人再也無法企及。

　　既不想為分桃斷袖，可卻又是如夢如癡，同治三四年間的李慈銘對於他的芷郎秋君所懷有的便是精神戀愛的感情。借用時人香溪漁隱的一首詩即是：

　　　　何須鄂被暗生春，解得相思便是真。

　　　　最好含情相對處，畫中憂寵意中人。〔註735〕

　　當然，此一結論也不能下得過於絕對。有幾處疑點，第一，李慈銘有的話理解起來可深可淺，我們難以把「深」完全排除。如「予頻年偃蹇，稍欲跌盪自放。又性好色，時有羅襦薌澤之想。恐為德夫不容，輒自禁止。」（三·十一·二十九）「小極無聊，讀書不嫥。乃媟晏樂，漸致淫色而廢日，貪娭而厭常。神弛則病愈深，形嫚則慾益熾。急宜自警，勿為非人。」（四·二·十三）已經需要「禁止」、「自警」，不知所為何事？第二，《越縵堂日記》的相關內容有多處塗刪，是什麼樣的事情或感情寫出來之後又覺得不便公開？我們知道這部日記李慈銘是寫給人看的，他一邊記寫一邊出借，而且還打算著要以某種適當形式將其刊刻出版。這樣一來，記敘一方面要坦誠真切，惟其如此才能使人有興趣看；一方面還是要有所保留，不能使人看後對自己產生負面印象。大概估計，李氏的有些記敘可能太坦誠了，過後覺得不妥，所以才會塗刪。第三，前面已記，心蘭是一位曾與丁士彬「互脫其裈」的相公，可此事前後李慈銘曾經不止一次地與之同席。如「是日予招芷秋，心泉招心蘭。還芷秋開發十金，心蘭開發八千。」（三·十一·二十二）「晚詣同興居，招芷秋、心蘭、玉喜諸郎縱飲。吳瑜楚玉，一時畢來，亦客中樂事也。」（三·十一·二十三）「予招芷秋，戴少梅招添財，又有小福、心蘭諸郎。〔塗刪〕。初更散歸。」（三·十二·六）所以，李慈銘在酒席之上或者也有形骸自放的時候，有時他從芷秋家出來已是雞鳴天亮，長夜勾留，如果只是清談聞曲，似乎有些文雅太過。應當知道，當時的李慈銘是獨身在京，積慾需要消解，難道只是「指頭兒告了消乏」？

　　綜合看來，李慈銘和沈芷秋之間絕不會只是普通交往，精神戀愛的可能性最大，而肌膚相親之事則容或有之。

三

　　發生在士優之間的精神戀愛在清代的北京有其存在的客觀條件。第一，

〔註735〕　《宣南雜俎》，見《清代燕都梨園史料》，第519頁。

清代實行禁娼政策，《大清律例》卷三十三規定：「凡官吏宿娼者，杖六十。若官員子孫宿娼者，罪亦如之。」「凡無籍之徒窩頓流娼土妓，引誘局騙者，均杖一百。鄰保知情容隱者杖八十，其失察之該管地方官交部照例議處。」上述規定在北京執行得最為嚴格，從而使得京城娼業一直不振。但娛樂生活是社會的常規需求，全面壓抑並不現實，結果京城戲業更空前繁盛起來。如在下面幾條記載當中，優伶都是勝過娼妓的。《燕京雜記》載：「京師娼妓雖多，較之吳門白下，邈然莫逮。豪商富官多蠱惑於優童，鮮有暇及者。」《燕臺評春錄》：「嘉道中，六街禁令嚴。歌郎比戶，而平康錄事不敢僑居。士大夫亦恐罹不測，少昵妓者。」〔註736〕《燕臺花事錄》：「京師女閭，薈騰過眼，尤覺無花。而選笑徵歌，必推菊部。」〔註737〕第二，為了博取纏頭之資，有的優伶會以身娛客，這已是實際的同性戀行為，而同性戀在清代是要受法律懲治的。《大清律例》卷三十三：「和同雞姦者，枷號一個月，杖一百。」《大清律例彙輯便覽》卷三十三：「設計誘買良家之子為優者，枷號三個月，杖一百，徒三年。姦宿者，照抑勒妻女與人通姦姦夫杖八十律，擬杖八十。若男子自行起意為優賣姦者，照軍民相姦例，枷號一個月，杖一百。狎優之人亦照此例同擬枷杖。」同時同性戀還會受到道德的譴責，《全人矩矱》卷二：「男淫惡孽，不知創自何人。既非陰陽配合之宜，又無蓮步雲鬟之媚。若夫青年俊士，一時失足，即遺臭終身。不齒於士林，見譏於鄉黨，玷辱於父母，慚愧於子孫，人又何忍而造此孽哉！」《立命功過格》：「五過：與優童家僕淫褻非禮。」《善過格》：「欲染倡優為三十過，成淫為百過。」〔註738〕《慾海回狂》卷二：「不納舞女歌童，不赴優觴妓席」，「懺悔邪淫歌童妓女之罪」。《勸孝戒淫錄·茹狀元菜戒淫十詠·伶人》：「錯開情竇到梨園，色藝能教智者惛。同體何堪成伉儷，嬌妝偏爾愛溫存。盡憐幼艾將金擲，肯為餘桃戀我恩？歌舞現身會說法，請看果報莫消魂。」

由以上兩點，一方面，「轉其柔情以向于伶人」〔註739〕成為了京中不少官僚士夫的一項經常性選擇。另一方面，「情」也不好完全坐實，否則將會有玷官箴，毀傷清譽。於是與分桃斷袖之情尚隔一層的精神戀愛便有了其存在的適宜環境，而才學橫溢、多愁善感的李慈銘則給我們提供了一個典型的樣本。

〔註736〕《淞濱瑣話》卷十一。
〔註737〕見《清代燕都梨園史料》，第545頁。
〔註738〕《壽世慈航》卷之六。
〔註739〕《清代燕都梨園史料》，序第7頁，鄭振鐸語。

晚清重臣張之洞的男風傳聞

張之洞（號香濤，謚文襄）是與李鴻章、袁世凱齊名的晚清重臣，同治二年（1863）中探花，授翰林院編修，歷官翰林院侍讀、侍講，出為山西巡撫、兩廣總督、湖廣總督，卒於軍機大臣任上。他在晚清政壇縱橫捭闔數十年，深度參與了中國近代史上的諸多重大事件。而在私人生活上，有關其男色之好的記載或虛或實，能夠隱約展現清代官僚男風的一些面貌。

楊公道《張文襄軼事》曾記張之洞在京中做翰林時對相公劉韻琴的寵愛：

> 光緒初年，都中士大夫無狎妓者。每遇讌會，率招雛伶侍食，即所謂相公是也。偎紅侍翠，宿柳眠花，與娼妓無異。公在詞曹（翰林院）時，嬖一唱生角者，名劉韻琴。劉玉立亭亭，善度崑曲，並略習吟詠，當時聲價甚高。公暇輒往訪，蹤跡頗密。燈紅酒綠時，非韻琴不樂。同輩戲呼劉為「解元夫人」，以調戲之。顧公當時俸入甚微，經營終年，不足供一席之揮霍。乃典質稱貸以益之，雖床頭金盡，弗顧也。〔註740〕

按：張之洞為咸豐二年（1852）順天鄉試解元，於是劉韻琴被稱為了「解元夫人」。不過光緒初年張氏已在翰林院，已成探花，因此，「探花夫人」之號對於韻琴來說更為合適一些。

常州趙鳳昌（字竹君）為張之洞幕僚，在一些記載當中，二人關係不同尋常。胡協寅《新民耳食錄》所言直白無忌：

> 清德宗（光緒）朝，兩廣總督張制軍酷好男風，斷袖成癖。有山東候補縣趙□□，婉如好女，面比六郎，制軍之舊所嬖也。奏調來粵，寵餘桃耳。寅僚中主彌子者，衛卿可得。說之專房尤甚。粵人鄙之，爰綴一聯云：「兩廣總督張□□，一品夫人趙□□。」〔註741〕

按：《孟子·萬章上》有云：「彌子之妻與子路之妻，兄弟也。彌子謂子路曰：『孔子主我，衛卿可得也。』」彌子瑕是衛靈公的寵臣，胡協寅用此典故，意思是說趙鳳昌得寵於張之洞，如同彌子之於衛靈公。其同僚如果曲意逢迎，則他會在張之洞身旁吹些枕邊風，讓同僚得以升遷。

據劉成禺《世載堂雜憶》，「一品夫人」之譏是發生在張之洞湖廣總督任

〔註740〕《張文襄軼事·嬖劉韻琴》。
〔註741〕《新民耳食錄·一品夫人》。

內。「張之洞在鄂，要事皆秘商竹君。忌之者乃為『兩湖總督張之洞，一品夫人趙鳳昌』語，書之牆壁，刊之報章，童謠里談，傳遍朝野。」〔註742〕

胡思敬《國聞備乘》曾載：「常州趙鳳昌年少美姿容，鄂督張之洞嬖之。用為內巡捕，所言無不聽，群呼為一品夫人趙氏。」〔註743〕

在陳巨來《安持人物瑣憶》中，清末官至軍機大臣的吳郁生謂張之洞「有怪疾，好色，人所共知」。某年吳「因招商局公事，特至湖北督署，與張相談。張以老友也，故不拘常禮，一面剃髮，一面暢談。不料尚未及談正經公事，而張已昏昏睡著了。那時趙鳳昌侍列外廂，見狀，即走過去以雙手托住其頭，一動都不敢動，約一小時之久。香濤醒了，趙巡捕老爺方才退出去」。由此，吳郁生感慨道：「吾一世做的京官，沒有機會嘗嘗做督撫的滋味。做督撫，可以用文武巡捕侍奉在側。像趙鳳昌之服侍張香濤，吾真正羨慕呀。」〔註744〕把趙竹君「一品夫人」之情態，刻畫得非常生動。

由於「一品夫人」之譏道路風傳，光緒十九年（1893）大理寺卿徐致祥彈劾張之洞，乃連及趙鳳昌，謂趙「細人也。小有才，奔走伺候，能得其（張之洞）歡心。該督倚為心腹，終日不離左右。官場中多有因緣趙鳳昌以鑽營差缺者，聲名甚穢。該督方自以為能，使貪使詐而不惜，甘受其愚，且深諱其失」〔註745〕。結果，經兩江總督劉坤一、兩廣總督李瀚章查核，張之洞查無實據，趙鳳昌則被革職罷官。

按：趙鳳昌在近代史上也非等閒之輩。他罷官之後久居上海，繼續做張之洞的耳目，在後來的東南互保、立憲運動中都表現活躍。辛亥年武昌起義爆發後，趙氏惜陰堂成為了南北代表的議和場所。趙鳳昌折衝樽俎，促成和議，被稱為「民國產婆」。

晚晴小說《二十年目睹之怪現狀》第八十二回曾寫福建巡撫侯中丞一次見一個小學徒「生得眉清目秀，唇紅齒白，不覺動了憐惜之心」。就「把他留在身邊伺候，坐下時叫他裝煙，躺下時叫他捶腿。一邊是福建人的慣家（明清時期福建男風甚盛），一邊是北直人的風尚（指京津等地相公業興盛），其中的事情，就有許多不堪聞問的了，兩個的恩愛日益加深」。

侯中丞手握一省的權柄，自然能把對小學徒的恩愛落實為實際的恩惠：

〔註742〕 《世載堂雜憶‧徐致祥奏參張之洞》。
〔註743〕 《國聞備乘‧卷四‧瑣記》。
〔註744〕 《安持人物瑣憶‧記趙叔雍》。
〔註745〕 《嘉定先生奏議‧卷下‧糾劾疆臣辜恩負職摺》。

「便藉端代他開了個保舉，弄了一個外委把總。侯中丞把他派了轄下一個武巡捕的差使，在福建著實弄了幾文。後來侯中丞調任廣東，帶了他去，又委他署了一任西關千總，因此更發了財。前兩年升了兩湖總督，仍然把他奏調過來。他一連幾年，連捐帶保的，弄到了一個總兵。」從學徒到總兵，身份變得好不快速奇異，並且官升得越大，財也發得越多，只是談不上光彩而已。

按：侯中丞是在影射張之洞。張係直隸南皮人，曾經巡撫山西，總督兩廣、兩湖。侯中丞的升遷履歷與張之洞相似，並且侯、猴同音，猴者美猴王，水簾洞中之靈物也，故而「之洞」。而學徒出身的侯虎則是在影射山西榆次人張彪。彪字虎臣，受到張之洞賞識，官至松潘總兵、湖北提督。1911年武昌起義爆發後他敗走城外，部下黎元洪轉而支持革命，做成了民國大總統。

顯然，有關張之洞的男風傳聞是真假難辨的。官員與優伶相公相近，還可以說是逢場作戲；而與下屬幕僚狎呢，至少當事人都會極力掩蓋和否認。《世載堂雜憶》尚載，已故安徽巡撫馮熙「身後有筆記一部，馮家子弟欲複印。為竹君先生所翻閱，中載不滿之洞之條甚多，竹君先生大參案（指徐致祥參劾張之洞）亦在焉。其間原雜以甚不雅馴之謗語，竹君大怒，謂太不成話。經多數名流調停賠罪，將筆記此條焚毀了結」〔註746〕。

趙鳳昌銷毀了「甚不雅馴」的相關記載，而銷毀的舉動雖然可以解讀為心虛，但所記為誹謗的可能性同樣也是存在的，對於資料的真實性我們不妨多做一些考慮。例如在《安持人物瑣憶》中，吳郁生謂他與張之洞係老友，是去湖廣總督署洽談招商局公事。實際上，吳比張要小17歲。光緒七年（1881），張之洞已為翰林院侍講學士，而吳郁生獲此職位已是光緒二十八年（1902）。因此，從年齡和資歷來看，吳乃張之晚輩，「老友」是談不上的。就「招商局公事」而言，吳氏在宣統二、三年間（1910、1911）曾任郵傳部侍郎，署理郵傳部尚書，輪船招商局事務歸其管轄。但在宣統元年（1909）張之洞就已經去世了，二人怎樣相談局事？而且還是在湖北武昌談。張氏人生的最後三年（1907～1909）是在京做軍機大臣，與京官吳郁生有過交往屬於正常。不過光緒十九年（1893）趙鳳昌就已被革職，吳氏到底是在何時見到了趙竹君對張香濤的趨奉？所以，不能排除這種可能：吳郁生聽說過有關張與趙的不甚雅馴的傳言，在與《安持人物瑣憶》的作者陳巨來閒談時，乃將自己說成為親見者，以在晚輩面前顯示自己閱歷的豐富。

〔註746〕《世載堂雜憶‧大參案之尾聲》。

清代的雞姦勘驗

　　男風同性戀在古代包括清代始終是一種曖昧的存在，所謂「難言之隱」，對此話題人們的避諱還是比較多的。但有一點，清人對於雞姦案件的態度比較坦蕩，有關同性性犯罪的各個方面都被進行了詳盡探討，並有具體規定，這其中也包括屬於法醫學範疇的雞姦勘驗。

　　作為一個名詞概念，「雞姦」有狹義和廣義之分。狹義上，它是指違背受害人意願的強行雞姦；而在廣義上，兩相意諧的和同雞姦同樣也是包括在內的。因此面對此詞時，我們對於相關記載的具體語境需要多加一些注意。像《洗冤錄詳義》曾言：「男子被人雞姦，須視糞門有無折痕。」〔註747〕此處所言應係強行雞姦；《思無邪小記》中曾言：「有被人雞姦控於官，驗之，花紋已散，穀道寬鬆，是雞姦已屢者。外有新創，內蓄餘精，是初被雞姦者。」〔註748〕此處所言分別係屬和同雞姦、強行雞姦。清代法律中的雞姦犯罪按其程度可分為和同雞姦、雞姦傷人、雞姦殺人等情形，而誣人雞姦也能給斷案帶來諸多困擾。

　　和同雞姦之案。《申報・狂童無禮》：「昨早有某號某捕巡至六馬路，見有年未成丁甲乙二人在小弄內雞姦。該捕即將甲乙拘入捕房，旋經西醫驗明後庭，果有創痕。此案當解公堂訊理，又添一宗風流案牘矣。」〔註749〕和同雞姦不存在受害者掙扎反抗的情節，但由於肛交的特殊性，即便兩相合意被交者的肛部也可能會出現傷口。當然，如果和姦日久，經常走「旱路」接受肛交，肛部就不易受傷了，這時勘查的應當是肛門是否寬鬆。《重刊補注洗冤錄集證》卷一：「查驗某糞門寬鬆，並不緊湊，與屢次被姦情形相符。」

　　雞姦傷人之案。《申報・霞山絢彩》：福州「西關外某甲籍隸臺黃，年甫及冠。於前月廿六日私將十三齡幼孩強逼雞姦，致傷腸髒。聞此子係孀守撫孤，因今夏龍燈擡閣上扮作尼姑，嫋娜妖冶，甲見而起意。茲受姦污，即回哭訴其母。母視其下體鮮血爛斑，遂挈之赴喊。琴堂沈大令命仵驗得穀道受傷，立飭簽提某甲到案，押候究辦。」〔註750〕《重刊補注洗冤錄集證》卷一：「查驗穀道開，內裏紅腫，委係雞姦已成。」

〔註747〕《洗冤錄詳義》卷一。

〔註748〕《思無邪小記》，第89頁。

〔註749〕《申報》光緒十七年八月十二日，第6609號。

〔註750〕《申報》光緒二十一年閏五月十五日，第7978號。

　　雞姦致死之案。《重刊補注洗冤錄集證》卷一:「驗得仰面,致命額顱一傷,圍圓三寸六分,左太陽一傷,圍圓三寸七分,均去粗皮,係砂石擦傷。不致命左手腕接連一傷,長九寸寬三分,微紅色,係壓傷。致命胸膛接連右肋一傷,橫長九寸寬三分,微紅色,係墊傷。合面、穀道破損血出,餘無別故。」

　　清代是一個禮教社會,法律規定也深受影響。面對犯姦案件,清律對於受害人的身份相當重視。若受害者為良人,則對施害者加以重判;若非良人,則會量減輕判。像乾隆四十年(1775)刑部曾經定例:「凡強姦殺死婦女及良家子弟,仍按例問擬斬決外。其有先經和姦後因別故拒絕,致將被姦之人殺死者,俱仍照謀故鬥毆本律定擬。」〔註751〕若依本律,姦殺犯將被處以量刑較輕的斬監候或絞監候,而不是斬立決。乾隆年間廣東省曾經發生一起雞姦致死案,刑部覆核時明確要求通過屍檢來確定被害人林羅妹是否已非良人:

　　　　乾隆五十二年廣東英德縣民劉二,因姦致死林羅妹一案。部諮:其素日往來蹤跡,先姦後拒之處,俱係緊要關鍵。詳訊明確,細為聲敘,自不致以殺死素被雞姦之人,疑為因姦殺死良人之犯。再查律例,雖無驗明曾被雞姦之人糞門明文。但強姦女子則有驗明是否處女之例,已可類推。若填明屍格,糞門寬鬆即為素與通姦之據等因。〔註752〕

　　該案的查驗結果是:「糞門寬鬆,並不緊湊,與屢次被姦情形相符。」〔註753〕而據此案,後來類似的一件姦殺案亦被要求再行屍檢:

　　　　梁六保果與許廷獻雞姦日久,何至因許廷獻不買草帽微嫌,輒爾堅拒,至死不從?且查乾隆五十三年刑部議覆廣東雞姦被殺案內,律例雖無查驗曾被雞姦之人糞門明文,但強姦處女,則有驗明陰戶是否處女之例,已可類推。且死者既無生供,則必驗明死者糞門是否寬鬆,方可為通姦之據等語。今梁六保糞門曾否驗明寬鬆未據報敘,殊屬率混,飭再研審勘。〔註754〕

　　只是姦情隱秘,恍惚難明,正所謂「男子群遊聚處,無嫌可遠。或同室而居,或聯床共宿,事所恒有。姦情又多出曖昧,易於狡飾」〔註755〕。肛門明

〔註751〕《大清律例》卷三十三,清乾隆五十五年(1790)刻本。
〔註752〕《大清律例會通新纂・卷二十五刑律人命・殺死姦夫》。
〔註753〕《傷痕・雞姦》。
〔註754〕《重刊補注洗冤錄集證》卷一。
〔註755〕《刑案彙覽・卷二十七・殺死姦夫》。

顯鬆弛或明顯受傷的情形固然存在，但在許多的情況下，由肛交雞姦所導致的肛部變化其實是不明顯的。據《申報》記載，光緒初年，天津人某甲因店中某徒有違店規而欲將其辭退，該徒為避家人責備遂報稱被甲雞姦。「徒之舅氏本係無賴者流，聞是語不辨真假，即邀約其黨恫喝店東。甲以兒女滿前，遭此誣衊，實屬有口難分，遂服阿芙蓉膏畢命。甲死後其家屬據情控縣，天津縣準詞，拘徒究問。徒仍以雞姦對，叩其已否成姦，則又含糊其辭。迨用雞子試驗，則固完人也。於是甲之冤白，而徒將懲辦矣。」〔註756〕所謂「用雞子試驗」，應當是將雞蛋置入肛門，察看肛部的狀況，已被姦者的反應與完人不同。由此得出的結論其準確性肯定存疑，某甲未必一定清白，但其人已死，官府為了安撫家屬，不論如何也要對某徒加以懲治的。

上海也有誣姦之事。《申報·頑童以雞姦誣控》：「前日縣中有賣水果之童男與人爭執，竟敢以強被雞姦之大題喊冤。葉邑尊取供支離，已察識其詐欲。遂傳刑仵當堂如法查驗，毫無痕跡。事實子虛，立予嚴飭。仍念童稚無知，未加深究云。」〔註757〕此處是當庭查驗，而上海租界還有指定的西醫院專門承擔此事。《申報·英界公堂瑣案》：「克堅西飯館小侍者傅金雲控被李阿林雞姦，蔡太守飭將傅金雲帶往醫院驗視。昨據包探沈金隆稱：小的送傅金雲至醫院，由西醫生驗視，並無雞姦實據。太守以傅金雲所控無憑，豈容瀆辨？判將李阿林開釋。」〔註758〕此案未查出實據，當然，實據被查出的案子也是有的。《申報·英捕房紀事》：「四馬路廣維信煙膏店夥蕭萬隆、湯佐卿與值堂人徐金財有雞姦情事，徐不願，蕭竟用強姦污，湯亦思染指。徐即訴諸其父徐春生，投捕房控告。捕頭飭包探劉光震先後將蕭、湯拘獲，惟蕭、湯只認調戲。捕頭倩西醫將徐驗視，果有行姦痕跡。飭將蕭、湯押候解辦，徐金財送公廨管□□。」〔註759〕

雞姦勘驗存在技術上的複雜性，準確結論的得出並非易事。不過在可能的範圍內，清代司法機構和承審人員已經做出了最大努力。除開法理因素，我們會看到清代的刑事審判在面對具體案情時確有其嚴謹周詳的一面，比較突出的如其對男子拒姦殺人諸情形的反覆斟酌。雞姦勘驗也是如此，這類案件會讓

〔註756〕《申報·受誣尋死》，光緒五年九月十四日，第2333號。
〔註757〕《申報》同治十二年二月二十九日，第278號。
〔註758〕《申報》光緒十七年三月二十八日，第6478號。
〔註759〕《申報》光緒三十一年二月二十九日，第11478號。

人在心理上感覺尷尬，不過承審人員秉持法律的理性主義原則，並未含混處理，而是盡可能地去還原真相，以為判案提供相對可靠的事實依據。

清代的邪教、黑道與男色男風

作為清代秘密結社的重要一類，邪教因其反社會性質而有此反面稱謂。它們蹤隱跡秘，缺乏公開的話語權，相關記載多是由官方和官方的支持者寫出，可謂極盡醜詆攻訐之能事。在性的問題上進行醜化是傚果最顯著的，非但女色而且男色也會被人提出。

白蓮教的歷史很長久，宋代已經出現，元末紅巾軍大起義就是奉倡白蓮。清代中期的川楚白蓮教大起義範圍廣泛，幾乎動搖了清政府的統治根基。在對其進行剿滅的過程中，男風現象也有顯現。據《十葉野聞》的記載，苟文明為教中悍匪，酷好龍陽孌童。受官軍統帥楊玉春之請，本已還鄉家居的唐將軍隱瞞身份投入賊營。「文明愛其武勇，倚之如左右手，所臥室他人勿能入，惟唐與偕。文明好男色，唐掠美童獻之，文明益喜。前後凡得孌童四，進文明。因醉文明以酒，令四童子侍寢。夜三鼓，唐察文明已睡熟，鼾聲大作。試呼之不應，以手撼之不動。唐急起，取佩刀斷其頭，披衣潛出帳外，乘駿馬遁歸。唐去移時，賊營始覺，急來追。唐發號火，官軍望見，來援，賊乃退。三千人遂皆嘩散，唐之力也。」〔註760〕齊二寡婦王聰兒的名聲要比苟文明大得多，是最先發動起義的首領之一。她雖為女子，有關記載也涉及到了男風。《雨韭盦筆記》卷二：「川省有教匪徐（齊）二寡婦者，聚眾謀逆，為官兵所困。自知不免，冀以樂死。於賊寨中白晝遍淫數十人，令男婦四圍鏖戰以恣其慾，謂之肉玲瓏。男子之不能再舉者，輒為龍陽，謂之肉連環。乃竟不死於淫，卒伏法。」

至於名氣不大的邪教組織，乾隆中前期川南黔北曾經出現過一個無為教，其首領宋朝倫既行誘姦也行雞姦。他見瀘州孀婦楊李氏的女兒「楊么姑生得有些姿色」，便借治病認為乾女兒，「與她調戲成姦」。他還多次雞姦該教名義教主孫學海。〔註761〕道光間蟲鳴子曾記一無名教案：「彰德府出一邪教案，

〔註760〕《十葉野聞‧下卷‧磨盾秘聞》。

〔註761〕《朱批奏摺》，乾隆九年五月二十二日兩江總督尹繼善奏，中國第一歷史檔案館藏。轉引自赫治清：《清代「邪教」與清朝政府對策》，《清史論叢》，2003～2004年號。

首犯某年止十九。始而誘人持齋散財祈福，繼云有密術，須同寢方授，幼男婦女胥被淫污。」〔註762〕

　　黑道和邪教同屬秘密結社，與邪教不同，其宗教色彩比較淡薄。而在反官府、反社會，行動隱秘的意義上，兩者又有內在的一致性，廣義上將邪教歸入黑道也是可以的。有的黑道如天地會兼具較高的政治目標，不過多數還是以經濟目的為主。而由於不從事正當生業，所謂黑道的「經濟活動」無非就是販私、娼賭、敲詐乃至劫盜，簡言之就是各種犯罪活動。嘓嚕在乾隆年間曾經橫行於四川城鄉，他們「始乎賭博，卒乎竊劫。中間酗酒打降，勒索酒食，姦拐幼童，甚而殺人放火，或同夥自殺，皆謂紅線。下此掏摸招包翦絡，別為黑線」〔註763〕。文中的「姦拐幼童」除去包括一般的姦淫之事，還可以理解為因姦而拐、拐而後姦。請看乾隆四十六年（1781）的兩個案例：

　　　　傅開太即傅老十，本年三月初間行抵梁山縣界牌地方，有楊老大、趙滿一、胡萬年等並不知姓名共三十餘人，邀傅開太入夥。三月十二日，傅開太隨同楊老大等抵長壽縣登機鋪地方，搶劫過客錢五十餘千文。十三日，至大竹縣高灘地方，誘脅本處幼童王興國，認為乾子，日則背包，夜則雞姦。

　　　　皮麻子即皮學禮，籍隸貴州安化縣，年僅十五，在四川涪州被匪張老大誘為乾子，遂被雞姦。四十六年三月間，隨張老大至太平縣太和場地方，張老大與金小二、羅和尚等並不知姓名多人夥搶過客銀錢，至大河邊被官兵拿散，轉抵雲陽、萬縣夥搶集場。凡搶劫時，皮麻子均在遠處躲避，並未同搶。〔註764〕

　　嘓嚕的猖獗使得乾隆年間川省治安狀況極差，乾隆皇帝多次嚴旨斥責地方官員，諭令根剿。乾隆二十三年（1758），刑部議覆四川按察使吳士端條奏定例，二十六年（1761）館修入律，規定：「川省嘓匪有犯輪姦之案，審實，照強盜律不分首從皆斬。其同行未成姦者，仍依輪姦本例擬絞監候。如因輪姦而殺死人命者，無論成姦與否，俱照強盜殺人例，奏請斬決梟示。」〔註765〕

〔註762〕《蟲鳴漫錄》卷一。

〔註763〕《皇朝經世文編・卷七十五・論蜀嘓嚕狀》。

〔註764〕《湖廣總督舒常等為審擬拿獲嘓嚕彭家桂等事奏摺》，乾隆四十六年八月十六日。見中國第一歷史檔案館編：《乾隆四十六年清政府鎮壓嘓嚕史料選編》（下），《歷史檔案》，1991年第2期。

〔註765〕《大清律續纂條例・卷二刑律犯姦・犯姦》。

一般的輪姦之案在定罪時需要分別首犯、從犯，而對啯嚕則是不分首從，體現了治亂地用重典的立法方針。條例中的「輪姦」既可針對女性，也可針對男性。

　　啯嚕之後四川興起的是白蓮教，白蓮教之後則是哥老會，其與啯嚕具有一定的傳承關係。咸同年間天下第一傷心人《哥老會說》曾謂：「哥老會亦曰哥弟會，盜黨名目也。其結會或數十人、數百人不等，共飲雄雞血酒立誓。誓中有自結拜之後，再念及生身父母、同胞兄弟，必天誅地滅等詞。……各帶小兒曰少侄兒，又曰太保。與雞姦者曰黃龍，否者曰青龍，雞姦曰畜驢。……強姦為豎毛。」〔註766〕下面道光間不能道人所言未明確會黨名目，不過應當即是指哥老會：「四川會匪之屬均效法桃園，敬奉關聖帝君，拜榜盟誓。候後做些事情，傷天害理，無所不有。……若子弟輕微有點伴像，或收為殿下名曰投□某人，或收為義弟名曰恩拜兄，其實想到屁股在。白日隨侍詭竄，晚來共枕同床。雖是男子，猶如婦人一般。入此門者，就叫自妝龜子合的。街鄉子弟，何不耕讀守舊，為第一人品耶？」〔註767〕

　　在安徽，賣煙夥黨是帶有劫盜色彩的販私團夥。道光年間，「皖省潁、鳳一帶，常有匪徒出沒。更有無賴棍徒，搶脅良人子弟，勒令裝賣水煙，俱有花用，名為水煙箱主。其中即有強盜引線。如盜犯起意行劫其家，則箱主先令煙童以裝煙為由，躧看門戶路徑。尤為地方之害」〔註768〕。而煙童的作用不止於此，他們還能夠提供各種性服務。為此，刑部於道光七年（1827）議覆安徽巡撫鄧廷楨條奏定例，道光十年（1830）律例館纂修入律，規定：「安徽省拿獲水煙箱主匪徒，除審有搶劫、殺傷、強姦、拐賣等情各照本律例從重定擬外，其但經攜帶煙童，或與雞姦或縱令賣姦或遇事挺身架護者，俱發極邊足四千里充軍。」〔註769〕具體案例：

> 安徽司道光十四年。安撫諮：潁屬凶徒陶香糾眾滋事案內之顧火頭，訊無隨同滋擾情事。惟與陶香雞姦，貪其衣食，甘為服役，寔屬自甘下賤。該撫將顧火頭比照賣煙夥黨自甘下賤，助勢濟惡例量減一等，杖九十，徒二年半。本部查顧火頭既據該撫訊明並無隨同滋事，即與賣煙夥黨助勢濟惡者不同，自應仍照和同雞姦本例問

〔註766〕《辟邪紀實》附卷。
〔註767〕《紙糊燈龍・江湖》。
〔註768〕《清實錄》宣宗成皇帝實錄卷之八十九。
〔註769〕《大清律例彙輯便覽》卷二十五。

擬。將顧火頭改依軍民相姦例，枷號一個月，杖一百。〔註770〕

安徽司詔：吳二賢帶同陳二等裝賣水煙得錢食用，訊無雞姦及縱令賣姦，並挺身架護情事。應於安省匪徒攜帶煙童賣姦架護擬軍例，量減一等，杖一百，徒三年。道光十一年案。〔註771〕

在北方的河南、山東、直隸（河北）等省，康乾年間的老瓜賊曾經肆行擾害，引起民間巨大震恐。他們「專伺孤客，一賊昵客同止宿，詿客早行。餘賊為坎道旁，俟客至，蜂出縊客，破其腹，裸而埋諸坎，攜贓以逸，慘毒甚於他盜。而地無屍跡，死者家不得死所，無可控。賊不巢聚，捕治不即得。」〔註772〕老瓜賊的特點是柔狠兼施，先惑人再害人。有關他們的明確記載是出現在康熙朝後期，而在實際上，此害之前就已經出現了。康熙前期，蒲松齡《聊齋誌異》中有一篇《念秧》，寫有兩則故事。第一則：山東王子巽進京趕考，路上遇到一位金姓少年，自稱江南書生，此行是入京尋親。晚上二人共宿同一客店，金少與店中客人豪賭，贏得不可收拾，不亦樂乎。子巽旁觀眼熱，忙請金少代賭，結局卻是應了「先贏後輸」這句常言，自己輸得一塌糊塗。其實金少和其他賭徒本是一夥，他已然騙錢到手，可感覺子巽的僕人對他已經產生了懷疑，於是夜間同睡時，故意對王僕進行勾引：「少年故作轉側，以下體昵就僕。僕移身避之；少年又近就之，膚著股際，滑膩如脂。僕心動，試與狎；而少年殷勤甚至，衾息鳴動。」僕從嘗到了快樂甜頭，雖有疑心卻沒有對主人講出。第二天一早，金少先行，假裝表示將在前面一站等待，並且還要奉還輸金。王子巽依依目送遠離，結果自然是飛鶴一去，杳然無蹤。

第二則故事發生在幾年之後，金某和他的同夥繼續行騙，只是他由金姓變成了史姓，所騙對象是由京返鄉的吳生。這一次，史某以男色手段迷惑吳生，吳則將計就計，使其身體大遭苦痛：「史啟吳衾，裸體入懷，小語曰：『愛兄磊落，願從交好。』吳心知其詐，然計亦良得，遂相偎抱。史極力周奉，不料吳固偉男，大為鑿枘，嚬呻殆不可任，竊竊哀免。吳固求訖事。手捫之，血流漂杵矣，乃釋令歸。」並且因有狐仙相助，最終吳生不但未受損失，反而還得到了念秧者中的一位女子，史某即是她的丈夫。這樣一來，史某賠了夫人又折兵，蒲松齡評論道：「何意吳生所遇，即王子巽連天叫苦之人，不亦快哉！旨

〔註770〕《成案新編・卷十三刑律鬥毆・鬥毆》。
〔註771〕《續增刑案彙覽・卷六・恐嚇取財》。
〔註772〕《薈蕞編・卷六・邱天民》。

哉古言：騎者善墮。」〔註773〕

　　在這兩則故事當中，念秧者均「昵客同止宿」，雖未使用暴力截殺手段，但這並不表明其他人不會如此，也可能是暴力程度後來逐步加重。而不論如何，他們與老瓜賊的相似之處都是比較明顯的。按：關於老瓜賊的含義，我們從「念秧」那裏也可看出一些端倪。在北方的田間，夏秋之時瓜秧蔓延，農人架設瓜棚以防賊竊。所謂「念秧」、「老瓜」都可與曠野賊盜案產生瓜葛，「老瓜賊」應是由「念秧」賊演變而來的。

　　上述啯嚕、煙匪、老瓜賊等的組織性較強，具有明確的黑道犯罪意識。而在市井城鎮，潑皮無賴、光棍流氓也廣有其人。他們的行為介於黑白之間，組織性、狠毒性相對較弱。在北京，

> 都市社會中例有作奸犯科，悍不畏死之匪徒，自成團體，為社會之蠹，北都謂之「光棍」。三十年前，其勢尤橫。……別有所謂「兩個手指頭」者，相傳本為孌童之號。貴人多好男色，此輩挾其主之威勢以橫行於市井。市井中有欲設娼寮，開賭館者，必先與一光棍聯床第之好，儼如夫婦，謂之保駕，則其營業可得保障。此種娼寮在西直門外之黃土坑、朝陽門外壇夾道、德勝門外校場邊。賭局亦然，多在郊外。
>
> 光緒庚、辛之交，有「西城梁德寶，東城小松七」之諺。二人皆貴冑之孌童而兼嫻武技，專以逼良拐賣為事，黨徒如雲，橫行里巷，莫之敢詰。其服御至為詭異，以庫金為祖衣，彩繡為襜褕，繡履羅襪，非男非女。其額際以指掐作小十字文，累累若貫珠，兩鬢各貼小藥膏而飾以蝴蝶。服之不衷若此，而可招搖於輦轂之下，妖由人興，識者早知紀綱之掃地矣。民國以後，警政稍嚴，此輩光棍亦斂跡矣。〔註774〕

　　無獨有偶，在四川成都，潑皮孌童亦鬢貼膏藥。有竹枝詞寫道：

> 耍狗蠅藏黃鱔尾，大毛辮貼太陽膏。
> 醉歸捨物嫖包月，閒約窩家賭燙毛。

> 俗指潑皮為耍狗蠅，似本前人「狗苟蠅營」語意，腰下暗藏小尖刀，名黃鱔尾。又濃髮少年與龍陽等者，名大毛辮子娃娃，兩鬢

〔註773〕《聊齋誌異・卷四・念秧》。
〔註774〕《故都聞見錄・光棍》。

旁用紅緞剪膏藥如圍棋子大，貼以助媚，謂之太陽膏。呼妓為捨物，包月亦俗語。誘人局賭名燙毛。〔註775〕

潑皮光棍還有迷姦幼童的，其性質就很惡劣了。在安徽合肥，

> 同治年間，皖北省城有奸民董五等，見秀麗童男往來市肆間，詐為嬉謔，搶其帽及配掛等件以為戲。急行於前，逐之不即，捨之不離，延至僻巷或城隅小屋內。媚以甘言，餌以糕點，內藏迷藥，至晚群惡少朋輪難姦。或留數日，或遲至五更，負至原處釋之。有某官公子及某塾師學生墮其術中者，雖控訴而幼童不知其地，不識其人，久之遂寢。時枭憲聞而恨之，密遣親信耳目，帶領美幼童盛服於街衢試之。遇有此類，尾其後而拿之。一日果獲數案，嚴訊，則董五一黨得十數人。拘繫以待，喚前被迷者視之，果其人也。按律，姦童男女在十二歲內者，問實斬立決，遂請令枭首云。〔註776〕

至於野外偶發的迷姦，乾隆初年京郊宛平縣曾有一案，被害人劉進喜證稱：

> 我係文安縣人，今年十五歲。我於十三歲淨身，有太監于貴引進，送我到莊親王府內且當太監。於本年六月間，我因打碎茶盅心裏害怕，就逃到廣寧門外大井，遇見李二，領我到楊二家做活。八月初二日，楊二叫我出去放驢，遇見焦來儀，他讓我吃了一袋煙，我就迷了。他拉了我住店……我心裏明白，又不能說話。他又給了我一袋煙吃，我越發迷了，他夜裏就姦了我了。到第二日，將我的驢子賣了，我還糊塗，有當差人拿冷水給我吃，我才蘇醒。

施害人焦來儀供稱：

> 我係山西靈邱縣人，今年三十八歲了，原在天剛山玉皇廟內出家為道士。乾隆三年四月間，在蔚州城遇見認識之威寧縣僧人了休，又名李和尚。他賣藥為生。我們二人因沒盤費，配了一宗迷人的蒙汗藥。那藥內用的是鬧楊花、巴亞、蒙香、鹵砂、山葛花，遇人吃煙，用藥放在煙內，人吃了立即發迷，不能言語，乘機取其人行李、銀錢。……五年七月內行至南口，了休往天津去了。我走至盧溝橋東，遇見劉進喜放驢，將他迷住，連驢拐到盧溝橋店裏，將他姦了。第二日到阜成門內，將驢賣了，就在西直門外被獲，剩下

〔註775〕 《錦城竹枝詞》。
〔註776〕 《醒睡錄初集・卷九・迷誘男童》。

的藥我都撤了。〔註777〕

　　我們談清代的邪教、黑道與男色男風的關係，首先需要明確一點，即此道中人多不從事士農工商的正當職業，而是身為游民四處流動。這種流動性決定了他們的家庭關係不易穩定，單身狀態比較常見，性活動有時不易進行有時極度放縱。他們的性道德總體上要比社會平均水平寬鬆，而且充滿著暴力和險惡的黑道——在廣義上，邪教也可以講是屬於黑道——需要同性間緊密地協同行動，師徒、師兄弟之間日常生活中無嫌可避，危難之時共臨生死，這些都是同性戀的促發因素。清代有關文獻大多都是由黑道的敵視者寫出，各種反面記述難免會有誇張不實之處，不過大體的事實依據應當還是有的。

　　當然，黑道並非千群一面。而且只要是教義、教規，寫在紙面上的道德規範就不會與主流有多大區別，甚至還可能更加嚴屬。天地會又稱洪門、三合會，是清代勢力最強、名聲最大的黑道之一，政治性、組織性的表現比較突出。由於家庭相對易出變故，故其會規防範嚴格，這其中也包括著對雞姦的防範。

　　《三十六誓》之第三十三誓：

　　　　如姦淫洪家兄弟之幼童少女，五雷誅滅。

　　《二十一則》之第二則：

　　　　姦淫兄弟之妻室，及與其子女私通者，處死刑，決不寬貸。〔註778〕

　　《三十六誓》之第八誓：

　　　　自入洪門之後，毋得雞姦洪家兄弟，以及洪家兄弟子僕與至親
　　　　一應在內。如有不依者，立去順風一對。〔註779〕

　　《三十六誓》之第五誓：

　　　　自入洪門之後，即路切莫貪淫，淫辱姦拐奶內兄弟母親及妻妾
　　　　子女姊妹，接以相愛之情，以及鋪中夥伴等項不可虧心作動。如不
　　　　依者，死在路上而亡。〔註780〕

　　誓律規條都是因事而立，有針對性的。天地會強調毋得雞姦洪家兄弟、子侄，所反映的其實是這種行為的相對多發。但其處罰極其嚴屬，這又能反映該

〔註777〕乾隆六年四月二十五日刑部尚書來保等題本，見「清代刑科題本」微縮膠卷，臺灣中央研究院近代史研究所收藏。轉引自郭松義：《清代刑案中記錄的蒙汗藥》，見《清史論集——慶賀王鍾翰教授九十華誕》，第144～145頁。

〔註778〕《洪門志》。

〔註779〕《海底》。

〔註780〕《近代秘密社會史料》卷三。

會黨盡力革除的意向，其在雞姦同性戀的問題上就是一個矛盾的統一體。《海底》本《三十六誓》之第八誓尚有如此表述的：

> 入洪門之後，洪家兄弟不可相爭妓女、美童。兄有兄份，弟有弟份，不得混亂通姦。如有不正之人，相爭妓女、少友，混亂姦淫兄弟者，死在吐血而亡。

此處「美童」是指孌童男娼，只要不爭有序，那麼弟兄們是不妨一同去嫖或各自去嫖的。在會規當中公然認可嫖宿男娼女妓，則會黨成員的道德面貌可知。

清末《申報》的男風敘寫

《申報》是中國近代一份著名的全國性大報，創刊於 1872 年，終刊於1949 年。它立足上海，面向全國，對當時社會面貌進行了全方位反映。男風同性戀作為社會生活的一個組成部分在《申報》當中也受到了一定的關注，相關內容可謂豐富多彩，下面本文對清末該報的男風敘寫進行一下概括總結。

一、人群

清代男風之盛與清政府的禁妓政策密切相關，《大清律例》卷三十三：「凡官吏宿娼者，杖六十，媒合人減一等。若官員子孫宿娼者，罪亦如之。」「凡無籍之徒窩頓流娼土妓引誘局騙者，照窩賭例治罪。鄰保知情容隱者，杖八十。其失察之該地方官，交部照例議處。」女妓禁則男優起，後者在一定程度上充當了前者的角色。當然，娼妓之禁各地在執行時尺度不一，北京因在天子腳下而偏嚴，上海因為設有租界而偏寬。寬嚴相異，京滬兩地也就分別成為了清末男色和女色的中心。同時，《申報》自身還有一個特點，即其創辦者是西洋人，長期由西人經管，而當時西方文化對待同性戀的態度要比中國嚴厲。因此，在《申報》的男風敘寫中，我們時可見到它對北京及北方男色的批評。《南風漸競》比較京滬、南北之異：「京都優伶甲於天下，美其名曰相公。相公者，像姑之訛，言其男而像女也。亦曰下工，謂其託業最污下也。狎優之風，惟京師及天津為最盛。相公寓處，肆筵設席，低唱淺斟，不足為怪。而滬地雖戲館林立，與京都風氣大異，間有招伶侑酒者亦不多見。而在相公寓處擺酒，則從來未聞。乃前日有某甲者在優人長生寓處設宴請客，長生執壺勸酒，大有翠袖殷勤捧玉鐘之概。亦有招妓促坐，賡歌互答者，此實海上所僅見。竊

恐此等風氣漸開，銷金鍋更多一漏巵厄矣。有地方之責者，尚其遏之於將萌哉！」〔註781〕《弊俗宜防其漸論》是將滬妓與京、津之優進行比較：「上海自通商開埠以來，五方雜處，良莠不齊。區區數里之租界，其風俗之弊病，有楮墨所難罄者。然而長三書寓，多係富商大賈有樂其間；幺二住家，品稍下矣；至於花煙間，又其次矣。華官屢欲禁止，而苦於不能。其所以不能者，則由於西官不肯會同示禁故也。雖然，此皆風氣之已開，且男女之欲雖曰合不以正，尚不出乎人情。果能禁絕，固足以挽頹風；即不能禁，亦尚可以藉口於順人情也。獨有最壞之風氣，幸而上海向來不至沾染，而目下則大有此風將開之漸。此則尤宜先事防維，中西官所宜早為示禁者矣。其事維何？則叫相公是。相公者，伶人之為旦腳者，本曰『像姑』，為其像姑娘之形容也，後乃轉其音為相公，而京都、天津則並生、老、淨、丑俱名之為相公。凡遇飲宴，輒以一紙喚之來，以是為玩具，如南邊之叫局然。蓋京都為首善之區，官員之所薈萃，不敢公然狎妓以敗名聲。而又苦於無可為樂，乃以伶人代妓女。然聞京師之呼相公不過侑酒唱歌，不若天津之風氣敗惡。至於南邊，則向來並無此風。雖上海之風俗流蕩，猶無此事，而近來則漸有之矣。」〔註782〕

關於京城相公男色的面貌，鶴琴居士之《燕臺花酒賦》雖文辭曲折不過描摹確實細緻：「妝殘鳳髻，舞罷霓裳。霞邊擲錦，月下飛觴。契相投而易洽，歡片刻而難長。未經玉倚香偎，空中想慕。已到酒闌燈灺，暗裏淒涼。新歡勝故歡，莫怨相公情薄。前客讓後客，頓令老斗（相公的恩客）神傷。夫以京都梨園之甲於天下也，紅腔譜笛，綠綺調琴。曲希雪和，歌遏雲深。爰集彼都之佳士，共聆盛世之元音。銀燭高燒，難得花枝似玉。錦屏羅列，不妨鍋子銷金。望若神仙中人，下風低首。如入芝蘭之室，舊雨盟心。則有珠簾霧掩，玉蠟煙含。案排細果，爐蒸香楠。或開顏而戲謔，或促膝而清談。夢影雙飛，幻作莊生粉蝶。情絲萬縷，宛如吳女春蠶。發條子而紅相未來，座還虛一。臥炕榻而烏煙告罄，鐘已敲三。時或嬌柳逞妍，餘桃獻媚。歡博纏頭，盟深囓臂。幾翻月旦兮閒評，別有風流之韻致。欲把尹邢細較，眼鏡隨身。何妨晝夜沉醉，皮杯將意。佯悲命薄，樽前聞太息之聲。底事愁多，燈下寫相思之字。爾乃芍藥含情，芙蓉暈臉。薌澤袖黏，酒痕襟染。思緩緩而拳猜，索乖乖而口掩。三分醉態，漫嗤顛倒夫衣裳。一搦纖腰，未許欹斜夫枕簟。想像清流艷福，鴛夢三

〔註781〕光緒七年閏七月二十三日，第 3009 號。
〔註782〕光緒十一年六月初八日，第 4404 號。

更。參回絮果蘭因，犀心一點。未幾蕉陰月轉，茶灶煙騰。漏殘聲澀，燭短脂凝。曲罷幺紅，情難自遣。杯浮大白，醉不能勝。脈脈深情而欲訴，空空妙手而何能。縱教慨解腰纏，私情已許。還要假裝身份，密約未膺。具欲擒故縱之能，弗送則聲隨閉戶。笑有客無車之苦，徒行而手自提燈。是蓋柔情宛轉，密意玲瓏。身輕飛燕，影小驚鴻。擺一臺而不菜不飯，花廿弔而非嗇非豐。吉士誘之，最好及時行樂。先生休矣，那堪過後成空。也知路入他岐，綺羅隊別添魔障。其奈情鍾我輩，溫柔鄉甘受牢籠。」鶴琴居士還以《燕臺花酒》為題賦詩一首：

> 酒以花為友，燕臺覓醉鄉。
> 新聲歌得寶，慶樂宴群芳。〔註783〕
> 弱柳纖腰擬，餘桃美味嘗。
> 一樽佯勸飲，雙袖暗黏香。
> 想像溫涼枕，艱難上下床。
> 夢曾遊碧落，情更勝紅妝。
> 蝴蝶聲同幻，鴛鴦願未償。
> 後堂絲竹盛，家學繼滎陽。〔註784〕

京中相公除去在堂寓內招待客人，也會在舞臺上公開演出。身處私密和公開之間，個中男色也就存在一個程度如何的問題。《申報》之《廣弊俗宜防其漸論》曾謂：「夫相公之應局也，在京都已行之久矣。然其所以能久行者，以京師宴會大都貴官顯宦與夫詞人風雅之所聚集。而其規矩則比之奴僕之於主、子弟之於父兄猶有加焉，是以大庭廣眾之中皆能容之，不覺其清濁之溷淆、冠履之倒置也。蓋京師伶人出而應酬者，無非幼年童子。其師專教歌唱兼習禮儀，並有延師教讀工寫小楷者。文人學士雅尚風騷，經此輩之揣摩承迎、逞妍獻媚，自然色與神授。然有操持者，究能守正不污，無所陷溺。而此輩亦不若外間之變童甘作下流勾當，故好之者猶得以提唱風雅為名，群焉推為盟主。國朝以來名流輩出，得名於燈紅酒綠之場者，難以更仆數矣。」〔註785〕

京中相公帶有賣藝不賣身的表象，如此，官員在公開場合才能與他們多有

〔註783〕慶樂戲園名，新寶、慶芳均相公名。──原注。
〔註784〕同治十三年十二月二十三日，第849號。光緒元年六月十二日第985號《申報》尚有吳差山樵的一篇《燕臺花酒賦》。
〔註785〕光緒十一年六月十二日，第4408號。

接近，而不覺有玷官箴。《申報》之《京師瑣聞》曾載：「京師各省仕宦，每屆春季舉行團拜，統由值年者經理。預期飭長班知會，屆日齊集，燕飲觀劇，盡歡而散。今春各省團拜多雇四喜班，在鐵門文昌館開演，蓋以該班晚間燈戲頗為出色也。二月念一日，聞某省舉行團拜，亦傳四喜班。該班中相公最多，有兩相公最為士夫賞識，所演《畫畫》一齣久已著名。演時一人畫蘭，一人寫竹，既成，即各執所畫於臺前，令人品評。設臺下有相認之老斗，莫不躍登攫取。是日某省團拜亦點此齣，兩優方執畫演唱，正在得意之時，詎知臺下熟人約有六七輩咸來爭取畫張。互相吵鬧，幾□揮拳，嗣經同人勸解始各不歡而散。翌日京師中傳述此事，皆為之捧腹。」〔註786〕

天津距京較近，此地戲業可謂京城的模擬而又遜色一籌，相公男色則較少顧忌，更多色慾。《賄和命案》：「天津北門外侯家堠有相公下處名寶興堂者，其老闆為郝寶。老闆者，猶妓家之龜鴇也。郝亦相公出身，積有餘資，遂蓄雛伶數人，教之歌舞。藉後來之翹楚，為本色之生涯。翠媚紅嬌，金迷紙醉，問桃源於別境，不輸柳色於章臺矣。所謂天津相公，與京都異。京都不必實事求是，而津則後庭一曲，真個魂銷。」〔註787〕地方士紳認為有傷風化，遂有呈請禁止之舉。《申報》第5331號：「夫淫詞穢曲，紅顏多蠱惑之緣；斷袖分桃，青史著龍陽之穢。凡此誨淫之事，尤為敗俗之端。津人士怒焉憂之，因由紳耆張小林、茂林、景源糾率同志多人，公稟琴堂，籲請頒發明示將男落子、女落子一律禁止。婆心苦口，有益於風俗人心者實非淺鮮。特恐一紙官符，虛行故事，徒令差役藉端需索，則於諸君遞稟之深意反致湮沒不彰耳。」〔註788〕果然，男落子並未因禁而絕，《申報》第6692號：「北方無賴少年喬作女妝，登臺度曲，謂之男落子。前曾奉憲□逐，耳目為之一清。詎日久玩生，現復逋逃於法租界第一茶樓，早晚登場，引人入勝。茶樓地居偏僻，為領事所不見不聞；而地方官又以地在租界中，不便為之庖代。遂任若輩撲朔迷離，誨淫無忌。嚴而禁之，仍望於中西之南面者。」〔註789〕《天津紀事》載一具體事例，落子優伶的恩客是一位馬車夫，可見他們的層次總體上確實不如北京相公：「法租界第一茶樓有所謂男落子者，大抵皆龍陽之類。掃眉掠鬢，妝作好女子，登場度曲，引誘狂且。計樓中男落子共六七人，其老者年已五旬，而猶撲朔離迷，

〔註786〕光緒七年三月十二日，第2850號。

〔註787〕光緒七年五月二十八日，第2925號。

〔註788〕《津門瑣記》，光緒十四年正月十二日。

〔註789〕《津沽寒色》，光緒十七年十一月初六日。

熏香傅粉，泥人一笑，幾不辨鳥之雌雄，是真兔窟之中別開生面者也。有名洛者，與陳四素有斷袖交。馬夫張裕見而豔之，思染子公之指。洛未遽允，張再四嬲之。洛謂一曲後庭已為陳占，如須問鼎，請斃陳而後可。張老羞變怒，禁洛不得登臺。樓主人黃八央水師營務處某甲為之轉圜，遂於上月廿七日依然奏技。是日陳先在座，張貿貿然至。見陳與洛秋波頻注，別有會心，頓起酸風，向洛責問，洛亦反唇相稽。黃忿不能平，遽批張頰，張以老拳回敬。陳遂袒黃禦敵，張以眾寡不敵，大受夷傷。各馬夫聞信到來，正擬敵愾同仇，幸未登樓而巡捕已拘黃以去矣。」〔註790〕

　　雖然優伶男色在京津地區顯得相對更加突出，不過其他地方也不能講就是落寞。據《儒林外史》、《黔山采蘭錄》的記載，南京、貴陽也有優伶在自己寓處招客鬻色，無非不像京津那樣成規模而已。類似情形，《申報·訪拿優伶》載有發生在蘇州的一事：「蘇閶外戲園花旦吳蘭仙因二三紈袴競擲纏頭，遂乃頓增聲價。前日賃屋於寶林寺前，並雇用時髦大姐，大開溫柔之鄉。自是龍陽釀雨，巫峽行雲，使尋芳者如入山陰道中，應接不暇。」〔註791〕而在福州，優伶寄身於煙館，煙色交織以娛來客，真可謂生面別開。《閩中雜俎》：「某煙館規模宏敞，裝飾精工。平時常有年少村姬喚買果子，並暗藏諸戲旦。每至夜闌人靜，煙興已闌，一曲後庭，魂銷真個。傷風敗俗，莫此為尤。」〔註792〕《三山訪勝》：「廠巷茶煙館陳設精雅，局面輝煌。一時結煙因緣者咸相對橫陳，吞雲吐霧。館主復新創菊部，名曰海燕亭，演唱土腔以娛煙客。客有斷袖之癖者，無不纏頭浪擲，□博諸旦之歡。」〔註793〕

　　當然，京外優伶主要是依附於戲班，優伶男色也就多是發生於演劇前後。還是在福州，《榕嶠春陰》載：「福州梨園有大小班名目，大班唱官腔，小班則唱土音。又有所謂儒家班者，亦唱土音。班中生丑旦末雛年美貌，雖借優孟之名，陰有龍陽之實。醋海生波，往往而有。每至一處演戲，必有棍徒為之保護。日前某處慶祝土地神誕，招儒家班演唱。時則玉貌花嬌，珠喉鶯轉，風流旖旎，豔絕一時。」〔註794〕在廈門，《廈島述新》載：「廈地之闤棍，即滬上所謂流氓也。每喜向戲旦戲侮，名曰戲箱。遇土班七子仔在人家演戲，即

〔註790〕光緒十七年十二月十七日，第6733號。
〔註791〕光緒五年六月初十日，第2241號。
〔註792〕光緒十六年十二月二十一日，第6389號。
〔註793〕光緒十七年正月十五日，第6406號。
〔註794〕光緒十八年二月二十八日，第6796號。

闖入戲房內，坐於箱上。戲旦必殷勤款待，裝遞水煙，若輩即揚揚自得，以為相公厚我。如有別棍前來戲旦，亦必裝煙酬應。彼此即含醋意，釀成鬥毆之案。近來此風尤甚，官音大班中旦角亦被若輩纏擾，吃醋打架，較七子班為尤甚。每當袍笏登場，歌音嘹亮，而戲房內已腳踢拳飛，不啻落花流水。」
〔註795〕《驅逐幼伶》：「廈門附近石碼鄉有土戲小班，率以十二三歲之幼童充之。衣服斬新，容貌嬌豔，見者疑為花底秦宮。所唱者無非淫詞豔曲，靡靡動人，與花鼓、攤黃相彷彿。去冬來廈唱演，哄動一時，鉦鼓未鳴，已覺人頭如蟻。漳泉一帶風俗，闖棍、混星之類大都以坐戲箱為榮。坐戲箱者，坐在小旦衣箱之上，作大老官模樣；小旦裝水煙以敬之，眼角流情，大有斷袖餘桃之癖。因此撚酸吃醋，口角忿爭，鶯歌燕舞之場，倏變而為血飛肉搏地方。官惡其滋事，特於月之初五日出示嚴禁，驅逐出境，此亦整頓風俗之一端也。」〔註796〕

　　雲林後人之《金香曲》是以長歌形式詠贊某臺灣優伶，辭藻華麗，頗多感懷：

豔禪誰證童真果，子弟梨園誇婀娜。
詎料蠻煙蛋雨中，櫻桃一樹紅如火。
兒家門巷落花多，住近諸羅勝苧羅。
論族青蓮家有譜，開箱紅豆曲能歌。
無端闖入俳優隊，位置斯人天有意。
顏色嬌同北里娃，聲名豔樹東瀛幟。
繁絃急管促登場，舉國人皆喜欲狂。
一樣當筵看定子，幾人顧曲作周郎。
紅氍毹上歌《金縷》，大小能為垂手舞。
飛眼遙窺擲果人，坐懷宛像如花女。
旗亭至處播芳名，若說銷魂事不成。
權替紫雲傳法曲，頓驚赤崁產神嬰。
殘妝卸罷人如玉，面粉唇脂香可掬。
爭睹仙人綽約姿，別開兒女相思局。
蜃蛾疑假復疑真，偶現人天色相身。

〔註795〕光緒十八年十月三十日，第7063號。
〔註796〕光緒十九年二月二十一日，第7168號。

麋月二分常照影，塵談四座總生春。

離馴一種如龍性，董袖鄂香誰敢競。

五夜微聞蕙歎深，三生才信蘭因定。

瀛臺恰好當金臺，年少招邀慘綠來。

莫笑騷人多好色，休言燕市獨生才。

悲歌痛飲紅牙拍，卿眼垂青我頭白。

豈復頹唐就木年，猶余輕薄分桃癖。

裁成綺語贈何戩，罰墮泥犁死亦甘。

別唱《鬱金香》一曲，莫愁曾說是童男。〔註797〕

　　就舞臺表演而言，由於戲優均為男優，因此他們即使描摹的是異性戀情節，並且臺風文雅細膩，也能讓某些觀眾產生別樣的心思。而再進一步，如果臺風淫猥，摹現情慾，那麼對觀眾的刺激也就愈發強烈了。《觀劇鬧事》記天津情形：「大沽市上經好事者開設花鼓戲園，粉墨登場，窮形盡相。每當紅氍貼地，一曲淫詞較之仇十洲秘戲圖益覺不堪入目。其演劇之人似優非優，大約皆以曲度後庭爭勝者。」〔註798〕《禁淫戲議》談滬上淫戲，認為是受到了京津的影響：「崑曲之風行於世也久矣。滬上為中國第一繁華澤藪，戲館林立，向推三雅為正宗。聚吳下老伶工專唱崑曲，雍容大雅，卓爾不群。自京戲南來，雜以秦腔梆子，諸優喜新厭故，無不尤而傚之。而其戲非粗戾即哀慘，所最可惡者其為搬演淫戲。如《海潮珠》、《翠屏山》、《百萬齋》、《賣餑餑》、《瞎捉姦》、《打齋飯》、《殺子報》之類，不特風情月意極意描摹，甚且當稠人廣座之中為雲雨荒唐之事。其中不堪寓目之處，直更甚於後庭大體雙。嘻！豈不如是，竟不足動人觀聽乎？何故為此淫蕩穢褻也！」〔註799〕《淫戲難禁說》亦謂：「自赭寇（太平軍）殄滅，重整笙歌，舊時鞠部零落無存。滬上滿庭芳遂以徽班登場演唱，繼又嫌其無甚生色，爰航海至天津，延請津班至滬。其所謂京都新到者，大抵皆七十二沽間少年子弟也。自是二十年來戲館愈多，戲情愈壞。往往閨房之樂、床笫之私，搬演於大庭廣眾之中，而不以為惡。而觀者亦不知許事，且食蛤蜊。見有老生登場，整襟危坐，□幾如魏文侯之聽古樂；及一觀花旦諸劇，則早已色舞眉飛。觀至淫狎之處，雲情雨

〔註797〕光緒十五年十二月十二日，第 6003 號。

〔註798〕光緒十年十二月二十二日，第 4248 號。

〔註799〕光緒十三年正月二十九日，第 4972 號。

態，刻意描摹，則更不覺手舞足蹈，喝采聲疾若春雷。原優伶之所以為此者，豈樂於描繪秘戲圖，作此傷風敗俗之事哉？特欲愜觀者之意饗耳。」〔註 800〕就連中小城市如安徽蕪湖，淫戲表演也是活色生香。《蕪湖近事》：「邇來戲園中俱以扮演淫戲為能，雲情雨意，刻意描摹。甚至露體赤身，當場出采。種種穢褻，幾似後庭大體雙。更有江北花鼓班，歌唱淫詞豔曲，採蘭贈芍，敗俗傷風。」〔註 801〕

優伶是清末重要的同性戀人群，他們之外，僧人、僕人的同性戀在當時也都引人注目，對此《申報》亦有反映。僧人之例，《蘗臺瑣綴》：「靈鷲寺向在謝衕前，其名望之著，蘇垣推為巨擘。有三徑堂壽器鋪，係蔣某所開。蔣子年甫十二，素與該寺小僧相識，小僧年已十八矣。蔣子往寺中隨喜，竟被小僧誘入，與掛單之野僧合謀雞姦，以致憊而不起。迨蔣尋獲，已身受重傷，奄奄一息。細詢之下，稱被小僧先污。當即告知住持，遍查小僧及掛單僧下落，早已不知去嚮。」〔註 802〕

主僕之例，《僕妾捲逃》：「兩淮票販甲、乙、丙三人，皆江西人。甲、丙各置一妾，乙則斷袖癖深，無妾而有二僕。乙於公私各事收支惟謹，惟二僕則毫無約束，銀錢、衣服上下同之。甲、丙與之本至交，且又合夥經商，彼此倚賴，每每勸誡。詎餘桃昵愛，空勞藥石之投；而屬耳難防，轉啟頑童之恨。兩豎子既知所勸，時欲報復。……丙老矣，妾乃煙花名將，遂通於乙之小僕，情好甚深。前月甲、丙見乙僕恣肆尤甚，特邀乙至湖上某寺，力勸割愛。乙為之動，將謀遣開。乃事未行而變作：寺中聽潮和尚者，乙僕本與有舊。是日悉聞所言，亟以告僕。僕見事急，即召甲妾弟至，又謀之丙妾。裏應外合，於二月十七夜以迷藥醉三主人，空室而去。」〔註 803〕

二、地域

就特定地域而言，北京和福建男風在清代是最引人注目的。對此，上面優伶同性戀部分已經談及。其他地區、城市當然也有男風的存在，比較有特點的，像在湖南長沙，有少年男娼暗中賣身。《申報》第 12741 號曾載：「湘省警

〔註 800〕光緒十一年三月二十八日，第 4336 號。
〔註 801〕光緒十五年正月十五日，第 5681 號。
〔註 802〕光緒十九年七月十七日，第 7311 號。
〔註 803〕光緒七年三月二十四日，第 2862 號。

察稽查員周雲樵前日三鼓後在南城晏家塘地方率帶警兵數名巡察，見該處慈雲庵門猶未掩。入見有小孩四五人，年約十二三至十五六歲不等，並有女人服物及簪珥、髮髻等件。詢之小孩，初不肯言，迨細加研詰，始悉為人所愚，誘作男娼者。並稱現在有某衙門師爺暨某少爺，在此往來。問以為何人創辦？則稱係某衙役，現匿本屋廚內。周君又率警兵至廚房搜尋，果於櫃下捉獲。即將其拘拿，並各小孩一併帶局。經局員審訊，因其中牽涉師爺、少爺，未便窮詰。只將創辦之衙役暫為責押，將來擬以站籠囚斃。現將各小孩送歸，交家屬管束。並以該稽查巡緝得力，准記大功一次。」〔註804〕

在廣東潮州，該地賭風甚盛，而男色夾雜其間，兩者還能夠互相促進。《申報》第5788號曾載：「潮屬風氣，賭局尤熾。沿街開擺，煽惑愚民，各處幼孩每為所誘。及至賭輸，復有匪徒借與三五七文不等，慫使再博。遞日無償，按日加息，曾不轉瞬負欠已至百數十文。不敢告之父母，親友無可告貸。該匪類偵其情急，誘與雞姦。既可得資償欠，復可得本再博。孩童無識，每致失身。迨及壯年，心亦知非，然已十目所視，十手所指矣。愚懦者尚或忍辱自安，強黠者轉以害人。傷風敗俗，莫斯為甚。」〔註805〕

在縣級的安徽懷遠，暗昧之事發生在澡堂裏面。《申報》第11860號曾載：「上月二十四日懷遠縣官立真儒學堂副教習楊伯臣偕宮見祖暨該學堂監督宋恒森至田八澡堂洗澡，並在該處小飲。坐有新學董宋嘉炳者，素有斷袖癖。宮見祖知之，密喚唱妓小許、狡童趙三侑酒。宋與趙三有舊，一見戀戀不捨，遂在澡堂歡聚達旦。後被宮泄其事於該堂學生，學生大嘩，以教習、監督演此醜行，有壞名譽，誓力去之。迨楊、宋歸校後，正擬上課，諸生即面斥其品行不端，彼此爭論，幾至揮拳。迨二十六日，于縣令聞悉此事，反以諸生不應與教習爭鬧，斥退學生六名。於是懷邑學界大動公憤，該校全體停課，聞有擬控陳省憲之說，未知如何了結也。」〔註806〕

清末《申報》的男風敘寫甚至已經達於域外。朝鮮在文化上深受中國影響，男風面貌亦無大異。《續錄朝鮮治安策》言此國男風之盛：「恩承斷袖，食荷餘桃，史冊貽羞，古今並笑。朝鮮俗殊，當日淫尚男風。浮蕩子征逐往來，偏有嗜痂之好；士大夫繁華濡染，誤求破老之方。情之所鍾，恬不為怪。拂依

〔註804〕《慈雲庵之不淨長沙》，光緒三十四年六月二十三日。
〔註805〕《憲示照登》，光緒十五年五月初三日。
〔註806〕《補紀懷遠縣真儒學堂衝突事》，光緒三十二年四月初三日。

枕席，事堪溯夫龍陽；寵類櫻桃，術宛工夫狐媚。既號淫朋密友，又名崑子孌童。跡雖異乎偷香，行何甘為逐臭！」〔註807〕具體表現，《朝鮮語小》寫男寵對家庭關係的破壞：「李某素有斷袖癖，畜一童於內室，姣好如處女。不數月，李之妓妾皆與童狎。李知之，無如何。童竟乘間攜兩妾遁去，李以牆茨難掃，並未報官請究。引狼入室，伊誰之咎歟？」〔註808〕《韓事略登》寫男色騙局：「劉某，全羅道巨商也，顧素有斷袖癖。某日挈資本至京，途中遇一俊童，年甫十餘齡，嫋娜身材，幾似靈和張緒。不覺魂輸色授，情不自持。晚即邀之同宿寓中，銀燈初上，童投其懷昵語曰：『良宵風月，寂寞殺人。我與君盍同上糟邱，毋使為劉伶所笑乎？』劉曰：『善。』數觥連酌，玉山遽頹，一醉薔騰，幾忘昏曉。質明酒醒，已失童所在，囊資亦無一存者。」〔註809〕《辰韓郵簡》寫女扮男裝：「某翁好狹邪遊，一日行至某處，見一幼女立戶外，婷婷嫋嫋，風致嫣然。某神迷心醉，漸與狎語，窺其意，似可以金啖之者。乃相將攜手入室，登榻求歡。女星眼微餳，半推半就。比羅襦既解，則翹翹者竟男也。翁色然以駭，女忝然曰：『實告君，兒以夙喜尋花問柳，蕩其家貲。今者衣食不周，靦覥為此花間雌蝶，固即昔之樹上雄蜂。郎如不嫌，請以一曲後庭花暫時塞責，可乎？』某嗒然若失，掉頭不顧而去。」〔註810〕《朝鮮近事》寫男風案件：「李某紈袴子也，幼失怙，其母溺愛，不忍拂其意。由是眠花宿柳，無所不為。尤有斷袖癖，一日於城隅見其鄰趙某，不覺怦然心動，就而擁之。趙倔強不依，李怒訶之。趙亦怒以石擊傷李額，乘間遁歸。李憤無所泄，率僕眾入其家，揪趙至街頭，撻之身無完膚。此事現已涉訟矣。」〔註811〕看到以上諸例，中國讀者都不會感覺陌生的。

　　日本是對近代中國侵害最為嚴重的國家之一，其中竟也能見到同性性侵害的暴行。《逆跡記》記甲午戰爭時，「倭奴掠得我華婦女，即縶其手足，恣意輪姦。甚至聰俊幼童亦必向後庭問鼎，小孩則以槍戳入穀道，□之以共嬉娛。噫！此種行為直與闖寇及髮匪無異，而尚滿口講仁義道德。我誰欺？欺天乎！」〔註812〕而中國將領的男風之好則被認為是導致戰爭失敗的原因之

〔註807〕光緒十年三月二十七日，第 3958 號。
〔註808〕光緒十九年二月初三日，第 7150 號。
〔註809〕光緒十九年正月初十日，第 7128 號。
〔註810〕光緒十八年十月初七日，第 7040 號。
〔註811〕光緒十六年十月十三日，第 6322 號。
〔註812〕光緒二十一年三月初四日，第 7878 號。

一，《憤言》指責「握虎符擁豹蠹者」曰：「日沉溺於銷金鍋裏，迷香洞中。豔姬列於前，俊僮侍於側。寄興梨園，徵歌選舞；餘桃斷袖，穢跡昭彰。問以陣法而不知，叩以兵籍而罔曉，惟知逐加脧削以厚私囊。而當軸者自知瑕疵難掩，亦不敢督責過嚴。致細小幺麼，竟爾恣行無忌，稱戈海上，抗犯天兵。」〔註813〕

《霍罕三次叛俄》記中亞霍罕國之男風：「風俗淫泆，無人倫。尤重男色，人人皆有狡童。童之袴皆緊束，以細鎖鎖之，以防外遇。」〔註814〕按：這段記載其實是錄自乾隆年間七十一所撰《西域聞見錄》之卷三外藩列傳。

《申報》是在上海出版，雖然它的視野很開闊，面向全國乃至全世界，不過其對本埠時事民風的反映終究是最詳盡的。在本文開始，該報曾將京滬進行對比，指出京中男色盛於滬上。這是針對優伶男風而言的，而除去特定人群，我們必須明確同性戀是一種綿亙古今、所在皆然的社會現象，它廣泛存在於街巷市井、士農工商中間，無分南北城鄉、貧富貴賤。在《申報》當中，有關上海男風的記載是數量最多的，情形包括：旅店主人誘引困窘房客（龍陽被逐，同治十二年八月二十三日，第450號）、誘騙圖姦幼童（雞姦未成，光緒二年九月十四日，第1386號；英界公堂瑣案，光緒十四年四月初八日，第5415號；英界公堂瑣案，光緒十四年四月二十八日，第5435號；縣案匯結，光緒十四年五月十四日，第5451號）、因爭孌童而妒姦殺人（拳師傷斃細情，光緒五年三月二十四日，第2138號）、牢頭強姦獄犯（案因雞發，光緒十二年七月二十七日，第4008號）、誘姦幼童（將男作女，光緒十三年三月初三日，第5006號；英界公堂瑣案，光緒十三年五月二十六日，第5117號）、在押雞姦犯圖姦同押犯人（仍羈狴獄，光緒十五年四月十四日，第5769號）、僕侍雞姦西人4歲幼孩，指控無據（英界公堂瑣案，光緒十七年正月十三日，第6404號）、餐館侍者雞姦同事，指控無據（英界公堂瑣案，光緒十七年三月二十三日，第6473號；英界公堂瑣案，光緒十七年三月二十八日，第6478號）、店夥雞姦學徒，案情難明（英界公堂瑣案，光緒十七年五月初七日，第6516號；上海縣署瑣案，光緒十七年五月初九日，第6518號；上海縣署瑣案，光緒十七年五月十五日，第6524號；解犯赴津，光緒十七年六月初十日，第6548號）、學徒誣人雞姦（法界公堂瑣案，光緒十七年十二月二十一日，第6737

〔註813〕光緒二十年九月初三日，第7704號。
〔註814〕光緒二年二月初七日，第1179號。

號；法界捕房瑣案，光緒十七年十二月二十二日，第 6738 號）、船戶圖姦少年船客，案情難明（縣案匯錄，光緒十七年十二月二十七日，第 6743 號；不能奮飛，光緒十八年正月二十一日，第 6760 號）、地棍誘引學徒（無賴宜懲，光緒十九年二月二十五日，第 7172 號）、成衣店店夥雞姦學徒（法界公堂瑣案，光緒十九年六月初七日，第 7271 號；縣案匯錄，光緒十九年六月初九日，第 7273 號）、匠人雞姦露宿少年（上海縣署瑣案，光緒二十年七月三十日，第 7672 號）、獄犯強姦同押犯人（光緒二十一年十月初三日，第 8113 號）、二人在馬路更棚內雞姦，被巡捕當場抓獲（法公堂瑣案，光緒二十二年四月初十日，第 8294 號；法捕房發落，光緒二十二年四月十一日，第 8295 號）、客棧主人窩留匪類輪姦良家子弟（閱報紀英界鴻興小客棧窩留不法棍徒繫之以論，光緒二十六年四月十二日，第 9720 號）、獄犯強欲雞姦同押犯人（英美租界公堂瑣案，光緒二十八年六月十四日，第 10505 號）、煙膏店堂倌強姦小堂倌（嚴懲雞姦幼童，光緒三十一年二月三十日，第 11479 號）、訴告親戚被雞姦，實係誣陷（逼求乞，光緒三十四年五月十八日，第 12707 號；吳小龍驗實未污，光緒三十四年五月二十日，第 12709 號）、將屢犯雞姦者拘押期滿後逐出租界（英租界，宣統元年八月初十日，第 13160 號）、數人合夥在客棧內誘人雞姦（寡廉鮮恥，宣統二年十月二十九日，第 13584 號）、二人深夜在黃浦灘草地上雞姦（英租界，宣統三年二月二十八日，第 13695 號）等。上述事例基本都是以案件的形式呈現，至於市井平民之間完全私密的和同同性戀行為，報紙新聞一般是反映不到的，當然我們也不難推斷出一個大概，普通男風是涉案男風的基礎。

作為中國的開放前沿，華洋雜處是上海的突出特徵之一。租界的管理權是掌握在西人手中，那裏生活著大量西人，而華人與西人的同性戀在《申報》中也不時可見。當然就像華人之間的同性戀事例一樣，和同隱私性質的不易得見，《申報》報導的多是一些治安、刑事案件。這些涉外男風大致可分為兩類：

（一）華人勾引西人。這方面的事例比較多，其中既有慕戀西人身體相貌的因素，也存在賣身取財的因素。《英界公堂瑣案》：「三百十一號華捕訴稱：昨夜小的巡至某處，見著名流氓陸永生在黑暗中誘令某洋人雞姦。正欲拘陸，洋人即飛步脫逃。今特將陸送案。包探唐寶榮稟稱：小的查得陸向有混名，專在各客寓中勾引人為非禮之事。前曾犯案，今又與洋人雞姦，請大老爺重懲可

也。陸供稱：小的係寧波慈谿縣人，身非龍陽君，不敢作此無恥勾當。蔡太守飭押候，備文遞解回籍。」〔註815〕《美租界》：「西洋涇浜寶裕里浦東新華小客棧容留年輕子弟勾引洋人，入內雞姦。茲為捕房麥總巡訪悉，突於前晚一點餘鐘，密飭西探、西捕前往，拘獲陸阿二、陳有生、陳品炳等三人。判丁、陸二棧主各枷一月，各押半年。陸阿二、陳有生姑念年輕，全其體面，一併開釋，陳品炳照相逐出租界。」〔註816〕《英租界》：「王阿生前因誘令西人雞姦，由廨訊明，逐出租界。茲又潛來，復萌故態。昨日被捕查獲，解送公堂訊實。判王押六禮拜，期滿再逐出界。」〔註817〕《法租界》：「陳寶卿在華洋交界處賃屋一椽，專使一種年輕江北人拖拉東洋車在租界內兜攬酒醉西人，拉至所賃屋內為無恥之事。被捕房二號西探目訪聞，即於前晚詐作醉狀在途行走，被王金生拖入車內，拉至該屋，欲令雞姦。當被該西探將陳、王二人一併拘入捕房，解送公堂，請為訊究。經中西官查知，王已由英廨辦過數次，判枷一月，押二月，期滿逐出界外；陳枷一月，押一月。」〔註818〕

（二）西人強迫華人。這方面的事例比較少，顯然，西人的身份地位高於華人是其遂行非禮的一個重要原因。《曲唱後庭》：「前晚有某洋人在黃浦灘畔閒行，見有拖拉東洋車之何阿寶貌頗不惡，遂喚其推至崑山路。因該處路僻人稀，即令停車路側，將何拉住，欲相與唱後庭一闋。何不允，以致喧嚷。彼時適有三百四十五號華捕在彼經過，即上前拘拿。洋人見事已敗露，捷足先奔。」〔註819〕

就涉外男風的發生地點而言，除去一般的巷弄、客棧，位於租界核心區的夜色之下的黃浦灘不時會被提到，不禁令人有今昔迥異之感。《英美租界公堂瑣案》：「無賴錢仁金在浦灘強曳洋人之袂，冀承斷袖餘歡。四百零一號巡捕見之，拘案請究，司馬判令遞解寧波原籍。」〔註820〕《法租界》：「李桂林等在黃浦灘一帶勾引西人雞姦，被某捕頭親自獲住，送廨請辦，判押捕房一星期。」〔註821〕《法租界》：「馬根生、陳林生專在浦灘一帶乘各西人夜出乘涼

〔註815〕光緒十八年十月二十三日，第7056號。
〔註816〕宣統元年三月初六日，第13010號。
〔註817〕宣統三年二月二十六日，第13693號。
〔註818〕宣統三年七月十四日，第13858號。
〔註819〕光緒二十三年八月十九日，第8770號。
〔註820〕光緒二十八年正月十九日，第10363號。
〔註821〕宣統二年五月十五日，第13422號。

時勾誘雞姦，或乘杉板小船渡至各輪船上，勾引洋人。當被某洋人厭惡，拘送捕房，解廨請究。馬、陳默無一語，只求恩典。判各押一星期，期滿驅逐出境。」〔註822〕

就西人所屬國家而言，《申報》通常不言具體國別，而是統稱為西人、洋人。不過，作為不典型的西人，來自殖民地的印度人倒是時常會被明確提及。有時《申報》不言印人的具體身份，《美租界》：「顧興揚、吳梅根前晚同至下海廟地方，忽被二印人攔住，強欲雞姦。顧、吳叫喊，二印人即給予小洋數角而逃。事後投報捕房，飭探查究。」〔註823〕《印人雞姦案又來了》：「麥根路某公館更夫小朱，前晚十二時獨坐更舍，忽有一印人闖入，將朱扭住，竟圖雞姦。幸該公館家丁、廚工人等因天熱均未就寢，聞聲出視，即喚上差印捕到場，將該印人拘入捕房。昨經捕頭轉解英臬司署訊實，判發押西牢兩禮拜。」〔註824〕不過犯姦印人的身份被明確指出的時候也不少，他們多是隸屬於捕房的印度巡捕。我們知道，印捕即所謂「紅頭阿三」是上海租界的著名標誌，他們身形高大，滿臉鬚髯，走在街頭很是引人注目。糾察風化案件本來是印度巡捕的職責之一，可由於長期獨身在外等原因，一些印捕卻成為了風化案的當事一方。這些案件大致也可分為兩類：

（一）華人勾引印捕。《論報紀裙釵作賊、女流行竊二則》：「世之極口罵人與夫立誓自明者，必曰男盜女娼，乃今之滬上則反是。每閱租界公廨案牘中，屢見有中國無賴少年於黃昏時分在跑馬場等僻處，勾引印捕等人作無恥之事。其事極鄙穢，不足污文人筆墨。雖鄂君繡被、彌子餘桃、楚國前魚、漢家斷袖，稽諸往籍亦有所徵，然未有忘廉喪恥若此之甚者，是男而娼矣。」〔註825〕《斷袖流風》：「寧波人某甲向為肉莊生理，雖役鼓刀賤業而性好修飾，衣服麗都。且性頗溫柔，無異女子，實龍陽君一流人物也。前與印度捕雞姦事敗，曾受懲責。不料前晚又與某印度捕在勞合路陋僻處作此喪廉忘恥之事，適為巡街華捕查見，上前拘拿。印捕乘間脫逃，僅將甲獲送捕房。」〔註826〕

（二）印捕雞姦華人。《印捕無禮》：「本邑南市捕房，前蘇松太兵備道雇用印捕三名分巡街道。乃此項印捕，每於夜靜更深恣行非禮之事。近為工程

〔註822〕宣統二年五月十八日，第 13425 號。
〔註823〕宣統元年三月初七日，第 13011 號。
〔註824〕宣統元年六月二十五日，第 13116 號。
〔註825〕光緒二十三年九月二十八日，第 8808 號。
〔註826〕光緒二十三年三月十一日，第 8614 號。

局總辦葉孟紀司馬所聞，爰於前晚親自出查。行經老太平碼頭，適第二號印捕在黑暗中扭住僑居三泰碼頭附近之成衣匠朱阿三，強欲雞姦。朱不從，極聲呼救。司馬聞之，即飭丁役喝散。昨日命駕至蘇松太兵備道轅，謁見道憲袁海觀觀察，面稟情形，請為設法整頓。不知觀察如何辦理也。」〔註827〕《印人淫惡之種種》：「印人淫惡之事，日來層見迭出。昨載印人雞姦崇明人黃世仁，用刀戮傷腿際一則。茲悉該印人係楊樹浦捕房四百四十九號印捕，是日在華特路見黃世仁獨行，即強拖至北愛司文花園內將黃強行雞姦。因不暢其欲，竟出洋刀將黃之肛門剖分，以致血溢淋漓。黃臥地不起，逾時始能緩行，至該管捕房控告。捕頭詰悉前情，即將黃送至同仁醫院醫治，該印人解至總巡捕房管押候究。又虹口捕房三百二十號印捕，前晚在蓬路小菜場向馬夫某甲調笑，欲行非禮。甲即投訴捕房，捕頭將該印捕解至總巡捕房研詰。經擺錢攤主到場證明，捕頭著該印捕罰洋五元。」〔註828〕

針對印人淫惡之事的多見多發，《申報》第13043號曾經評論道：「近日印奴雞姦幼孩，調戲婦女，種種不法之事迭見於報紙。我恐華人將視租界為畏途，不敢插足。願英美工部局設法以善其後，多派暗差，嚴加約束。一旦查出，則立處以重罰，斯亦保衛治安之一道也。」〔註829〕

另外，印度人在上海還有做看守、做門衛的，發生在這些人身上的雞姦案件《申報》也有反映。

三、道德與法律

在對清代男風進行總結時，我們一般都是說「興盛」或「比較興盛」。如果是以北京、福建等地的優伶相公業為例，這樣講是可以的。但是，如果將視角轉向道德、法律領域，對此結論我們就要有所保留了。《申報》對於男風的道德批評有如勸善書。

> 比變童宜戒
> 交歡密友意揚揚，願食餘桃趣味長。
> 怕擾午眠曾斷袖，推思子弟漫登床。
> 歌聞宋野懸前鑒，車證秦宮亂後房。

〔註827〕光緒二十七年一月二十三日，第10019號。
〔註828〕宣統元年四月初十日，第13043號。
〔註829〕《時評・淫惡印奴之榜樣》，宣統元年四月初十日。

遺臭家聲顯環報，兒孫頤輔等龍陽。〔註830〕

男色

姻緣雖巧豈宜男，漁獵紛紛作美談。

淫創乾坤從未有，怒攖神鬼實難堪。

赧顏對面誰無恥，穢行污身竟自甘。

禽獸不如君愧否？雙雄相逐恣嬌憨。〔註831〕

《戒淫賦》：「比頑童者，斷袖是憐，餘桃相戲。既事反常，報亦立至。笑開門揖盜兮，不知竟以弁作釵而罔忌。雌雄莫辨，恐對面亦難為情。禽獸不如，試問心果能無愧？姦彼少年子弟，嬖等龍陽。防君自己妻兒，轉而狐媚。求凰由於引鳳，中篝不足言矣。婁豬巧遇艾豭，《左傳》可曾讀未！」〔註832〕

《姦淫律條·淫娼妓律》：「淫一娼妓，減壽半年。染惡疾者，減壽一年。若能改悔，免去減壽。漁獵男色，與婦女同。十六以內照處女論，十六以外照室婦論。挾幼童者，照淫娼論。」〔註833〕

一些具體事例也很能說明問題。《香港近事》中某武官因好男色而殃及後代：「羊城有武弁某甲，出身行伍中，歷拔至守備。而居官時聲名狼藉，苛刻異常。……聞武弁所作之惡無不現報。彼淫人妻，今其妻已為流娼。彼好男色，今其子亦作變童。天道好還，無不依樣答之。亦可畏矣！」〔註834〕《誤聽讕言》中某少年因自感受辱而致人重傷：「天津訪事人函述本月初六日太昌棧小主人李某毆傷春園棧夥劉長青一案，爰泚筆紀載，以助談資。劉不知何處人，是日因候輪船，臥於碼頭上柳陰之下，初不虞李之掄械尋仇也。李本慘綠少年，顧影翩翩，風流自喜。忽有人妄肆雌黃之口，謂劉酷愛餘桃風味，擬以龍陽畜之。不覺怒髮衝冠，氣勃勃不能下，手攜白木棍飛步覓劉。劉適睡朦朦朧，不堤防其遽作當頭之喝。不偏不倚，正中準頭，痛極昏沉，血流被面。比鄰高升棧中人見此情事，飭夥異回。劉妻以丈夫身受重傷，誓不干休，定欲與之涉訟。連日由善為說詞者為之調處，不知尚能斬斷訟藤否？」〔註835〕同性

〔註830〕《接續和戴蘭芬〈戒淫詩〉》，秀水警迷道人著，光緒元年六月初一日，第976號。

〔註831〕《蔡時英先生〈芸窗十八律〉》，光緒八年六月十五日，第3319號。

〔註832〕孟凡道人著，光緒二年八月十九日，第1366號。

〔註833〕光緒八年十二月十八日，第3500號。

〔註834〕同治十二年二月十四日，第265號。

〔註835〕光緒十九年三月十八日，第7194號。

戀身份在清代總體上是一個污名，在道德上是不光彩的。

至於法律懲治，《申報》登載了各種各樣的大量雞姦案例，對同性性犯罪的各個方面均有反映。從法律應用的角度看，當時對相似案件的判罰存在著比較大的差異。例如同樣是誘人雞姦，《英美租界公堂瑣案》：「印度人某甲昨在虹口被徐阿福誘令雞姦，因將徐扭交捕房，捕頭令某包探解案請究。司馬判押捕房一年，期滿遞解回籍。」〔註836〕《英美租界公堂瑣案》：「包探寶如海解寧波人王江慶至案，稟稱：伊在英總領事署後僻靜處勾誘某西捕作無恥勾當，小的見之，是以送案請訊。王江慶供稱：其時小的方在弄中小便，自問鬚眉男子，安肯易弁而釵？大老爺秦鏡高懸，幸勿以斷袖餘桃污人清白。讞員張柄樞司馬商之英總領事署翻譯官迪比南君，判責五百板，押捕房二年，期滿遞解回籍，不准再來。」〔註837〕《英租界》：「李蘭廷深夜在黃浦灘一帶誘令洋人雞姦，由捕查獲解廨請究。判押十四天，逐出租界。」〔註838〕判押時間由十幾天到一兩年，讞員的自由裁量權是比較大的。

同時，實際判罰的力度有時比《大清律例》的規定要輕。《雞姦未成》：「上禮拜六，會審公堂據幼孩王姓供稱：廣人鄭阿良誘我至洋場戲耍，隨帶至客棧意欲強姦。幸經棧主聞聲前來，不至受害。質之棧主陳雲明供：昨夜有廣人鄭阿良帶同小孩借宿樓頭，不料睡至半夜，忽聞喊叫聲。因之上樓查看，始知幼孩被姦未允，特送案請究。鄭阿良則供詞閃爍。官以其情殊不法，幸尚未成姦，從寬判責二百板，枷三月示儆。」〔註839〕而《大清律例》卷三十三規定：「其強姦未成者，杖一百，流三千里。」這條規定所針對的是強姦成年人未成的情形，如果受害者是未成年人，判罰應當更為嚴厲。

《英租界》：「楊高氏控馬夫陶阿二雞姦十三歲男孩一案，昨由公廨中西官復訊屬實，判陶押西牢半年。」〔註840〕《申報》第8113號：「嚴阿華係捕房押犯，昨在押所強將尹阿龍扭住雞姦。當經華捕查知，送案請判。別駕略詰之下，判將嚴阿華重笞三百板以儆。」〔註841〕而《大清律例》卷三十三規定：「若止一人強行雞姦並未傷人，擬絞監候。」在另一件強姦13歲男童案中，

〔註836〕光緒二十八年五月二十九日，第10491號。
〔註837〕光緒二十八年十月十九日，第10628號。
〔註838〕光緒三十四年八月十四日，第12790號。
〔註839〕光緒二年九月十四日，第1386號。
〔註840〕光緒三十四年九月十四日，第12818號。
〔註841〕光緒二十一年十月初三日。

「三明府會同英德副領事研訊。明府商諸德君，以供證屬實，判蕭萬隆責一千板，押西牢十年。先責五百板，俟六個月後再責五百板。」〔註842〕此案與陶阿二案相似，判罰明顯嚴厲，不過亦未判處死刑。

上述案件都是發生在租界，雖有西人參與會審，不過板笞這一中國特色的身體刑並未取消。下面此案是發生在奉天營口，輕判的主要原因應當是徇情枉法。《營口瑣紀》：「某署幕友某君之車夫劉生子雞姦傭婦之子，傭婦訴之主人，當將劉生子送廳究辦。章司馬當堂責懲三百板釋放，傭婦因礙主人之面，不敢苛求，就此了事，聞其子才八歲云。」〔註843〕而《大清律例》卷三十三規定：「將未至十歲之幼童誘去強行雞姦者，照光棍為首例斬決。」

《申報》還登載了不少西人雞姦犯罪的案例。前面已經記有一些，再如：

《印捕無禮》：「有某甲者，未知其因犯何事羈押美租界捕房。前晚捕頭遣六十七號印度捕看守，捕見甲眉清目秀，遂按倒於地，強行雞姦。昨日甲向第十號寫字西捕訴知，西捕不信，飭送同仁醫院察驗。醫生驗明確已被姦，傷痕鑿鑿。捕頭大怒，命將印度捕押候，解請麥捕頭辦理。」〔註844〕

《印人雞姦華童案定罪》：「前報紀印度人某甲意圖雞姦靜安寺籐椅店學徒王保福一案，茲悉此案已於禮拜五在英署經英員達特而司君補提見證訊結。該印人先行監禁外國牢監三個月，滿期後遞解回國完案。」〔註845〕

《淫凶印捕禁錮一年》：「前日下午二時英臬使班君提訊印捕雞姦行兇一案。中國國家律師威金生到堂申稱，該印捕所犯情節證據確鑿，應請嚴辦。班君遂與陪審四董討論良久，判定該印捕發西牢禁錮一年，罰充勞役以昭儆戒。」〔註846〕

在西人罪案的審斷中，會審公廨裏的西官發揮著主導作用，笞杖之刑是不使用的，實際懲罰要輕于對犯罪華人的懲治。

作為定案、審判的依據，雞姦驗傷是有必要的，《申報》當中這方面的記載比較多。上海以外的事例，福州「西關外某甲籍隸臺黃，年甫及冠。於前月廿六日私將十三齡幼孩強逼雞姦，致傷腸髒。聞此子係孀守撫孤，因今夏龍燈擡閣上扮作尼姑，嫋娜妖冶，甲見而起意。茲受姦污，即回哭訴其母。母視其

〔註842〕《嚴懲雞姦幼童》，光緒三十一年二月三十日，第 11479 號。
〔註843〕光緒十三年七月二十九日，第 5178 號。
〔註844〕光緒二十年十一月十七日，第 7777 號。
〔註845〕光緒三十一年九月二十六日，第 11682 號。
〔註846〕宣統元年五月初三日，第 13065 號。

下體鮮血斕斑，遂挈之赴喊。琴堂沈大令命仵驗得穀道受傷，立飭簽提某甲到案，押候究辦。」〔註847〕此幼孩受傷嚴重，勘驗容易。而若無明顯外傷，甚至係屬誣告，則驗非易事：津人某甲因店中某徒有違店規而欲將其辭退，該徒為避家人責備遂謊稱被甲雞姦。「徒之舅氏本係無賴者流，聞是語不辨真假，即邀約其黨恫喝店東。甲以兒女滿前，遭此誣衊，實屬有口難分，遂服阿芙蓉膏畢命。甲死後其家屬據情控縣，天津縣准詞，拘徒究問。徒仍以雞姦對，叩其已否成姦，則又含糊其辭。迨用雞子試驗，則固完人也。於是甲之冤白，而徒將懲辦矣。」〔註848〕所謂「用雞子試驗」，應當是將雞蛋置入肛門，察看肛部的狀況，已被姦者的反應與完人不同，由此得出的結論其準確性存疑。

上海也有誣姦之事。《頑童以雞姦誣控》：「前日縣中有賣水果之童男與人爭執，竟敢以強被雞姦之大題喊冤。葉邑尊取供支離，已察識其詐欲。遂傳刑仵當堂如法查驗，毫無痕跡。事實子虛，立予嚴飭。仍念童稚無知，未加深究云。」〔註849〕此處是當庭查驗，而上海租界還有指定的西醫醫院專門承擔此事。《英界公堂瑣案》：「克堅西飯館小侍者傅金雲控被李阿林雞姦，蔡太守飭將傅金雲帶往醫院驗視。昨據包探沈金隆稱：小的送傅金雲至醫院，由西醫生驗視，並無雞姦實據。太守以傅金雲所控無憑，豈容瀆辨？判將李阿林開釋。」〔註850〕當然，雞姦案不可能全是誣姦，若確係行強，傷害是能夠驗出來的。《英捕房紀事》：「四馬路廣維信煙膏店夥蕭萬隆、湯佐卿與值堂人徐金財有雞姦情事，徐不願，蕭竟用強姦污，湯亦思染指。徐即訴諸其父徐春生，投捕房控告。捕頭飭包探劉光震先後將蕭、湯拘獲，惟蕭、湯只認調戲。捕頭倩西醫將徐驗視，果有行姦痕跡。飭將蕭、湯押候解辦，徐金財送公廨管□□。」〔註851〕強行雞姦會有較明顯的傷口，那麼和雞姦呢？《狂童無禮》：「昨早有某號某捕巡至六馬路，見有年未成丁甲乙二人在小弄內雞姦。該捕即將甲乙拘入捕房，旋經西醫驗明後庭，果有創痕。此案當解公堂訊理，又添一宗風流案牘矣。」〔註852〕和姦也可能會產生傷口，不過如果面對的是久慣和姦之人，應當查驗的是肛門是否鬆弛。像《重刊補注洗冤錄集證》卷一曾載有

〔註847〕《霞山絢彩》，光緒二十一年閏五月十五日，第 7978 號。

〔註848〕受誣尋死，光緒五年九月十四日，第 2333 號。

〔註849〕同治十二年二月二十九日，第 278 號。

〔註850〕光緒十七年三月二十八日，第 6478 號。

〔註851〕光緒三十一年二月二十九日，第 11478 號。

〔註852〕光緒十七年八月十二日，第 6609 號。

清代中期的一案：「查驗某糞門寬鬆，並不緊湊，與屢次被姦情形相符。」

　　清末《申報》的男風敘寫是比較豐富的，方方面面均有載述。它的最主要特點就是內容下沉，相對於詩文、戲曲、筆記等傳統體裁，時事類的報紙更善於反映基層社會的世態民情。在此層面上，我們可以得出一個基本結論，即同性戀是一種本質性的存在，絕非近代以來西方文化的產物。同性戀的古今之間、中西之間存在著諸種差異，但這些差異都不足以遮掩其所具有的普適性的核心特徵，該特徵表明同性戀就是對於同性身體和氣質的一種執著迷戀。此戀屬於禁忌之戀、難言之隱，受到了各種各樣的譏斥、排擠乃至迫害，但它始終低調而頑強地存在著。清末《申報》恰是處在一個節點位置，時間上連接著古今，空間上連接著中西。從中，我們既能看到古今、中西之間的異相，更能看到它們之間的共相。

巴恪思與清末北京男風

　　英國文學、漢學家埃蒙德·巴恪思爵士（Sir Edmund Trelawny Backhouse）所著《太后與我》（*Décadence Mandchoue*，直譯為《滿洲的衰落》）和《往日已逝》（*The Dead Past*）以其駭世的情節、直露的色情尚未出版就已引人注目。（圖454）英國學者特雷費—羅珀（Hugh Trevor-Roper）在考證著作《北京的隱士》（*Hermit of Peking: The Hidden Life of Sir Edmund Backhouse*）〔註853〕中索微鉤隱，得出的結論是巴氏精心瞞騙，所言為虛。羅珀的分析重點是巴氏與歐洲相關的各種活動，而由於無法深入利用中文文獻，他對巴恪思在華私生活的分析則語焉非詳。下面筆者結合自己專門研究中國古代同性戀史的專業優勢，補充一些羅珀所缺的考證。

　　面對《太后與我》的內容描寫，讀者首先關注的是其真實性的問題。以下幾個細節巴恪思是言之有據的：

　　（一）提及肛交時洩氣有害。巴氏道：「有一個普遍的說法，從後面性交，若被動一方放屁——在交媾當中尤其是射精之時，那麼會引發敗血症。」〔註854〕這一說法毫無科學道理，但確實曾經為人相信。明末小說《玉閨紅》

〔註853〕　此書1976年初版時名為《隱秘的一生：巴恪思爵士之謎》（*A Hidden Life: The Enigma of Sir Edmund Backhouse*），1986年第2版改為今名。說明：龍樂恒先生為本文撰寫提供了諸多幫助，頁下注及方括號裏的補充均是由他所加。

〔註854〕　《太后與我》，第216頁。以下引用《太后與我》時只標頁數。

第四回，幾個潑皮無賴在一起浪談風月。活無常胡二講他尚未嘗過男風滋味，無二鬼吳來子笑道：「四哥也未免見識太少了，咱倒是個久行慣家。只是弄這玩意兒，非小心不可。不然一不小心，弄出屁來，變成炮打旗杆頭，可就有性命之危。」飛天豹劉虎應道：「這也是經驗之談。」

（二）提及經常肛交會有損視力。巴氏道：「中國有種迷信說法，經常性或專業地從事男妓之業，最終會目力受損。」（第216頁）此說由來已久，《宜麟策》續編曾從「醫學」的角度分析「男淫」之害：「蓋男為陽，兩陽相亢，必竭其精。況溺於此者，或瘻廢，或失明，未老先衰，不一而足。」它如《客窗閒話‧續集第五卷‧妖人邢大》、《南浦秋波錄‧第三‧瑣事記》、《太平天國軼聞‧卷一‧何李之獻房中術》等也有相關反映。

（三）把被動的同性戀者稱為爐子：「『到了兒你是個爐子。』〔慈禧〕太后對先前不濟，遺精在地上的爵爺說。」巴恪思解釋道：「漢語裏的白爐子，通常是顫巍巍地箍著，令人聯想起從身後性交。」（第202頁）爐子是北方冬季必備的取暖器具，它有圓肚的形狀，用火筷子捅火的動作就像是性交。張次溪《燕歸來簃隨筆》即曾指出：「北平人謔為人男寵者曰壚（爐）子。」〔註855〕另外，北京男風俗語中相互肛交稱為貼燒餅，而燒餅是需要在爐子裏貼烤的。《紅樓夢》第六十五回，賈珍、賈璉的僕人喜兒、壽兒、隆兒在一起喝酒，喜兒醉後戲言：「咱們今兒可要公公道道的貼一爐子燒餅。」

另外，巴恪思把舔舐肛門臀部稱為桂葉：「嫖客舔男妓的肛、陰部及會陰，這叫玫瑰葉——此處稱桂葉。」（第85頁）在明清男色文學中，大便被稱為木樨花，這與此花的顏色有關，且是以香喻臭。《海陵佚史》上卷：「童兒與男子交好，則從其後糞門投入。第時時有不潔之物，帶於陽物痕內，俗誚之為戴木樨花。」由此，承納木樨花的孔洞，也即後庭肛道被稱為木樨洞。《龍陽逸史》題辭：「木樨洞裏，不嫌淹癟英雄。」而木樨花實即桂花，於是木樨洞也稱桂窟。《別有香》第十回：「古怪生涯，花竅無心樨，桂窟留心□。」因此，雖然「桂葉」可能是在西文「玫瑰葉」的啟發下由巴氏自造的一個詞，〔註856〕

〔註855〕見《清代燕都梨園史料》，第1249頁。

〔註856〕原文如此：「Then Mr Tsai [mu] 載穆 explained to me the tariff: ...... Taels 30 inclusive of *feuilles de rose*, or what we call *cinnamon leaves, Kuei Yeh* 桂葉。」
意思是：「載穆給我介紹價格：……『玫瑰葉』，即我們所謂的『桂葉』是30兩。」巴氏未言「中文是這麼說」而是講「我們所謂」，這說明「桂葉」不一定是北京相公堂子乃至全國性的術語，而可能只是淑春堂，或許一些朋友，

不過他對「桂」字的使用應是出於對「木樨花」特殊含義的瞭解，是有背景可依的。

上述觀念、名詞現代人是很陌生的，而巴恪思言之有據。可見他已身入北京同性戀亞文化的內部，能夠帶給我們一些真實的信息。由此再看他的如下記述：

> 在行事中有一些行話的。在上的一人叫「擢進」，被動的一方是「破承」——用的是八股文的比方。如果後者摑屁股，被形容成「騎小驢兒」；反之，若他俯臥仰躺，稱為「掏窟窿」——「掏出頂大的窟窿」是常用的說法，也叫「取桃兒」。三人同時叫做「一團蜜餞果」、「串糖葫蘆」，或者更明顯意義的「三不分」；中間那人承上侵下，叫「未央」，也可說「兩方討好」。「桂葉」指肛交，〔註857〕已經提過；另一種說法是或曰以前是「桃汁兒」。在肛門處撫弄，稱作「手票」，在臀部嗅聞多時，是「無花葉」。〔註858〕（第198頁）

> 他性交的姿勢為俯臥，而非「騎小驢兒」。這種姿勢叫做上尉或大尉，也叫頂上或朝山、爬山虎。若是三人性交，既為主動又為被動的人叫做聯環、方中——這是引用《詩經》的「定在方中」，也叫死扣兒、夾板、中位或者諧稱為中尉、得所、水中魚。最下層的變童叫做下走或走下、山谷、末尾子、下位，或諧稱為少尉。（第228頁）

在研究古代同性戀問題時，筆者對於相關名詞一直相當重視。而在閱讀《太后與我》之前，騎小驢兒、爬山虎等語詞卻是從未得知。考慮到前面巴恪思對爐子等名詞、觀念的記述，筆者認為騎小驢兒等詞總體上也是真實可信的。這些語詞通過《太后與我》的翻譯出版將會廣為人知，它們具有社會語言學上的獨特價值。中國古代的同性戀名詞是以分桃、斷袖、龍陽等典故詞為代表，它們給人的印象是：同性戀情事都是獨立發生的，同性戀群體只是一個概念上的存在，同性戀者之間缺乏網絡式的交互聯繫。而騎小驢兒等詞

或許巴氏和戴穆兩個人才習慣使用的術語。至於法文 feuilles de rose 一詞的詞源，一說它係出自莫泊桑的 *A la Feuille de rose, maison Turque*（《土耳其行院「玫瑰葉」》），這是一部初演於1875年的放蕩喜劇；一說它係依託於王爾德的 Teleny（《特樂尼》），這是一部出版於1893年的色情小說。前書中的意思比較模糊不清，只能肯定是婦人之間的「活動」，後書中的意思無疑是指女子之間舔舐後庭。

〔註857〕「肛交」係誤譯，應當譯為「舔弄肛門」。

〔註858〕英文、法文「無花葉」均無此意，中文大概也沒有，故疑本詞是巴恪思的創造。

卻能讓人感覺到清末北京男風人群內部存在著一個信息交換的網絡，他們彼此相識，共用隱語，此人的男風夥伴同時又與另一人歡好。尤其是「串糖葫蘆」等詞，這表示三人甚至更多人在一起相交，靡亂的場面是分桃、斷袖無法概括的。巴恪思戀戀回味道：「我記錄下這些名稱，僅為憶舊。這些詞曾經鮮活，今日卻已無用，它們的鼎盛之日已逝。唉，我並不知道男色關係能否長久存在，但是我想無論如何在社會上層會存在，因為他們可以雇傭社會下層的人。然而，人們應能發明其他莊諧兩擾的適宜的措辭。這種智慧，以前的中國人非常擅長。」（第228～229頁）

當然在此需要指出一點：巴氏的語言造假能力確實也是值得注意的。《李蓮英日記》是他虛構出來的一本書，相關分析見羅珀《北京的隱士》第十四章。為了表明此書的真實性，巴恪思寫道：「日記中有多處提到我，他總以『焦猴兒』指代我。因為百家姓中，我的『巴』姓是在『烏焦巴弓』一句中，『焦』是『巴』相鄰的姓。」「他沒有直接提到袁世凱和鐵良，前者他稱為『圓廿凡』。『圓』與『袁』同音，『廿』是『世』的簡寫，『凡』少一點就是『凱』的簡寫。」（第391～392頁）上述文字表達細緻精巧，初看起來相當真實，然而卻全屬虛構。由此再看巴恪思寫到的那些男風語詞，筆者相信它們中的多數應當確實曾被說出過，但也不能排除有的係屬杜撰的可能。同時，巴恪思也可能會把後出語詞說成為清末出現。例如「串糖葫蘆」中的三人分別被稱為上尉、中尉、少尉，顯然這是在借用軍銜稱謂。而上、中、少尉是民國時期才開始正式使用的銜稱，清末所對應的其實分別是正、副、協軍校。

《太后與我》中與同性戀相關的名詞還有許多，包括：

（一）典故詞彙：餘桃、龍陽君、斷袖。

（二）相公業的詞彙：像姑、私方（即私坊）、秋扇（過氣的相公）、下處、出條子。

（三）性行為方面的詞彙：貼燒餅、幹肏、玩兒、扣（摳）眼兒、品簫、起性、走身子、跑空。

（四）性器官方面的詞彙：巧子、肌巴、陰莖、陰根、陽物、玉莖、玉根、玉緄、馬眼、蛋子、屁股、眼兒。

（五）其他：淫水、精、狗鬆（屄）、癖、變童、二疑（儀）子。

這些語詞豐富生動，巴恪思熟練地加以使用，這能表明他對北京乃至中國的同性戀亞文化瞭解頗深。身為語言學家和同性戀者，巴氏對男風名詞具有特

別的敏感性，他親身參與進了北京城裏的同性戀圈子，親耳聽到並親口說出過這些「淫詞豔語」。

但一講到親身參與，筆者不得不說，巴恪思的記述當中不實虛構的內容太多，需要謹慎地加以梳理。這裏首先要有一個宏觀上的把握，即巴恪思總是要使自己成為重要歷史事件的親歷者，一心要做慈禧太后的情人，滿洲權貴的狎友。

先看一個異性戀方面的例子。在光緒三十三年（1907）的丁未政潮中，郵傳部尚書岑春煊與慶親王奕劻等人矛盾甚深。奕劻等偽造了岑與保皇派交往密切的證據，結果岑春煊被慈禧太后開缺免職。而按《太后與我》第十三章的描寫，事情的原委是：巴恪思與慈禧的私情已廣為人知，在光緒皇帝的默許下，岑春煊圖謀在頤和園將二人當場捉姦，以此逼迫慈禧交權，進而逼她自盡。結果，慈禧太后謀定而後動，預設圈套，反而將岑捉住，迅速擺脫了危機。

再看一個同性戀方面的例子。同樣在光緒三十三年，作為丁未政潮的導火索，御史趙啟霖參劾袁世凱親信段芝貴，指其諂事奕劻父子，將坤伶楊翠喜進獻給奕劻之子載振，由此升任署理黑龍江巡撫。疏上，段、載均因此去職。而按《太后與我》第八章的描寫，事情的原委是：載振酷好以暴虐的手段享受男色之歡，一天下午，他帶人闖入慶和園戲樓的後臺，欲當場將名伶喻桂芳雞姦。緊急時刻御史江春霖趕到，淫行被喝止。可載振並未善罷甘休，當晚又闖入喻桂芳家中將其搶走，實施性虐。身為喻之恩客，巴恪思連夜趕往頤和園向慈禧太后報告危情。結果，載振和他的父親奕劻均因此而遭嚴懲。

載振事件和岑春煊事件對清末政局影響匪細，報章騰播，眾所矚目。巴恪思硬將自己牽涉於中，這是他高自位置的一貫手法。既然明顯史實他都能造假，那麼對於那些缺乏目擊的隱事，虛構的可能性就會更大。我們在做相關分析時，首先要把握好這一大的前提。

毫無疑問，《太后與我》中最重要的同性戀內容是其第一章有關相公賣淫的描寫。私寓淑春堂位於城南石頭胡同，由皇族載穆經理，慶親王奕劻、輔國公載瀾、端郡王載漪、莊親王載勳等滿洲皇親都是這裏的常客。對此敘述，首先，相公堂寓的經營者通常都是優伶世家。據對光緒十二年（1884）花譜《鞠臺集秀錄》的統計，從姓名特點來看所記四十餘位堂寓師傅全部都為漢人，相公徒弟中滿人也難得見。然後，我們再看相公的服務對象。著名戲劇學家齊如山先生曾將相公的恩客也即老斗分為五類，「一是來京會試各省的舉人，二是經

丞、書辦人等（各衙門中負責起草公文、具體辦事的吏員），三是內務府人員，四是不規矩的大員子弟，五是爐房、大銀號之掌櫃等等」〔註859〕。所以，相公們主要是為漢人服務的，並且無論取悅的是漢是滿，老斗們的身份多非朝廷高官。當然高官顯貴亦非不欲享受，不過他們的顧忌會比較多，不能過於明目張膽。因此，巴恪思在相公堂中與載瀾等人相遇的可能性原則上可以排除。

《太后與我》中第二重要的男色場所是新淨澡堂。這家浴室位於內城恭王府附近，「老闆與尋常浴室一樣，亦是〔直隸〕定興人氏，但其家族在乾隆朝已經遷入京師。侍者全係直隸本地人，大堂上通常的節目是沏茶敬煙，蜚短流長」（第191頁）。細節如此逼真，巴恪思至少在類似場所中曾經洗浴。而作為新淨「常客」，巴氏目之所見乃至身與交歡的男風人物如下：恭親王溥偉、慶親王奕劻、廢阿哥溥儁、貝勒載瀛以及無甚名氣的良奎、恒虞等等。巴恪思大有將滿洲皇親權貴一網打盡之勢，甚至還加入了慈禧太后前來觀淫語粗的高潮情節。而就像上面對相公堂的分析一樣，平民色彩更加濃厚的浴池裏也不可能出現溥偉、奕劻這樣的貴客。

就具體服務方式而言，巴恪思將其歐洲經歷寫進了中國。通讀全書，棒笞性虐是一個不斷出現的情節，巴氏反復回憶了他在英國公學所受到的血腥鞭笞，少年青春期的他已能從中體驗到性快感，英文SM（施虐—受虐關係、性娛虐）的兩位主角薩德（Sade）和馬索克（Masoch）也曾在其書中被提到過（第387頁）。性娛虐是歐洲性文化的一個傳統，這與基督教對雞姦同性戀的嚴厲禁止有一定關係。〔註860〕而中國的性文化不走這方面的極端，即使在淫靡情節觸目皆是的豔情小說當中，至多也就是施方陽具粗大，受方一時難忍而已，並未見到過虐待工具的使用。可《太后與我》第一章卻有如此描寫：高貴的載瀾爵爺「跪在炕前，要〔相公〕桂花棒笞他的臀部。桂欣然遵命，笞打了大概十五下，滲出少量血跡。瀾從第一下笞擊就開始呻吟，進而喊道：『還得使勁，還得使勁！』」（第89頁）筆者認為，這樣的刺激性情節原則上是不可能發生於相公堂寓裏的。當然，作為一種個人嗜好，巴恪思自己有可能會別開生面，讓賣身相公習得這一新鮮的媚人之技，從而人在異邦卻又享受到了桑梓情味。

至於相公服務的真實內容，總體來看，當時他們所標榜的是色藝而非性技，著名的堂寓、出色的相公都會在賣身問題上保持低調克制。巴恪思在相公

〔註859〕《齊如山回憶錄》，第338頁。
〔註860〕SM在異性戀世界也頗流行，應當與教會的廣泛性壓抑有關。

堂內應當有過享受性服務的經歷，不過那應當是比較低檔的堂子，所遇相公並不重視演藝。

巴氏所寫澡堂情形也帶有歐洲色彩，在新淨浴池：

> 熱湯池中，侍者各盡所能。若客人沒有其他約會，侍者亦可與之雲雨。沐浴及精心薰香之後，我們與事先定好的夥伴盡情纏綿，有時是三人愛得難解難分。通常互有往來，各種花樣一一行過。此後，欲望得償，愛火漸息，大家在大堂休息，賭博、下棋或者說笑男女情事〔註861〕，尤喜後者。長夜之中，常有按摩和暢飲。此地直似一俱樂部。我想若無熟人引入，不知端地的客人恐難進入。（第191～192頁）

緊接此段敘述，巴恪思復又寫道：

> 我不禁想到另外一所〔土耳其〕浴室，它距離聖詹姆斯的皮卡迪利大街將近一百英里。在十九世紀〔九十年代〕早期，該地有一同仁圈子——與這裡的滿族人一樣，既有美妙的魚水之歡，也有放蕩的淫行。聚集了奧斯卡·王爾德、阿爾弗雷德·道格拉斯、詩人萊昂內爾·詹森，威利·伊登亦是常客。……我也知道 Mathurius 第九大街十八號浴室或 Cardinal Lemoine 大街六十三號浴室的故事，藍色燈上印著白字，表示「野浴」是附加節目。〔註862〕（第192～193頁）

我們可以認為，在清末時代，中國的同性戀環境是比歐洲寬鬆的。只是全面壓制越強則局部反彈愈烈，新淨浴池裏的性愛交歡過於赤裸無忌，巴恪思顯然是將 Mathurins、Lemoine 大街浴室裏的一些景象移植於此。不過據巴恪思所寫，新淨浴池位於「後門大街東邊的一條胡同裏」（第191頁），大太監李蓮英「可稱為貴客，從不付費，因其在老佛爺面前的地位獨一無二，一句話即可關閉浴室」（第194頁）。而清末在地安門外的煙袋斜街，李蓮英嗣子李福慶確實開有一家著名的鑫園浴池。因此新淨可能確有原型，那就是鑫園，巴恪思可能也在裏面洗浴過。當然筆者認為，新淨浴池裏的淫靡景象原則上是不會出現於鑫園的。

〔註861〕法文原文作 contes grivois，意為淫蕩故事，沒有明確提到男女，在這種場合大概是講男風而不是女色故事吧。

〔註862〕當譯為「我同樣可以隨意講一些關於 Mathurins 新街十八號或者 Cardinal Lemoine 街六十三號的阿拉伯浴室的故事，有藍底白字門燈表明此處的摩爾浴只是附加服務。」Mathurius 當為 Mathurins。摩爾人是指非洲西北部阿拉伯化的柏柏爾人後裔，歷史上曾經進入並統治過歐洲伊比利亞半島。

中文文獻極少涉及到浴室男風。《清稗類鈔‧詼諧類》曾載一事：「有龍陽君至京師，以為北人好男色，必不虛此行也。一日，就浴於澡塘，欲得利市。浴畢，隨眾裸坐，方熏香剃面，極意自炫，瞥見便旋處揭槳一紙，有『君子自重』四字。曰『休矣』，悒鬱而出。」龍陽男風君在京城此浴池未有收穫，不過歡迎此類人物者當亦有之。《刑案彙覽》卷五十三曾載：「張添佩開設浴堂，商同劉珍等，雇覓趙甫則等賣姦漁利。趙甫則等本係良民，將張添佩比照誘買良家之子為優例，枷號三個月，杖一百，徒三年。劉珍等依為從減一等，枷號二個月，杖九十，徒二年半。」這是發生在嘉慶年間山西省的一個案件，京城當中自然也會有類似情形。山西當事浴池像新淨一樣有夥計賣身，卻是受到了法律的懲治。

清末北京浴池在總體上是屬於平民大眾化經營場所，並不存在色情內容。但我們也應考慮到，包含有隱秘的經營內容，默許同性之間發生性關係、性交易的男色浴池數量雖少卻也一定會有的。只是它們也需面向公眾，因此男色行為必會是遮遮掩掩，像「串糖葫蘆」這樣的戲碼大概只是黑暗角落裏的偶爾為之。〔註863〕

據巴恪思自己所寫，他的同性戀經歷是相當豐富的，一些宮中太監也是其同性性夥伴的重要組成部分。對於太監的生理特點和性行為方式，巴氏做有細節描寫。在總管李蓮英的安排下，他曾按百家姓的順序與趙、孫、馮、秦諸內監交歡。「他們中約半數確乎被閹割了，但性慾依然強猛。另外一些整個生殖器猶在，還能『插』我。不同的是，不能射精，只是在尿孔處有點潮濕罷了，我猜那是前列腺液。」（第188頁）諸監「瞻仰」巴氏陽物時恭維道：「真好看，不憨蠢，有修武之精神，怨不得老佛爺愛他，不失為美物，真白。」（第187頁）

回憶雖然如此生動，但在實際上，清朝太監是處於嚴密管制之下，現實當中巴恪思與彼等接觸的機會應當很少。不過1912年民國建立後，太監們陸續出宮，巴氏與他們中的一些人倒可能會有一些交往。雖然彼此未必曾經發生性關係，巴恪思至少也能瞭解到內監的一些性隱私。把別人的隱私與豐富的想像相結合，這位「洋猴兒」在自己筆下又享受到了多場性歡愉。

而除去臨時、短期的性夥伴，巴恪思還寫到了兩位他曾長期與交的性伴侶，恰可代表另外兩種類型的同性戀人物。其中一位是前面已經述及的喻桂

〔註863〕澡堂裏裸體男人在一起洗澡泡身，有些偏僻黑暗的地方，難道不會發生暗渡陳倉之事？歐洲浴室原來也都是比較正經的，而自從十九世紀初土耳其浴流行，有些就成為了「性倒錯」者的尋歡之處，如今日之同志桑拿浴室矣。

芳。喻在慶和園唱戲，自己住在哈德門（崇文門）外花兒市。我們知道，相公私寓都是位於宣武門外，與花兒市距離比較遠。因此，喻桂芳不像是相公而應是科班出身，可謂比較專業的戲優。不過受時風習染，戲優與看客的關係有時也並不僅僅限於獻藝與賞藝。巴恪思和他的一干滿洲朋友「時常在肉市的慶和園歡聚，與標緻的伶人廝混終日，打情罵俏，醋海興波」（第 225 頁）。由於對喻桂芳有解救之恩，桂芳自然要知恩圖報，「喻和我幸福地相愛多年。眾所周知，他後來成了戲劇名角」（第 234 頁）。

喻桂芳是戲曲優伶的代表，而占偉則是社會一般人士的代表。占偉字寶臣，大學士昆崗之子，與慈禧侍女連郁相愛卻難相見。巴恪思將這位俊美青年帶入宮中與情人歡會，後來二人結為夫妻。有感於成全之恩，占偉婚前就讓巴恪思「開始了一段神仙般的日子，這樣的愛情頗具詩意」（第 221 頁）。二人「之交往延續了四分之一個世紀。事實上，我們最後一次令人陶醉的歡合，是在我六十歲、他逾五十五歲之時。他後來去了滿洲里〔註864〕，接受設在新京（偽滿洲國的偽都長春）的朝廷的委任，他視之為合法政府。自那以後，我再也未見過他和他的妻子」（第 222 頁）。回憶如此逼真，不過和喻桂芳一樣，占偉對巴恪思的眷戀不可能是由於巴氏的那些具體幫助，那仍是巴恪思高自位置、努力與宮廷沾邊的故套而已。

總之，按照巴恪思所述，北京城內各種形式的同性戀他都親歷過，所交從相公桂花、親王溥偉到太監連子延再到喻桂芳、占偉，洋洋可謂眾矣。筆者認為，摘掉巴恪思自製的高帽之後，一些平實的內裏還是曾經有過的。例如他應當逛過相公堂子，只是那堂子可能比較普通；他曾經有過一些同性膩友，只是膩友的身份未必多麼高貴。並且，民國建立之後，巴恪思繼續生活在北京，他的同性戀之旅也就一直延續了下來，其間的一些經歷也會被他寫進書中，而當成清末發生的事情。這就是說，《太后與我》是巴恪思用其多半生的享樂與多半生的壓抑合育出的一朵奇葩。古稀之年，人將離世，他雖曾放縱過，可終究心有不甘，感到自己並未曾光明正大地顯示過，一直都是在偷偷摸摸。於是他要用《太后與我》向後世發聲，要用大染去顯大淨。為什麼身心怡悅，情性交融，明明是愛卻被說成了淫邪不經？另外，書裏面不是有明顯的荒悖嗎，可誰又能說那全是虛妄臆想？真真假假，真假難分，讓讀者總是處於依違不決之中，總在想著真假成分的對比，這也是本書的高明之處。

〔註864〕應譯為「滿洲」。

同性性犯罪相關法律的歷史與現實

同性性犯罪是目前我國社會生活中的客觀存在，而刑法相關規定的不完善應當講也是顯而易見的一個客觀事實。本文以歷史回顧為基礎，側重於分析法律缺陷的深層產生原因，進而對當前的相關法制建設提出一些個人的意見與建議。

一、歷史回顧

歷史回顧的核心問題是古代對於同性性犯罪如何進行定性。對此，清末律法名家薛允升曾經指出：「男子與婦女大相懸殊，本不得以姦情論。即有犯者，科以不應〔為〕可耳。〔明〕比引例載將腎莖放入人糞門內淫戲，比依穢物灌入人口律，杖一百。康熙間舊案，有照以穢物灌入口鼻定擬，亦有照他物置人孔竅定擬者，並不以姦情論。」〔註865〕其後在清末法律改革中，憲政編查館在對《大清現行刑律》草案進行核議時也認為：「唐律姦罪各條皆指對於婦女言之，並未牽及男子。良以男子與婦女不同，不成為姦也。」〔註866〕薛允升等人的意思是說：姦罪（完全充分的性犯罪）只能存在於男女異性之間，男男之間的肛交行為即便為罪也不能定性為姦淫，而應屬於不應為、侮辱、傷害罪的範疇。

從立法實踐來看，明代以前的法律文獻殘佚嚴重，現存的《唐律疏議》、《宋刑統》、《慶元條法事類》、《大元通制條格》、《元典章》等並無相關規定。到了明代，嘉靖年間於律例之外又纂入了比附律條六十餘條，「蓋因例無專條，即可援此以定罪也。」〔註867〕其中規定：「將腎莖放入人糞門內淫戲，比依穢物灌入人口律，杖一百。」〔註868〕按：「穢物灌入人口」律在《大明律》中是位於《刑律·鬥毆》，可見雞姦犯罪當時未被認為是性犯罪。不過萬曆十三年（1585）重新修例時比附律條被取消，直到清初才又被纂入了《大清律》。然後康熙十八年（1679）議准：「凡惡棍夥眾將良家子弟搶去強行雞姦，為首者立斬。為從者，俱擬絞監候。若係和同者，照律治罪。」〔註869〕這一規定被列入了《現行則例》當中，據康熙六十一年（1722）重修的《現行則例》，

〔註865〕《讀例存疑》卷三十二。
〔註866〕《核訂現行刑律·犯姦》。
〔註867〕《讀例存疑》卷五十三。
〔註868〕《大明律例附解》附錄。
〔註869〕《大清律例通考》卷三十三。

此例的具體位置是《下卷·雜犯》。〔註870〕到雍正三年（1725）重修律例時，《現行則例》依類被匯入《大清律集解附例》，上例成為了《卷之十八刑律賊盜·白晝搶奪》之下的一個增例。〔註871〕雜犯和白晝搶奪均非性罪，再到乾隆五年（1740）清代最後一次修訂律文，《大清律集解附例》改名為《大清律例》，「惡徒夥眾」例經過增補後被置於《卷三十三刑律犯姦·犯姦》之下，從此雞姦犯罪被認定為姦非性犯罪。〔註872〕

清末法律改革開始於光緒二十八年（1902），主持者沈家本等人的改革思路是將傳統封建法律改為近代資本主義法律，所謂「折衝樽俎，模範列強」。〔註873〕結果，成熟於唐、調整於明、嚴密於清的中華法系在宣統二年（1910）頒布的《欽定大清刑律》中幾被棄置，中國開始走歐洲大陸法系的道路。但需強調的是，《欽定大清刑律》中有關同性性犯罪的規定卻並未完全效法歐洲，而是以日本為中介實現了對明代乃至更早時代的回歸，具體方式就是從日本刑法中引入了猥褻這一概念。

「猥褻」是中國固有的漢語詞彙，只是不甚常用，更非法律術語。日本明治維新時期倣仿西方新修刑法，同樣面臨著對雞姦如何定性、判罪的問題，在這方面它是能夠保持自己特色的。當時歐洲各國對待雞姦大致存在著三種態度方式。第一種以法國為代表，和同雞姦不為罪，強行雞姦屬於強姦。第二種以德國為代表，和同雞姦單獨成罪，強行雞姦不名強姦而是屬於和同雞姦的結果加重。第三種以英國為代表，作為普通法系國家，英國不像法國、德國那樣制定有系統完整的刑法典，它通過1885年拉布謝爾《刑法修正案》等懲治雞姦犯罪，相關規定與德國相近。同時，法、德、英諸國的刑事法律中都存在著「猥褻」這一概念。在法國，猥褻是指程度低於強姦的性侵犯，不包括雞姦。而在英、德，該詞則可以比較寬泛地在齷齪變態的意義上用來指稱雞姦犯罪。日本的刑法革新主要是以法、德兩國為模範，法律面貌發生了質變。但就同性性犯罪而言，它卻能堅持自己的傳統觀念，只是從西方刑法中借用了猥褻這一概念。所謂借用，就是借其名而改其實，賦予名詞以新的內涵。1880、1907年日本先後頒布了兩部刑法典，並於1882、1908年先後施行。其中強行雞姦係

〔註870〕見《大清律集解附例》，清康熙六十一年（1722）刻本。
〔註871〕見《大清律集解附例》，清雍正間刻本。
〔註872〕見《大清律例》，清乾隆初年刻本。
〔註873〕（清）沈家本等撰：《擬請編定現行刑律以立推行新律基礎摺》，見《大清現行刑律案語》卷首。

屬強制猥褻而非強姦，這不同於法國；成人之間的和同雞姦不為罪，這又不同於德國。〔註874〕我們尤其需要注意後面的不同。在德國，對雞姦進行刑處主要是出於宗教的考慮，認為它褻瀆了上帝，違背了自然規律。《德意志刑法》第一百七十五條規定：「男子或獸類之間，有背於天理之猥褻行為者，處禁錮並宣告剝奪公權。」在此，「反常的」雞姦與獸姦並列，因此第一百七十五條嚴格地講懲治的是反自然犯罪。而和同雞姦既已受懲，那麼強行雞姦雖屬強制猥褻在量刑上卻不會輕於異性強姦的，不名強姦只是為了表明這是兩種性質不同的犯罪形式。日本刑法則非如此，它在制定相關條款時是從本國文化傳統出發，以一種世俗的眼光看待同性戀也即成人之間的和同雞姦，不以為罪。結果，強行雞姦所屬的強制猥褻其罪行嚴重程度低於強姦，與德國的概念名同而實異。

在中國，沈家本等人通過回顧歷史傾向於認為雞姦犯罪應當屬於侮辱或傷害罪的範疇。但雞姦的直接表現畢竟是性器官的接觸和性痛感、恥感的產生，要想排除性的因素並不現實。於是沈家本等乃將日式猥褻取用過來，從而認可了雞姦的性犯罪——當時各種性犯罪總稱為姦非之罪——性質。不過猥褻（包括著針對幼男的雞姦）和強制猥褻（包括著針對成年男性的強行雞姦）是屬於不完全不充分的性犯罪，它們的最高刑分別只是姦淫（針對幼女）和強姦（針對成年女性）的最低刑，後者才是完全充分的性犯罪也即姦罪。姦罪必須是存在於男女之間，必須要有性交行為的發生；而猥褻犯罪中的性慾行為無論如何都達不到性交的程度，雞姦雖帶「姦」字卻非姦罪，而是屬於姦非之罪中「非」的範疇。

歷史回顧的第二個重要問題是和同雞姦是否為罪。對此，《大明律》比附律條的文字表述比較模糊，並未明確「將腎莖放入人糞門內淫戲」時所採取的是否為強制方式。就筆者所掌握的幾個具體案例來看，「放入」應被推定為強行。例一：三名無籍惡少對一文弱書生「典狂強擁，輪姦穀道（肛道）」，官判曰：「汝既以肉麈（陰莖）傷人，吾當以笞杖徵汝。」〔註875〕這是一件輪姦之案，若在清代首犯將被斬立決，而案中則僅是處以笞杖。例二：生員宋承塏與其侍僕潘彩具有同性戀關係，潘彩變心潛逃，承塏亟請捕吏陳明追緝，陳則故

〔註874〕《日本改正刑法》第一百七十六條：「對十三歲以上之男女以暴行或脅迫為猥褻之行為者，處六月以上七年以下之懲役。對未滿十三歲男女為猥褻之行為者，亦同。」
〔註875〕《官板律例臨民寶鏡》卷九。

意遷延以行勒索。承壿告官，陳明因緝捕不力受到杖責，宋承壿則被好言寬慰：「牽腸有絲，請抽刀斬。無謂飛燕之銜花，猶入窩有期，而欲再咀餘桃之味也。」〔註 876〕可見和同雞姦在明代是不為罪的。按：上述兩案發生在比附律條被取消之後，因此並非「將腎莖放入」條的對應判例。不過由此間接推測「放入」係屬強行還是可以的，畢竟明代的相關法律僅此一條。

　　清承明制，大清律對大明律有諸多繼承。不過就道德維護而言，清代有鑒於明末時期的因淫而弱，故在道德問題上趨向嚴苛，相關法律也就變得更加嚴厲。表現在同性性犯罪上，強行雞姦由處杖刑變為了死刑，和同雞姦由不為罪變為了處以杖刑。《定例成案合鈔》卷二十五載有康熙四十年（1775）的一件和同雞姦成案，內謂：「陳六、孔珍雞姦王十學，陳六、孔珍應照穢物灌入人口律，杖一百。」由此可見，當時《現行則例》中「若係和同〔雞姦〕者，照律治罪」的「律」應當是指穢物灌入人口律，如果是比照異性和姦律，則罰處當為杖八十。同時這也說明，在順治及康熙初年尚且使用比附律條的時候，「將腎莖放入人糞門內」的「放入」應當已非強行而是和同。乾隆五年修律，惡徒夥眾例規定：「如和同雞姦者，照軍民相姦例，枷號一個月，杖一百。」處罰進一步加重，直到清末一直如此。

　　將和同雞姦定罪符合清代社會的整體道德觀念，法律文書中對於此項犯罪也有醜評，如謂：「扎布占應與廣寧依和同雞姦例，枷號一個月，杖一百。廣寧係正身旗人，屢次與人雞姦，實屬寡廉鮮恥，應消除旗檔。」〔註 877〕但雖如此，有清一代的男風同性戀其實還是比較興盛的，典型表現像具有男妓特徵的相公優伶在京城當中完全是公開活動，和同雞姦實際上很少單獨成案。這就是理學控制下的清代現實，公開宣揚與私下所為之間存在著相當大的反差。到了清末法律改革時期，科舉制度被廢除，程朱理學的統治地位被打破，整個社會的道德意識開始趨向平實。這時面對著日本刑法中和同雞姦不為罪的現實，沈家本開始尋找中國的傳統資源。其前輩薛允升曾言：「男子與婦女究有不同，和同雞姦即與婦女同科，似嫌未盡允協。」〔註 878〕此話說得比較委婉，其中其實包含著和同雞姦不必為罪的意思。沈家本亦作如是觀，他既已將強行雞姦由強姦降格為強制猥褻，則成人之間私下自願的和同雞姦

〔註 876〕《折獄新語》卷四。
〔註 877〕《刑部比照加減成案》卷二十八。
〔註 878〕《讀例存疑》卷四十三。

便不再定罪。不過這種和姦如果是發生在成人與幼男之間,為了保護後者的性權益,前者是被判以猥褻罪。綜合起來,在法律改革的最終成果《欽定大清刑律》中,其第二編第二十三章「姦非及重婚罪」內有關同性性犯罪的規定如下,第二百八十三條:「對未滿十二歲之男女為猥褻之行為者,處三等(五年未滿,三年以上)至五等(一年未滿,二月以上)有期徒刑或三百圓以下三十圓以上罰金。　以強暴、脅迫、藥劑、催眠術或他法,至使不能抗拒而為猥褻之行為者,處二等(十年未滿,五年以上)或三等有期徒刑或五百圓以下五十圓以上罰金。」第二百八十四條:「對十二歲以上男女以強暴、脅迫、藥劑、催眠術或他法,至使不能抗拒而為猥褻之行為者,處三等至五等有期徒刑或三百圓以下三十圓以上罰金。」

研究清末法律改革,對薛允升及其《讀例存疑》應當給予充分的重視。薛氏陝西西安人,咸豐六年(1856)進士。授刑部主事,累遷郎中,光緒五至二十七年(1879～1901)歷官刑部侍郎、尚書近二十年。作為時所公認的律學大家,薛允升結合自己豐富的辦案實踐,對《大清律例》逐條進行核究,考求源流,比評優劣,著成《讀例存疑》一書。因其價值眾所周知,薛氏去世後光緒皇帝欽命交付律例館以備採擇,光緒三十一年(1905)在北京正式刊刻出版。刑部諸舊好合力校勘書稿,其中沈家本更是「嘗與編纂之役,爬羅剔抉,參訂再三」。他在書序中指出:「方今奏明修改律例,一筆一削將奉此編為準繩。庶幾向之牴牾而歧異者咸顙若畫一,無復有疑義之存。」所以,清末法律改革的基本原則雖說是「折衝樽俎,模範列強」,但中國自己的法律纂修思想也是被考慮到的。具體到同性性犯罪,《欽定大清刑律》中的相關規定就與薛允升的意見相同或相近。這就是說,沈家本的相關改定並未依從歐美,而是以日本為借鑒,回復到了薛允升等所主張的清代以前的傳統法律狀態。

傳統法律狀態所依靠的是傳統道德認知。中國古代對男風男色也即同性戀的態度是由兩種認識論所決定的,第一種是陰陽主義的認識論:古代認為自然萬物包括人都是陰陽二氣相互作用的產物,陰陽規律存在於萬物當中,是自然界最根本的規律,有天就有地,有雄就有雌。並且推物可以及人,陰陽規律也必然是人類社會的最根本規律,君與臣、父與子、夫與妻都是陰陽關係的體現,能夠符合陰陽之道。而同性戀則不然,男性與男性、女性與女性的性戀是陽與陽、陰與陰的關係,與陰陽之道正相違背,這就決定了同性戀不會得到主流社會文化的支持。不過,主流文化對於同性戀同時還具有一種自然主義的認

識論：中國陰陽主義的側重點是強調陽尊陰卑，以確立君為臣綱、父為子綱、夫為妻綱的基本社會秩序。在性戀問題上，它看重的是男性對女性、丈夫對妻子的支配與控制，最明顯的表現就是要求女子三從四德，嚴格守貞。而同性相交固然不符合陰陽之道，不過在實際生活中這種違背是受到了忽視的，陰陽主義將其部分空間遺留給了自然主義。後者是以存在為合理，於是同性戀作為一種綿延不斷、古已有之的客觀存在而獲得了主流文化的一些默許。兩種主義、兩種對待同性戀的態度結合在一起，所以中國古代對於同性戀是持一種曖昧的傾向於中立的反對態度，不可能支持，但也未曾深惡痛絕。在這樣的道德環境下來制定相關法律，同性戀本身不必受到專門懲處，它是可以隱晦地自娛自樂的。而作為對比，歐洲基督教的自然規律相似於中國儒家的陰陽規律，但前者的側重點之一恰恰就在男男不得違性相交。結果，歐洲文化中的男女關係顯得比較平等自然，而男男關係則成為了厲禁，和同雞姦犯甚至會面臨死刑懲治。當然，清代社會對於和同雞姦的認識也是屬於傳統道德認知的一種形式，相對要嚴厲一些。這可以理解為一定範圍內的態度波動，相關認知會隨著社會整體道德面貌的寬嚴變化而發生一些改變。

至於傳統法律觀念對於同性性犯罪的定性問題，這與同性戀是否具有形態獨立性很有關係。在實際的社會生活當中，古代男風同性戀最主要的特點就是對異性戀的依順，同性戀者絕大多數都是雙性戀者。之所以如此，最主要的原因是中國傳統文化對家庭倫理的特別重視。在中國古代有 4 個支撐全部社會生活的基本概念，即政治上的仁和禮，家庭中的慈和孝，並且後面兩個概念又是前面兩個的基礎。儒家理論認為父慈子孝，然後才會君仁臣禮，君主以慈父治家的手段治國，理想的王道之政就能實現，社會就能夠和諧穩定，長治久安。既然作為政治基礎的家庭如此重要，則保證家庭延續的婚姻就更是重中之重了。由於存在這種強大的環境背景因素，一個男子若執意不婚，會被看成是對社會的不負責任，而不僅僅是他個人的生活問題。他也就注定要浮遊於社會的邊緣，難有什麼發展的機會。因此，即使是作表面文章，一個男人也要先以娶妻成家作為自立於世的前提。

同時，古代社會還有兩個突出的特徵，一是等級身份制，高低貴賤，判然有別。二是男權夫權制，男女異勢，夫為妻綱。其結果，一方面在上的等級可以比較容易地從在下等級中收取男寵，另一方面丈夫的妻妾對此無力加以反對。這樣一來，雙性戀的實踐在古代中國也就有了適宜的存在環境。如果丈夫

是真性雙性戀（確實男女皆戀），那麼他的同性戀生活便是自己異性戀的有趣補充；如果丈夫是假性雙性戀（心理上只戀同性，但同時又已娶妻成家），那麼他可以比較容易地用異性戀來掩飾自身的同性戀。

總之，在宗法制度下古代中國的同性戀雖較繁榮但是缺少自己的獨立性，它依附於異性戀，尊從異性戀的文化制度模式。作為一種非主流的性別關係，同性之間的感情不能與異性相比，人們認為同性關係更多地是一種玩戲，一種欲望的釋放，因而不必嚴肅認真地予以對待。在此基礎上，在清末法律改革的過程中，引入了西方、日本刑法理念和概念的沈家本等人對於同性戀和同性性犯罪便開始進行側重於犯罪主體的法理思考：既然同性戀者的感情體驗不甚深刻，那麼用於傳遞感情的同性性行為即肛交其快感也就低於異性之間的陰道性交，肛交甚至談不上是屬於性交。也就是說，愛情和性的至樂都是為異性戀準備的，同性戀沒有資格享有。而當法律去懲治對上述快樂的傷害時，同性性犯罪同樣也沒有資格與異性性犯罪並列。即對成年人的強姦、對未成年人的姦淫其受害者只能是婦女和幼女，對成年男子的強行雞姦和對男童的雞姦並不能屬於強姦、姦淫的範疇，甚至都不能屬於性犯罪的範疇。所以沈家本等人在清末修律時曾言：「學部及兩湖、兩廣簽注謂雞姦應與姦淫同罰。然刑律所謂姦淫以男女之間為限，故草案不認為姦罪。」〔註879〕「猥褻行為指違背風紀未成姦以前之行為而言，與姦淫、犯姦不同。至雞姦一項，自唐迄明均無明文。即揆諸泰西各國刑法，雖有其例，亦不認為姦罪。故本案採用其意，賅於猥褻行為之內，而不與婦女並論。」〔註880〕所謂「賅」是兼覆廣收的意思，若按沈家本的本意，雞姦不妨可以放在侮辱或傷害罪當中。但畢竟該罪是通過性器官去對人做出傷害，日本法律又有樣本，所以雞姦「姑且」被認為是性犯罪，但要罪減一等，只能是算作猥褻。

總體來看，在中國古代《大清律例》有關同性性犯罪的規定是最為嚴密也最為嚴格的。而在清代以前，和同雞姦不為罪的情形要更為常見一些。至於強行雞姦，對其懲治力度在許多情況下應會弱於異性強姦。不過從清代相關立法的變化也可以看出，對同性戀或雞姦的定性容易出現波動。當側重於考慮犯罪主體時，立法者會更多比較同性與異性相交的差異，懲罰就會比較輕；當側重於考慮犯罪客體時，則會更多注意受害者的實際感受，懲罰就會比較

〔註879〕《修正刑律案語》第二百八十三條之案語。
〔註880〕《大清刑律草案》第二百七十二條之案語。

重。這種態度搖擺並非只存在於清代，不能以一種線性的眼光來回顧歷史。例如在歷史上，北宋後期的一則記載曾謂：「至今京師與郡邑，無賴男子用以圖衣食，舊未嘗正名禁止。政和間始立法告捕，男子為娼，杖一百，告者賞錢五十貫。」〔註881〕政和是宋徽宗年號，當時官私妓業均為合法，性環境比清代寬鬆。而即便是在禁娼的清代，也只是到了咸豐年間才增訂舊例，規定：「若男子自行起意為優賣姦者，照軍民相姦例，枷號一個月，杖一百。」〔註882〕如果只就男子為娼的情形進行比較，然後再進行推測，則宋代的同性戀存在環境比清代還要嚴峻。當然，考慮男風環境時不能只看這一個維度。整體上，筆者仍然認為宋代對同性性犯罪的懲治力度要弱於清代。但宋代的和同雞姦是否一直不為罪？對強行雞姦的懲治是否未曾比照過異性強姦？對此還是不要下過於絕對的結論為好。

二、現實思考

　　宣統二年（1910）清政府頒布《欽定大清刑律》，本來是準備於宣統四年施行，但宣統三年爆發了辛亥革命，從而未行於清。不過民國建立，將其中與新國體有牴觸之各章條進行刪修後即予接納，從而此律實際的施行並未延遲。在北洋政府和國民政府期間，刑法有關同性性犯罪的規定有所修改，不過總體未變。1928 年《中華民國刑法》第二百四十一條：「對於男女，以強暴脅迫、藥劑催眠術或他法，至使不能抗拒而為猥褻之行為者，處五年以下有期徒刑。對於未滿十六歲之男女為猥褻之行為者，亦同。」〔註883〕這裡，少年男女的同意年齡線由 12 歲被提升到了 16 歲，但不再區分猥褻的強制與和同。在其後的 1935 年《刑法》第二百二十四條中，16 歲又被降低為 14 歲，不過處 5 年以下有期徒刑被提升為 7 年以下。

　　新中國成立後，社會主義制度下的刑事法律面貌發生了巨變，但有關同性性犯罪的規定與前相比則是大致保持了穩定，同大於異。高銘暄、趙秉志所編《新中國刑法立法文獻資料總覽》（第二版）收有建國以來的 15 部刑法或刑法草案，相關規定的沿革情況如下：

　　（一）在 1950 年 7 月擬定的《中華人民共和國刑法大綱草案》中，雞姦幼童與姦淫幼女並列，強行雞姦屬於強姦，猥褻、強制猥褻罪闕如。第一百三

〔註881〕《萍洲可談》卷三。
〔註882〕《大清律例彙輯便覽》卷三十三。
〔註883〕《中華民國刑法》（1928）。

十一條：「姦淫十四歲以下之幼女或雞姦十四歲以下之幼童者，處三年以上十五年以下監禁。」第一百三十二條：「以強暴、脅迫或其他方法，使人不能抗拒而姦淫之者（包括雞姦），為強姦，處三年以上七年以下監禁。」〔註884〕

（二）在1954年9月擬定的《中華人民共和國刑法指導原則草案》初稿中，雞姦、強行雞姦、猥褻、強制猥褻罪闕如。

（三）在1956年11月、1957年6月、1957年6月的《中華人民共和國刑法草案》第13、21、22次稿中，雞姦幼童屬於猥褻，強行雞姦屬於強制猥褻。第13次稿第二百三十七條：「對於男、女以暴力、脅迫方法實行猥褻的，處三年以下有期徒刑或者拘役。對於不滿十四歲的男、女實行猥褻的，處五年以下有期徒刑或者拘役。」〔註885〕

（四）在1962年12月、1963年2月、1963年10月的《中華人民共和國刑法草案》第27、30、33次稿中，雞姦幼童屬於猥褻，強制猥褻罪的明文闕如。第27次稿第一百四十二條：「對於不滿十四歲的男、女實行猥褻的，處五年以下有期徒刑或者拘役。」不過第一百八十一條流氓罪在「聚眾鬥毆、尋釁滋事、侮辱婦女」的基礎上相應增加了「或者進行其他流氓行為」〔註886〕一項，因此，包括強行雞姦在內的強制猥褻罪是被轉入了流氓罪。

（五）在1978年12月、1979年2月的《中華人民共和國刑法草案》第34、35次稿中，強制猥褻青少年的犯罪被從流氓罪中摘出，重又與猥褻兒童的犯罪並列。第34次稿第一百五十四條：「對於不滿十四歲的男、女兒童實行猥褻的，或者使用強暴、脅迫手段對十四歲以上的男、女青少年實行猥褻的，處三年以下有期徒刑或者拘役。」〔註887〕

（六）在1979年3月、5月、6月的《中華人民共和國刑法草案》第36、37、38次稿和同年7月正式公布，次年1月開始施行的《中華人民共和國刑法》中，各種猥褻犯罪統一被歸入了流氓罪，即由侵犯公民性權利罪變為了妨害社會管理秩序罪。1979年《刑法》第一百六十條：「聚眾鬥毆、尋釁滋事、侮辱婦女或者進行其他流氓活動，破壞公共秩序，情節惡劣的，處七年以下有期徒刑、拘役或者管制。」〔註888〕

〔註884〕《新中國刑法立法文獻資料總覽》（第二版），第84頁。
〔註885〕《新中國刑法立法文獻資料總覽》（第二版），第107頁。
〔註886〕《新中國刑法立法文獻資料總覽》（第二版），第138、140頁。
〔註887〕《新中國刑法立法文獻資料總覽》（第二版），第171頁。
〔註888〕《新中國刑法立法文獻資料總覽》（第二版），第235頁。

按：上述有關猥褻罪的反復有助於我們理解清末沈家本在對雞姦進行定性時的猶豫，他在性犯罪和侮辱、傷害罪之間曾經反復權衡，而雞姦意義上的侮辱、傷害也即建國後刑法「其他流氓活動」裏的相應內容。

（七）在 1997 年 3 月公布，10 月施行的《中華人民共和國刑法》第二百三十七條中，流氓罪被取消，猥褻、強制猥褻罪重又被恢復。不過強制猥褻的犯罪客體只能是婦女，成年男性被排除在外：「以暴力、脅迫或者其他方法強制猥褻婦女或者侮辱婦女的，處五年以下有期徒刑或者拘役。」〔註889〕

可見，在新中國成立後的大部分時間內，雞姦被定性為猥褻，強行雞姦被定性為強制猥褻，這與清末及民國立法相同，而且處刑力度也基本相同，都是在三五年左右。在此背景下，1997 年新《刑法》未將針對成年男子的強行雞姦定罪也就顯得很是突兀。最高人民法院、最高人民檢察院曾於 1984 年 11 月聯合下發《關於當前辦理流氓案件中具體應用法律的若干問題的解答》，對流氓罪的具體情形進行了列舉，其中「雞姦幼童的，強行雞姦少年的，或者以暴力、脅迫等手段，多次雞姦，情節嚴重的」是「其他流氓活動」裏的一項。〔註890〕所以，在對 1979 年《刑法》進行修訂時，強制猥褻成年男性是否為罪的問題立法者不可能看不到，看到而不定罪，判斷洵非允當。

對此，首先我們也不必過於索微鉤隱，強行雞姦的發生率確實比較低，立法機構因不予重視而疏忽過去的因素確實存在。但在同時，這一結果終究不是完全的無心之為，它在某種意義上能夠反映出主流社會文化對於同性戀的回避乃至歧視的態度。立法者整體上具有一種潛在意識，認為將同性性犯罪與異性性犯罪並列會提高前者的地位，好像問題很嚴重。而突出同性性犯罪相應地就會突出同性戀，好像同性戀很活躍，能與異性戀相比並。這一結果是法律制定者所欲避免的，他們認為同性戀的存在需要被淡化，於是對其負面的犯罪表現也便酌情不予理會。

上述觀念的存在並付諸實施說明 1997 年《刑法》在特定方面是一部理念優先的法。任何法律都體現著並要維護特定的政治、社會理念，而所謂「理念優先」則是特指過度的維護，結果導致了法律規定失當，寬嚴不甚符合犯罪實際。相對而言，如果制定法律時法院系統的意見占優，則法律的理念色彩就會偏濃；而公安系統時刻都在目睹犯罪現場，他們對法律的要求就顯得要更加具

〔註889〕　《新中國刑法立法文獻資料總覽》（第二版），第 33 頁。
〔註890〕　《人民司法》，1984 年第 12 期，第 16 頁。

體實際。比較兩份刑法修改建議，在 1991 年草擬，1993 年修改補充的《關於刑法修改若干問題的研討與建議》中，最高人民法院刑法修改小組主張將涉性流氓罪分拆解析為強制猥褻婦女、猥褻兒童、侮辱婦女和聚眾淫亂罪，97 年新《刑法》的相關規定與此基本相同。其中在談及強制猥褻罪時，《建議》指出該罪「通常是指以強暴、脅迫等手段實施除性交以外的足以刺激或者滿足性慾的種種行為。強制猥褻的對象有的限於婦女，也有不分男女的」〔註891〕。在此，建議提出者明知強制猥褻可以不分男女，並且猥褻兒童罪就確實未分男女，可依然將強制猥褻的侵犯對象限定為婦女。可見，對於男子能否成為侵犯對象的問題他們是斟酌考慮過的，結果是男子被排除在外。而在 1996 年 7 月的《關於分解流氓罪的建議》中，公安部修改刑法領導小組則主張將涉性流氓罪分解為強制猥褻罪、聚眾淫亂罪和故意實施淫穢、猥褻行為罪。其中對於強制猥褻的定義是：「使用暴力、脅迫或者其他手段，違背他人意願而猥褻他人情節惡劣的行為。」〔註892〕既是「他人」則就可男可女，公安部認為強制猥褻的侵犯對象是應當包括男子的。

公安部的建議距離 97 年《刑法》的修訂完成還不到一年，而最高法建議則在五六年前就已提出，可見思考過於宏觀，與現實比較脫節的建議主張主導了新刑法的相關修訂過程。確實為罪卻被有意放過，同性性犯罪的特殊性由此昭然若揭。在中世紀的歐洲，雞姦同性戀曾被稱為無名之罪，所謂「此輩之穢污，西鄉君子弗言，恐浼其口」〔註893〕。「西國凡罪皆名以其罪，獨此罪者，名為不可言之罪。示此罪行者污心，言者污口矣。」〔註894〕不止西方，中國同樣存在著避諱雞姦猥褻的情況，如此才能理解清代以前相關法律和案例難以尋覓的現象。但無論出於何種考慮，強制猥褻成年男性都確係為罪。2015 年 11 月，《中華人民共和國刑法修正案（九）》開始施行，第二百三十七條中的「強制猥褻婦女」被修改為「強制猥褻他人」，法律漏洞終於得到了修補。

不過，本文的側重點實不在此。筆者認為，強制猥褻的受害人不包括男性只是刑法理念優先的比較淺層的一種表現，誤漏過於明顯，因此修改具有迫切性。而理念優先還有它更深層的一種表現，即刑法對於強行雞姦的定性本身就

〔註891〕《新中國刑法立法文獻資料總覽》（第二版），第 1159 頁。
〔註892〕《新中國刑法立法文獻資料總覽》（第二版），第 1267 頁。
〔註893〕《天主實義》卷下。
〔註894〕《七克》卷之六。

有待商榷。若按新的觀點，強行雞姦在性質上並非強制猥褻而應是比照強姦；同理，雞姦幼童並非屬於猥褻而應是比照姦淫。若從正面來講，則性交、性愛也可以存在於同性之間。

上述結論改變了自清末以來對於同性性行為的性質認定，但其確當與否不能只是依靠理論思考，這其實是一個實踐性很強的問題。首先是案例分析，即調查強行雞姦受害者的心理感受，看他們是否認為自己就像是遭到了強姦。其次是社會分析，即調查普通同性戀者的情感體驗，看他們結交伴侶時是否認為自己是處於愛戀當中。立法機構顯然並未做過系統相關調查，如果真的認真去做，大概率的結論應是受害者認為自己如遭強姦，同性戀者認為自己可以體驗到愛戀之情。從正面講，同性戀和異性戀的性愛體驗是同樣深刻的。從反面講，同性性強暴和異性性強暴的危害性是同樣嚴重的。

當然，立法需要立足於現實。不論同性戀人群怎樣自我認知，主流文化從古至今從未對其等視，同性戀在整體上被認為感情體驗不深，同性性行為被認為就是一種不當的戲樂。在可預見的將來，這一主流觀點不會改變，以此為基礎，強行雞姦不會屬於強姦，強姦就是一個異性性強暴的概念。不過如果回顧歷史，清代對於男風同性戀的態度觀感與其前後時代亦無大異，而當時有關強行雞姦的規定與強姦婦女卻大體相同。個中原因，值得認真思考。

清代制定了嚴密的有關同性性犯罪的法律規定，最主要的一條是乾隆五年《大清律例・刑律犯姦》中的惡徒夥眾例：「惡徒夥眾將良人子弟搶去強行雞姦者，無論曾否殺人，仍照光棍例，為首者擬斬立決，為從若同姦者俱擬絞監候。其雖未夥眾，因姦將良人子弟殺死及將未至十歲之幼童誘去強行雞姦者，亦照光棍為首例斬決。若止一人強行雞姦並未傷人，擬絞監候，如傷人未死，擬斬監候。其強姦未成者，杖一百，流三千里。……」此條例對受害人的身份有一明確限定，即其應為「良人子弟」，也即異性戀男性。而受害者若好男風，已經與同性和姦，則他即非良人，施害者就可被減等治罪。〔註895〕《刑

<hr />

〔註895〕 在清代，男子拒姦殺人之案亦屬多發。殺人者若係良人，量刑時也會被減等治罪。可看嘉慶年間的兩個御定判例：「嘉慶八年十二月十四日奉旨：本日刑部將核辦緩決人犯分別減等、不減等開列各單進呈。內有拒姦擅殺之絞犯冼洪照、原虎娃二犯，該部具擬以減流。朕詳覈案情，冼洪照因年長伊十歲以上之詹偉欲與雞姦。該犯不依，被其拉手不放，遂拔刀嚇戳右臂。因其彎身拾石，又戳其右腿致斃。此定係情因拒姦，傷由抵戳，自應照例准其減流。原虎娃一犯因先被阮牛子索欠，逼令雞姦。後經改悔，將錢措還。嗣阮牛子又攔令同睡，該犯起意致死。承其蹲身移被，拾石狠毆殞命。是原虎娃既與

部比照加減成案》卷二十八曾載嘉慶間一案：「趙八稔知喜祿曾與蔣祿兒姦好，該犯亦欲將其雞姦。嗣因喜祿不允，將其牽跌倒地，拉褲尚未成姦即被拿獲。查律例並無強姦非良家子弟未成專條，將趙八依強行雞姦未成者滿流例上量減一等，滿徒。」

由惡徒夥眾例的例文和案例可以看出，清律制定者在考慮雞姦犯罪時特別注意被害人的性取向狀況。如果此人並非良人，則減等之下是近似於在以猥褻對施害者定罪。而此人若為良家子弟，那麼首先，作為男性本來在性活動中應當處於主動位置，竟然被污，則是對其男性尊嚴的嚴重侵犯；同時，異性戀男性對同性性行為本身就甚厭惡，不像婦女，至少夫妻恩愛是值得讚美的一件事。因此，遭受強暴的男子在某些方面的痛苦感受會更甚於女性，雖然痛點有異，強度則區別不大。於是強行雞姦在量刑上與異性強姦大體相同。

因此，清代強行雞姦之所以等同於異性強姦，是立足於被姦者的良人身份。就同性性犯罪而言，由同性戀者的行為特點所決定，他們相互之間不易產生暴力犯罪，被強暴者在現代也是以異性戀男性為多。他們固然不便還被稱為良人子弟，不過痛苦感受的性質與清代無異。那麼對當代立法者而言，在制定相關法律時就不應只是側重於犯罪主體，對於犯罪客體的直接感受立法者也應同樣予以重視。他們對此當然不是完全沒有考慮，但肯定缺乏具體的分析，而是將主體特徵移於客體，籠統地認為男性客體的痛苦感受不如女性嚴重。如果遭受強暴者是同性戀男子，這樣認為亦非不可。而現實則是，同性性強暴的受害者多數其實是異性戀男子，其苦痛悲憤之感也就並不弱於遭受強暴的女性。這是客觀的侵犯事實，不應基於某種理念而予以淡化。在同性性犯罪問題上，樸素的直接應對更加符合實際，過多的理論思考反而導致偏頗。這時再看前述新中國成立後不久所擬定的《中華人民共和國刑法大綱草案》，它將雞姦幼童與姦淫幼女並列，將強行雞姦歸入強姦，如此規定在處刑上其實頗為允當。

與《刑法大綱草案》的立法精神相一致，建國後司法實踐中的務實法官在一定範圍內也能夠合情合理地把握對雞姦犯罪的處刑力度。尤其 1979 年《刑法》頒布施行以前，所有刑法草案均未正式公布過，更遑論施行，各草案所認

之成姦，後又有心致斃。較之冼洪照之拒姦擅殺，情節迴殊。若一體予以減等，殊未平允。原虎娃此次著不准減流。餘依議，欽此。」（《大清律例會通新纂》卷二十五）原虎娃雖已改悔，畢竟曾與阮牛子行姦，不係良人，結果未像冼洪照那樣由絞刑被減為流刑。

定的強行雞姦、雞姦幼童係屬強制猥褻、猥褻或流氓罪也就不具有實際的法律效力。以當時性道德的嚴肅刻厲，司法機關對雞姦罪行的打擊肯定不會手軟。在此可以舉一個 79 年《刑法》剛剛施行時的案例：「傅某自 1979 年 6 月至 12 月，以引誘手段先後對 5 名幼童和少年多次進行雞姦。對此案，某縣人民法院比照《刑法》第一百三十九條第二款（即關於姦淫幼女罪的規定），以強姦定罪，判處傅有期徒刑七年。傅不服，提起上訴。而地區中級人民法院比照《刑法》第一百六十條類推以流氓定罪，判處傅有期徒刑三年。但是省高級法院同意縣法院的判決，於是將此案報請最高人民法院核准。最高人民法院認為：被告人的行為嚴重損害了幼童和少年的身心健康，一審判決適用法律類推，以強姦定罪並無不妥。因此撤銷二審判決，核准一審判決。」〔註 896〕此案當中，縣級法院的判決屬於直觀應對，而最高人民法院不可能不知道刑法相關條款的立法沿革。在 1979 年 2 月的《刑法草案》第 35 次稿中，雞姦幼童尚屬猥褻，數月之後公布的《刑法》正式文本不再有猥褻罪，但雞姦幼童的罪行和猥褻幼女的罪行一樣只是被轉入了流氓罪之中，對幼童的雞姦犯罪在性質上仍然還是屬於猥褻，依法並不能比照姦淫幼女罪。可最高法院卻支持了縣級法院的判決，由此可見對於雞姦的性質認定當時尚存爭議，立法者的思路在司法實踐中並未得到完全貫徹。《刑法》施行之時尚且如此，在此之前將強行雞姦、雞姦分別比同於強姦、姦淫的案例更不會只是個案。再到 1983 年，此年 9 月六屆人大常委會第二次會議公布並開始施行《關於嚴懲嚴重危害社會治安的犯罪分子的決定》，該決定指出，對於「進行流氓犯罪活動危害特別嚴重的」犯罪分子，「可以在刑法規定的最高刑以上處刑，直至判處死刑」〔註 897〕。可以想見，面對真切嚴重的犯罪實際，具體辦案的公檢法機關難免會將強行雞姦、雞姦幼童比照強姦婦女和姦淫幼女這樣的重罪來進行逮捕、起訴和審判，從而在特定時間階段內雞姦犯罪在流氓罪裏雖無強姦、姦淫之名卻有強姦、姦淫之實。雖然對於「嚴打」的量刑標準目前可以有不同理解，不過當時對於雞姦罪行的定性則是符合實際的。

　　綜上所述，結合清代及建國後的立法、司法實踐，在 2015 年《刑法修正案（九）》的基礎上，對 1997 年《刑法》的相關條文做進一步的修訂已經可以

〔註 896〕中國人民大學法律系刑法研究室、資料室：《中華人民共和國刑法案例選編（二）》，1980 年印，第 55 頁。轉引自《精神障礙與犯罪》，第 574 頁。

〔註 897〕《新中國刑法立法文獻資料總覽》（第二版），第 242 頁。

進入修法議程。筆者認為，《刑法》第二百三十六條的最後應當新增一個款項，具體表述為：「以暴力、脅迫或者其他手段強行雞姦男性的，雞姦不滿十四周歲的男童的，比照前三款的規定處罰。」筆者之所以主張增加款項，而不是將原條文中的「婦女」改為「他人」，「幼女」改為「兒童」，主要目的在於分清主次，說明《刑法》第二百三十六條主要是為了懲治異性性犯罪而設，同性性犯罪無論在發生數量上還是在社會影響上都只是居於次要位置。而且既然是比照，即非同屬。強姦、姦淫的犯罪客體仍為婦女、幼女，社會對於性犯罪的認知體系只是得到了完善而非加以了改變，從修法難度來講也就比較容易，需要克服的阻力比較小。希望這一修正能夠早日成為現實，從而實現同性性犯罪的罪刑相適應。

男色春宮

男色春宮即表現男性之間性行為、性親密的色情圖畫。就春宮而言，較早的記載出現在漢代。據《漢書・卷五十三・廣川惠王劉越傳附》，漢宣帝時廣川王劉海陽淫亂無度，他「畫屋為男女裸交接，置酒請諸父姊妹飲，令仰視畫；又海陽女弟為人妻，而使與幸臣姦。……甘露四年坐廢，徙房陵，國除」。需要注意的是，劉海陽是蓄有幸臣的，則他可能還會喜好男色，那麼他的「裸交接」之圖中除去男女也就可能還有男男。類似的例子，南齊時東昏侯蕭寶卷曾「立紫閣諸樓觀，壁上畫男女私褻之像」〔註898〕。東昏侯同樣蓄有幸臣男寵，《南史・卷七十七・茹法珍傳附梅蟲兒傳》：「梅蟲兒，吳興人，東昏時為制局監，見愛幸，帝呼蟲兒為阿兄。奄人王寶孫年十三四，號為倀子，最有寵，公卿見之，莫不懾息。」所以，東昏侯的「私褻之像」中也可能會有男男褻圖，和漢廣川王一樣。

而真切可見的男色春宮漢代確實已經出現了。明代中期何良俊曾記自家收藏：「余家有漢人畫，此世之所未見，亦世之所未知者也。其畫非繒非楮，乃畫於車螯〔註899〕殼上，此是姑蘇沈辨之至山東賣畫買回者。聞彼處盜墓人每發一冢，則其中不下有數十石，其畫皆作人物，如今之春畫，間有幹男色者，其筆甚拙。」〔註900〕明末沈德符談春畫之始，也曾言道：「後之畫者，大抵不

〔註898〕《南齊書・卷七・東昏侯本紀》。
〔註899〕蛤屬，殼紫色，璀璨如玉，自古即為海味珍品。
〔註900〕《四友齋叢說》卷之二十八。

出漢廣川、齊東昏之模範。惟古墓磚石畫此等狀，間有及男色者，差可異耳。」
〔註901〕在近年出版的《中國畫像石全集》、《中國畫像磚全集》等書中，刻畫
性交、性嬉場面的漢代畫像收有十餘幅，如圖455、456。圖455明確表現的
是男女性交，圖456畫面繁雜，其中兩處分別表現的是摟抱親熱和倒地親熱。
雖然大體上可以認為是男女之歡，但其筆較「拙」，人物性別難以完全確定，
做一些同性戀方面的推想也是可以的。按：關於這類畫像的創作目的，不時可
以看到避邪厭勝之說。何良俊即曾認為：「其畫春情亦似厭勝，恐蛟龍侵犯之
也。」〔註902〕筆者認為，這是性被賦予過多社會內涵之後的一種觀念，而漢
人的性觀念還是比較自然率直的，他們刻畫性交圖像，原因未必如此複雜，主
要就是為了反映現實，希望陽世的生活能夠在陰間繼續。

　　男色春宮不易保存，現在可見可知的一般都是作於明清時期。筆記小說中
的相關反映，《諧鐸》卷一曾載：「襄陽韋生，豪族也，眷一童名槃兒，日與坐
書室調笑為樂。又得仇十洲所畫左風懷秘戲，按譜行雲，照圖作雨。後庭花
滿，視溫柔鄉不在釵叢中矣。」仇十洲即明代大畫家仇英；男左女右，左風即
男風，左風秘戲即男色春宮。《閩都別記》是一部福建地方文學作品，同性戀
的內容相當豐富。該書第二百八十八回，酷好男風的鄭唐家裏藏有「男春宮
圖」。他曾同時和6位契弟同居共處，在一起賞圖傚效。而在著名的同性戀小
說《品花寶鑒》第三十四回，歪才滿腹的魏聘才「新制了一架玻璃燈屏，畫著
二十四出春畫」，其中有僧人相姦等圖像。

　　就明清男色春宮畫的內容形式而言，最主要的一類是單幅或成套的紙墨
繪畫。其中，有的相當精細，有的則比較粗糙。有的是當時人物，有的是古裝
人物。在人物關係上，雙方的年齡、身份有的平等，有的不平等。不平等關係
中被動方的形象一般都是白皙、未冠、身小，顯著年輕。在性行為方式上，肛
交占著絕對優勢，口交、手慰不多見。（圖457至圖483）

　　另一類男色春宮是豔情小說的版畫插圖，如《宜春香質》、《弁而釵》、《龍
陽逸史》、《金瓶梅》、《肉蒲團》等。明清時期尤其明末我國小說版畫的水平很
高，為《宜》、《龍》、《金》等製版的項南洲、洪國良、劉應祖等人都是當時的
版刻名工。作品刀法婉麗，綿密工細，堪稱上乘。當然，黑白版畫是以線條取
勝，風格上與彩墨畫是有明顯區別的。

〔註901〕《萬曆野獲編·卷二十六·春畫》。
〔註902〕《四友齋叢說》卷之二十八。

還有一類男色春宮是非紙質的，像瓷瓶、瓷板、木雕等，數量較少，不過倒也別具特色。（圖484至圖488）

男色春宮之外，女性同性戀者的磨鏡、昵愛圖也偶有可見。（圖489）

現存各類春宮圖多數都是清代作品。作為理學被應用到了極致的時期，清代世風表面看確實是嚴肅乏味的。但「食色，性也」，性慾在人體和人心中的存在具有其生物基礎，產生出來總要消解出去。所以，春宮圖像、豔情小說等屢屢禁燬而不止，在暗地裏的流傳不可謂不廣泛。由此我們看到了清人生活的另一方面，簡單地用淫穢來做概括那是對人性和人情的不尊重。

金蘭契研究

金蘭契即異姓姊妹之間的結拜契誼，在此種誼好之下，結契姊妹之間情逾骨肉，相戀相依，為了長相聚處可以矢志不嫁或嫁後不返夫家。情形之獨特，自然會引起當時及當代的廣泛關注。其中受到關注最多、文獻反映最為充分的是存在於廣東珠江三角洲地區。

一、清代前中期

有關金蘭契的反映時間愈晚愈具體詳盡，不過即使在早期有限的資料當中，其表現也已經比較活躍。順治康熙年間，當時嶺南文壇領袖、番禺屈大均之妻劉氏即是不落家，大均曾作詩言道：「介推惟負母，弘景未歸妻。」〔註903〕因妻不歸，屈大均遂於康熙五年（1666）續娶榆林王華姜為繼室，可見劉氏的不落夫家是非常決絕的。在乾隆年間，乾隆《番禺縣志》卷十七曾載：「其俗尚習矜，往往屬奇節至於過中。國朝百年來，番禺一邑其所稱貞女者志不絕書，而其甚者相約不嫁，聯袂而死。城峭則崩，岸峭則陁，其俗屬之使然也。」「相約不嫁」是為後來自梳行為的早期形態，無非儀式性不強而矣。乾隆末年東莞人歐蘇曾記其鄉邑中的兩件事。其一，同群姐妹為避婚姻而一同自殺：「姊妹五人，矢志清淨。聯綢纏臂，共相投塘。」其二，同群姐妹迫於家庭壓力而曲志成婚：「閨秀黃阿極，邑之雞啼岡人也。貌娟麗，曉文義。與同族姊妹數人，慕仙姑清修，希冀玄妙，共矢不嫁。圍右有寺，是男僧梵修之所。極等至佛前解鬮，歸而盡禿之，片時改裝僧服。寺侍者驚聞於各家，父兄皆督

〔註903〕《翁山詩外·卷五·奉母入瀧州避難寓從弟之姻林氏館有賦》。

歸，訴之。隨以髦飾，刻期嫁之。」〔註904〕金蘭女子對於婚姻的規避本有不同的形式，激烈的為拒婚而自殺，緩和的則會予以妥協。乾隆間長白浩歌子也曾記道：「粵東之俗，女生十二三即結閨閣之盟，凡十人，號曰十姊妹。（圖490）無論豐嗇，不計妍媸，簪珥相通，衣飾相共，儼有嚶鳴之雅焉。及嫁，緩急相扶持，是非相袒護。凡翁姑之不慈，夫婿之不睦，父母兄弟所不敢問者，唯姊妹得而問之。故閨門之內，蒂固根深，莫能搖奪。」〔註905〕在此，十姊妹之間雖儼有嚶鳴之雅，情同伉儷，卻也是能夠嫁為人妻的。

　　但出嫁並不等同於戀夫，已婚女子為與金蘭姐妹長聚會採取不落夫家的形式。嘉道年間，這方面的具體反映開始增多，《粵小記》卷四：「廣州村落女子，多以拜盟為姊妹，名曰相知，父兄不能禁。出嫁後即歸，恒不返夫家。至有未成夫婦禮，必俟同盟姊妹嫁畢，然後各返夫家。若促之過甚，則眾姊妹相約自盡。」〔註906〕不落夫家就是婦女成婚後在一定時期內依舊居於母家，可大致分為兩種情況，一是數年、十數年後，特別是在懷孕生子後最終離開母家去與丈夫同住；另一種是幾乎終生——節日、婚喪日等除外——不返。不管怎樣，不落夫家及十姊妹金蘭結拜反映了當地婦女對於婚姻家庭的一種深刻厭懼，以致「有傳習巫蠱術，厭制新郎隕命者」〔註907〕。（圖491）其術是在新婚之夕「瘞木偶於床帳間，持髑髏以詛其夫」，可「立使昏迷，旬日多死，了無證驗」〔註908〕。（圖492）事情發展到如此地步，不能不引起官府的嚴重關注。道光五至八年（1825～1828）在廣東官任學政的翁心存曾經寫有一篇《勸誡二十四條》，是對粵省文武生童所發的勸諭。其中就曾指出：「粵東地方，地處邊隅，尤失交道。其男子以姦邪相誘，至有添弟會之名；其女子以生死相要，亦有十姊妹之拜。維爾生童，固不容有此敗類。」添弟會也就是天地會，是為清廷所嚴厲打擊，務求淨盡根株的秘密結社，而柔弱女子所組成的十姊妹之會竟被與之並提，可見她們的行為表現已經達到了多麼駭人耳目的程度。翁心存作為職司文教的官員只是發出誡諭，而地方行政官員是有過實際禁止行動的。梁紹壬曾記：「李鐵橋廉使宰順德時，素知此風。凡女子不返夫家者，以朱塗父兄目，鳴金號眾，親押女歸以辱之。有自盡者，悉置不理，風稍戢

〔註904〕《霽樓逸志》卷之二、卷之一。
〔註905〕《螢窗異草・初編卷四・胎異》。
〔註906〕《野語》卷二、《兩般秋雨盦隨筆》卷四等處也有相關反映。
〔註907〕《粵小記》卷四。
〔註908〕道光《南海縣志・卷八・風俗》。

矣。」〔註909〕黃芝則記：「此等弊習，南〔海〕、順〔德〕兩邑鄉村居多。昔賢縣令曾禁之，眾女聞知，以為閨閣私事揚之公庭，殊覺可恥，一時相約自盡無算，弛其禁乃已。」〔註910〕從事態後來的發展看，還是黃芝的記載比較準確，行政手段在已形成氣候的習俗面前顯得很是乏力。

而面對決絕冷淡的女性，男子也是莫可如何，無力轉變。順德何惠群有著進士（嘉慶十四年己巳科）才子的清貴身份，卻也曾親身體會過個中苦況，因作有一篇長近三千字的《無題曲》。此曲為駢體文，用典過多，從下面摘錄的語句來看，男性一廂情願，女子無動於衷：「去日苦多來日少，別時容易見時難。」「金釵十二，盡屬無情。紅粉三千，半歸薄倖。」「方欲波傳秋水，卿如憐我我憐卿。豈知眉鎖春山，我不負卿卿負我。」「蕭郎久別，竟同陌路之人。劉阮歸來，永絕天臺之約。」「有妻不若無妻，之子宛然處子。」「儂本無情郎自苦，來是空言去絕蹤。」「視君家為逆旅，等夫婿若仇讎。」女之於男視同陌路，女之於女則是如膠似漆：「蓋由玉樹枝交，金蘭譜訂。蓮心蓮子，遂成姊妹之花。桃葉桃根，誤作雌雄之樹。始則笑言相洽，繼而形影同親。小姑居處本是無郎，二美相投何妨作婿。羅燕鶯於帳底，曲唱知心。繡蝴蝶於閨中，絲牽連理。」此情此景，無怪時人感歎道：「天下癡郎多有恨，世間閨女半無情！」〔註911〕而道咸年間的彭昌祚則曾明言有些金蘭姊妹之間是存在著身體關係的，於是他不僅感歎而且感憤：「吾聞廉恥之喪，莫甚於淫亂。自古桑間濮上（代表異性淫亂）及龍陽董賢（代表男性同性淫亂）之屬，縱乖於正，猶在人情之中。今之為桑間濮上、龍陽董賢者，吾不謂無獨粵東以女悅女，稱為拜相知。竟有處女相守不嫁，其情濃意密倍於夫婦床笫之穢褻者，不更可大異乎！」〔註912〕

二、清末民國年間

金蘭女子以儀式手段來宣示不嫁，則為自梳，這是最徹底、最明確的拒絕婚姻的形式。同光間張心泰曾記：「若婢女不願嫁，積資自贖開臉傭工者，廣

〔註909〕《兩般秋雨盦隨筆·卷四·金蘭會》。李沄字鐵橋，浙江紹興人，嘉慶十八至二十年（1813～1815）宰順德，其屬禁不落家事也見咸豐《順德縣志》卷二十一之本傳。
〔註910〕《粵小記》卷四。
〔註911〕《嶺南即事雜詠》初集。
〔註912〕《恐自逸軒瑣錄·卷三·粵東三異》。

俗謂之自梳妹，實為物色尚未有屬也。」〔註913〕這裡有三點值得注意，（1）
開始述及自梳。粵俗，未嫁女雖二十餘，皆辮不梳頭。有竹枝詞寫道：「蕉葉
青青蕉子黃，曉妝茉莉鬢邊香。雙蚨如雪通街走，黑辮紅繩未嫁娘。」〔註914〕
自梳，就是矢志不嫁的女子請人將自己的頭髮由辮式改梳為髻式，以示既非少
女亦非人婦。這是將不嫁的表示儀式化，是不嫁行為隨著時間的推移而發展出
的一個結果。其具體程序陳遹曾、黎思復、郎慶時於 1964 年發表在《廣東文
史資料》第十二輯的《自梳女與不落家》一文言之甚詳：「為了避過家庭的耳
目，梳起儀式的籌備，多在自梳女及不落家婦女聚居的姑婆屋內進行。梳起時
所需的物品如：新衣、新鞋、新襪、梳子、紅頭繩、鏡妝及祭品：燒肉、雞、
紅包、大發、生果、線香、寶燭、茶酒等，亦由姑婆屋內的姐妹協助暗地裏陸
續備辦。梳起的前夕，例必在姑婆屋內住宿，以香湯沐浴後，即召齊志同道合
的姐妹聚談，互相鼓勵。至晨光曦微即趁路上未有行人，聯同前往附近的神廟
舉行梳起儀式。梳起的女子到神廟後，即在觀音菩薩座前擺開攜去的衣物和祭
品，點起香燭，向神像三跪九叩。矢誓決心梳起，永不婚嫁。然後由事先約定
的已梳起的婦女為她拆開原梳的辮子，改梳為雲髻。接著即將身上穿的衣服
脫下，換上新衣。這個梳起的女子再向觀音菩薩叩拜後，即與同往的姊妹互
拜、道賀。儀式至此便算結束。」（圖 493）（2）述及了自梳女的一項經常性職
業。傭工即在富貴人家做女傭，俗稱媽姐。俗文《媽姐因由》寫道：「你自小
父母辭世後，暫時不嫁學梳頭。伏侍少奶隨左右，有時轎尾跑得你汗流。但係
朝晚兩餐如果廢手，待至主人食罷正到你輪流。夏天掌扇唔停手，但逢天冷要
你疊好床頭。晨早要在房中來等候，斟茶倒水兩頭遊。」〔註915〕媽姐做事小
心，體貼入微，所以很受雇主歡迎。同治《番禺縣志》卷五十四曾載：「女婢
有四十、五十無夫家者。」可見至少在道光年間，永不欲嫁的媽姐已經出現。
她們不在男子中尋夫，而是在女子中尋契，《笑報》第三十號：「若夫兩雌相
並，伉儷無殊，床第之私較癡女情男而尤昵，此真迷離撲索，兩不相分者矣。
此種風氣以粵婦最多，而有所謂梳傭者則尤甚焉。其名為金蘭契，又曰手帕姊
妹，名目不類。」〔註916〕考求金蘭女子的生活，由於不能在婚姻關係內依靠
夫家，所以她們獨立謀生的意向是比較強的。除去做媽姐，繰絲生產也為她們

〔註913〕《粵遊小志》。
〔註914〕《彭剛直公詩集・卷五・廣州竹枝詞》。
〔註915〕《嶺南即事雜詠》四集。
〔註916〕《笑報》光緒二十三年（1897）十月廿四日。

提供了許多謀生機會。珠江三角洲地區是我國近代繅絲業的發源地之一，同治十一年（1872）中國首家民族資本的動力機器繅絲廠繼昌隆絲廠由歸僑陳啟沅在其家鄉南海簡村創辦。宣統《南海縣志》卷二十六曾載：「機器繅絲創於簡村堡，陳啟沅名曰絲偈，以其用機器也。又名鬼淰，以其交洋人也。絲比用手淰更細滑光潔，售價亦貴三之一。每間絲偈大者女工六七百位，小者亦二三百位。肇於光緒壬申〔註917〕之歲，期年而獲重利。三四年間，南、順兩邑相繼起者多至百數十家。」這些工廠吸收了大量金蘭女，使她們經濟上能夠獨立，從而自梳和不落家的風氣逐漸達到了全盛。（3）「實物色尚未有屬也」說的是有些自梳女會改志嫁人。按照通常的理解，自梳是一種自願行為，如果意志不堅定是不會有此宣示的。不過某些自梳女的改志看來是客觀事實，《拈花微笑》卷六寫有一個「美人局」的故事，係以媽姐女色騙人錢財，下面是片段所引：「粵垣梳傭，輒矢口不嫁。實則周小彭奶媽〔註918〕詩，已道盡〔其偽〕。」「〔亞七誓不嫁人〕，傭於某戶，得主婦歡。主婦少寡，喜其慧，遂與訂金蘭譜。形影相伴，歡若伉儷。」「七曰：『彼家小姐愛儂真摯，頃刻弗忍離也。』」「張曰：『汝下榻何所，是否與小姐同寢？』七聞言面微赤，秋波乍轉。」可見，一方面梳傭媽姐會矢言不嫁，與金蘭姐妹歡若伉儷。另一方面她們當中確實也有轉變態度，為人妻妾的。不過總的來看，自梳女的改志談不上是普遍現象，這方面的記載在某種意義上其實反映的是記敘者的一種願望，他們反對自梳，也就願意看到、願意記載反證。而據《自梳女與不落家》一文，自梳女子若與男性愛戀，發現後是要受到嚴苛懲處的：「一經梳起以後，即成鐵案，終生不得翻悔。如有勾三搭四，即為鄉黨所不容，其甚者往往被捆塞入豬籠內，投於河湧將之浸死。故女子對梳起儀式，向極重視。」

自梳或不落家的金蘭姐妹之間情深誼厚，相互倚援，以集體的力量共同抵拒著外部社會的成婚落家壓力，平時柔弱的女性此時則顯得堅強堅韌。《莊諧選錄》卷八載：「廣州順德向有十姊妹之名。凡十姊妹規例，約共相扶濟，不得嫁人。如有父母強嫁之者，必須自行設法逃脫。又各謀生業糊口，不須仰給他人。故凡娶十姊妹者，無論周防如何嚴密，必致逃脫，或其曹竄奪而後已。」時人「以順德風氣不同天下為韻」，因作《頭犁賦》以慨歎，其中有曰：「婦有居室反常，洞房拒峻。夢隔雲山，諧休秦晉。床第之姻緣何在，琴瑟之好合難

〔註917〕應為同治壬申，即同治十一年，1872 年。
〔註918〕粵諺梳傭謂之奶媽。──原注。

逢。方期半就半推，潛潛弄等。豈料三眠三起，色色空空。其弊也，賊由慈母，
縱自少年。契姊妹總無拘束，乾夫妻暫且從權。」〔註919〕契姊妹之間情同「夫
妻」，外人看來這是「暫且從權」，她們有些則會實事求是的，《粵遊小志》載：
「廣州女子多以拜盟結姊妹，名金蘭會。近十餘年風氣又復一變，則竟以姊妹
花為連理枝矣。且二女同居，必有一女儼若藁砧（丈夫）者。然此風起自順德
村落，後傳染至番禺沙葵一帶，倣之更甚，即省會中亦不能免，又謂之拜相知。
凡婦女定交後情好綢繆，逾於琴瑟，竟可終身不嫁。」關係到了此種程度，金
蘭女子也就有了自己團體的居所、信仰乃至傳承，《小志》續謂：「粵俗更有梳
頭媽所居之地曰齋堂，所奉之教曰大成教，其教所祀之神曰大聖爺。凡入教者
須執弟子禮拜師傅，有男師、女師之別。入教後師傅令食長齋，永不茹葷，謂
之轉腸。師傅死，弟子持服三年。」而據《自梳女與不落家》所言，金蘭姊妹
的合居之屋稱為姑婆屋，「居住在姑婆屋的自梳及不落家婦女，除在生計上相
互提攜以外，在生活上亦互相關懷，甚至因此產生同性戀愛，而所謂契相知。
儼同夫婦，出入相隨」。為了晚年生活能有依靠和身後能得到祭祀，有的自梳
女會收「徒弟」：「自梳女收徒的儀式與習俗的拜神上契無異，所收之徒，亦必
為自梳女。當自梳女的徒弟的人，事師必須唯孝唯敬：師傅有疾病，必須躬侍
湯藥；師傅去世後，必須上孝著服，承擔殮葬、立主供奉、春秋祭掃等義務。
而師傅遺下的金錢、衣物、房屋等一切資財，亦統由徒弟繼承。」

　　不戀異性而戀同性，不育子女而收徒弟，金蘭契現象引起了社會的廣泛關
注。不難想到，相關評論一般都會是負面性質。所謂「文章之偏鋒，兵家之詭
道，非堂堂正正之象」〔註920〕，「男女相悅，王道也。男相悅，霸道也。女相
悅，夷狄之道也。降王而霸而夷狄，事固有愈出而愈奇者」〔註921〕，「風氣壞
極矣」〔註922〕，不一而足。

　　清末距今較近，且當時的金蘭契現象也確實盛於從前，因而相關記載明顯
增多，下面可再看幾種形式的反映。

（一）竹枝詞

　　竹枝詞以善於反映風土人情見長，語言通俗淺易，詩後還時常會附有對內

<hr>

〔註919〕《嶺南即事雜詠》五集。
〔註920〕《柳弧・卷三・粵東女俗》。
〔註921〕《紅樓夢抉隱》第五十八回。
〔註922〕《粵遊小志》。

容的解釋。

彭玉麟寫道：

> 金蘭契結豈前因，姊妹恩情太認真。
>
> 結習閨中牢不破，不從夫婿不從親。

注：「俗重異姓姊妹，十餘聯絡，生死相倚，父母夫婿不能曲其志。」〔註923〕

陳坤寫道：

> 濁淚清醪共一杯，雙雙蝴蝶紙錢灰。
>
> 不因生死交情絕，猶向尼庵附薦來。

注：「粵省中元，各尼庵建醮。婦女結相知有先下世者，俱得前往附薦。」

> 香閨結友倍情癡，盟重金蘭信不疑。
>
> 翻手作雲覆手雨，芳心從此薄男兒。

注：「廣東順德縣屬村落女子，多有結盟姊妹，名金蘭會，又謂之拜相知。」

> 自家梳起古今無，眉臒風流與眾殊。
>
> 羞說梧桐待棲鳳，阿儂原不似羅敷。

注：「廣州婢女有不願嫁，積資自贖開臉傭工者，謂之自梳妹，實為物色尚未屬也。」〔註924〕

曾蘇紹寫道：

> 綺羅叢裏契相知，姤合居然伉儷隨。
>
> 筮得坤爻空血戰，無陽畢竟使陰疑。〔註925〕

（二）畫報

畫報是近代新聞業的產物，通過圖像來反映社會現實，可以顯得直觀生動。在上海《圖畫日報》第三十八號上有一幅十姊妹圖，十位女子舉止親密，注謂：「順德處女，往往十人結納，焚香誓天，矢志不嫁。若輩號為長齋繡佛，自完太璞，或謂此中良有難宣之秘密，不得已而出此曖昧之地。」第二號上則有一幅犯婦苦中尋樂圖，注謂：「廣東南海縣女監犯婦劉李氏、陳湯氏，每於夜深人靜，高聲唱鹹水歌〔註926〕。」（圖494）兩女之間對唱鹹水歌，當然不會是男女之詞而應是女女之詞，至少也是以男女之詞來表達女女之意。南海

〔註923〕《彭剛直公詩集·卷五·廣州竹枝詞》。
〔註924〕《嶺南雜事詩鈔》卷四、五、七。
〔註925〕《順德竹枝詞》，轉引自《順德縣志》第二十七編，第1143頁。
〔註926〕乃男女贈答之詞。——原注。

縣的情況，《時事報館戊申全年畫報》也曾有兩幅畫予以反映。第一幅，夫家拒納歸寧遲返之婦：「南海縣興賢鄉民人蘇燦，娶鄉耆潘效之孫女為妻，婚後歸寧抱病，未能遽返。致觸蘇怒，遂另娶沙田潘昌女為婦。」（圖 495）第二幅，夫家強搶不肯作嫁之女：「南海沙頭鄉有盧某者，已聘定李姓女為妻。李女不願出嫁，其父兄當即通知盧姓。……盧遂於翌日糾集多人，出其不意，搶女回家成禮，觀者不下數千人云。」（圖 496）不論拒納還是強搶，所反映的都是當地兩性關係的緊張與對立。

（三）龍舟歌

見本書前面第 1159～1167 頁。

金蘭契現象隨著機器繅絲業的興盛而達到了全盛狀態，其時間範圍大致是清末民初的三四十年。民國繅絲女工的生活狀況，羅素曾回憶道：「當時女工收入確可維持一家生活，收入較好者，組合兩三個志同道合的，買一間房屋共同居住，故有『姑婆屋』之稱。女工輩，夏天喜穿黑繆綢或黑竹紗衫褲，『烏衣隊』之號由此而來。她們穿著講究，絲綢布匹行業適應供求。華燈初上，裁衣人擠滿鋪面，剪到九點多鐘才離店回家。店鋪為方便顧客晚上走路，特意預備大量火枝，任由使用。守城門人得布店默契，九點鐘關城門後，通融烏衣隊持火枝魚貫進出，有若火炬遊行，誠一奈觀。」〔註 927〕而自梳、擇繼的儀式也變得比較公開，關於自梳，關祥曾記：「自梳的儀式是非常隆重的，親友和相好的姐妹都來祝賀，其熱鬧程度與正式結婚無異。自梳的少女穿起華麗的衣裙，先祭告天地祖宗，然後自己對鏡親手把辮子盤起來，梳成髻子，簪花鳴炮，再一次拜祭天地祖宗，隨後請親友吃一頓飯。」〔註 928〕梁應沅、羅永安曾記：「自梳儀式的舉行是十分隆重的，要擇定吉日良辰，邀集親朋觀禮。到時燃點香燭，禱告神靈祖先，特請『從嫁』替自梳者裝飾打扮，當著神靈前梳起大髻，然後向神靈祖先及父母尊長獻茶及接受親朋祝賀。最後燃放鞭炮，入席飲宴。至此，禮節完成了，也即是說從此成為合法的自梳女了。」關於擇繼，梁應沅、羅永安記道：「每個自梳女年紀老了，都選擇年青的自梳女作下代接班人。擇繼儀式是十分隆重的，必須選擇吉日良時，邀齊親友，當眾介紹自己的繼承人。繼承人要置備表示吉祥的豐盛禮物，作為認親的孝敬。入門時，〔姑婆〕屋內燃起香燭，大放鞭炮，繼承人先祭告神靈祖先，然後叩見『親娘』及

〔註 927〕《順德繅絲女工生活回憶》，見《順德文史》總第 2 期，1983 年 8 月。
〔註 928〕《南海縣自梳女瑣記》，見《南海文史資料》總第 6 輯，1985 年 5 月。

至親長輩。所謂『親娘』，就是擇繼人，所謂至親長輩，就是擇繼人的金蘭姐妹。叩見完畢，繼承人照例接受『親娘』的紅封包。最後自然是大排筵席，宴請親朋。以後擇繼人與繼承人就母女相稱，共同生活。繼承人對擇繼人負生養死葬責任，享繼承遺產權利，這是當時社會所公認合法的。」〔註929〕

但是，在興盛的表象之下，衰落的因素也在不斷增加。金蘭契是傳統農業社會的產物，近代社會的男女平等、婦女解放思潮必然會對它造成衝擊。就具體原因而言，1929 年爆發的世界經濟危機造成世界絲綢消費急劇萎縮，國際市場絲價猛跌，結果珠江三角洲地區的繅絲業受到了重創，「約 3/4 的絲廠倒閉，3.6 萬絲業工人失業」〔註930〕，從此一蹶不振。「以繅絲為業的自梳及不落家婦女失去經濟憑藉，多四出傭工，停留在鄉間的自梳女及不落家婦女的數量銳減，年輕一代較少受到她們的影響。抗日戰爭後，珠江三角洲的元氣大傷，自梳與不落家的風氣已不絕如縷。解放初期所能見到的，只是它的殘餘而已。」但雖為殘餘，人數仍較可觀。據廣東省婦女聯合會 1953 年的調查，「番禺第四區大龍鄉全鄉 2028 名婦女中，仍有自梳女 245 人，占婦女人口總數 12%。同一時期，中山的沙蓢鄉，仍有不落家的婦女 46 人」〔註931〕。在新型的社會主義制度下，金蘭契完全失去了存在基礎，金蘭女只能是隨著時間的推移而自然遞減，並最終走入歷史。〔註932〕

三、其他地區

珠江三角洲地區順德、南海、番禺諸縣的金蘭契現象受到的社會關注最多，不過實際上，同類現象其他地區也是存在的。靠近順、番諸縣的，（1）花縣。光緒間俞樾曾記：「廣東花縣有一村聚，距城數十里。後有女子六人，守志不嫁，相約赴橋畔投水死，蓋粵俗然也。」〔註933〕（2）博羅。《時事報館戊申全年畫報》之《圖畫新聞》卷九有一幅女子畏嫁投水圖，注謂：「廣東惠州府博羅縣屬獨洲村，有女子數人，年約十八九，結為閨中良友。時與敘談，

〔註929〕 《順德女子「自梳」風氣的興替》，見《順德文史》總第 8 期，1986 年 1 月。
〔註930〕 《中國近代紡織史》上卷，第 83 頁。
〔註931〕 《自梳女與不落家》。
〔註932〕 本世紀初期的情況，可參閱《廣州日報》，2002 年 11 月 14 日、19 日，《南方都市報》，2003 年 1 月 2 日，《人民日報海外版》，2003 年 4 月 16 日的相關報導，即《走進神秘自梳女會館》、《探訪嶺南最後的自梳女》、《順德均安：最後的自梳女，一生未嫁並不恨男人》、《珠三角最後的自梳女》。
〔註933〕 《右臺仙館筆記》卷一。

謂我等許字之夫家俱係赤貧，一旦出嫁，苦楚不堪。遂相約共尋短見，用麻繩互纏，投水而斃。」（圖497）（3）鶴山。民國間陳志良曾記：「廣東鶴山古勞附近各村的女子，都有權參加該處的女屋。凡參加的，日則紡織，夜則同睡一床，起居飲食，都在屋中，不問家事。如有出閣，不能私自在家，必須在女屋中舉行。上轎之日，各姊妹放聲痛哭，如喪考妣。哭罷，眾姊妹以綢布縫住新人之下部，密不透風，名曰『花身』。三朝回門，由眾姊妹檢驗之。」〔註934〕（4）肇慶。據黎宛冰、鄧燕婷等人的報導，清代道光年間，富家太太何妙乜在肇慶崇禧塔附近修建了一座觀音堂，當地的自梳女聚居於此，盛時達一百多人，上世紀50年代尚有三十多人，到了本世紀初則僅健在10人左右，她們的謀生方式主要是編織草席。〔註935〕（5）寶安。據龔江南、林勁松的報導，上世紀40年代，深圳寶安沙井鎮的自梳女有近百位，建國後當地蠔業大隊曾建起一幢「齋姑堂」專供她們居住。本世紀初沙井仍健在的自梳女有十幾位，其中近半數曾經常年在越南做住家女傭。〔註936〕

　　把視野再放遠，地處內地山地丘陵區、經濟文化均較落後的湘南江永、道縣一帶也存在著比較興盛的金蘭契現象。在當地，結拜姊妹之間互稱老同、同年，情誼之深，遂導致了一些人的晚婚和不嫁，而出嫁婦女通常在生育之前會不落夫家。尤其需要注意的，則是此地的行客現象。廣義上的行客是指結拜姊妹，你來我家作客，我到你家小住，故有是稱。狹義上，行客則是指同性相戀的女子。光緒《永明縣志》〔註937〕卷十一：「邑中風氣，嫁女多主於妻。婦人無不昵愛其女，以故有遲至三十而嫁者。此風桃川尤甚，其母亦為女計消遣，訪他家之女年貌相若者，使其女結為內交。〔註938〕彼此旦夕相處，以切磋針黹。其間即無他慮，而有用之年華已消遣於不覺。況有因此而含垢包羞者，是亟宜於族規中增此一條，以救其弊。」所謂「含垢包羞」，意即行客之間已經發生了身體關係，即實際的女性同性戀。這種情形也存在於鄰接江永的道縣，1994年《道縣志》第三十一編：「清末至民國時期，農村未婚女子有結拜姊妹

〔註934〕《西南風情記》，第17頁。

〔註935〕見黎宛冰：《我這樣過了一輩子》，《北京青年報》，2001年8月30日。娃娃：《她們要的幸福》，《鳳凰週刊》，2001年第26期。鄧燕婷：《城市最後的自梳女》，《深圳晚報》，2003年11月22日。陳曉楠：《自梳女》，鳳凰衛視，2003年12月30日「冷暖人生」訪談。

〔註936〕見《寶安自梳女》，《深圳晚報》，2004年3月1日。

〔註937〕1956年永明縣改名為江永縣。

〔註938〕桃川謂之行客。——原注。

風俗。多為富家閨女，豆蔻年華，情竇初開，因不滿舊式包辦婚姻，又不敢自由戀愛，對異性存畏懼心理，遂同性相戀，結為姊妹〔註939〕。常同室起居，早晚相伴，儼如夫妻，甚至相約不嫁。《道州竹枝詞》云：『無郎能解女兒愁，不嫁東風可自由。贏得結盟諸姊妹，焚香齊拜上花樓。』抗日戰爭勝利後，此風漸息。」江永、道縣一帶還曾流行過世界上唯一的女性文字——女書。（圖498）這種文字只有當地婦女能寫能認，恰可將姊妹深情大膽地予以表露，如一封女書書信曾寫道：

> 前世有緣結好義，今世有緣覓好芳。
>
> 同在高樓過好日，兩個結義恩愛深。
>
> （圖499）……
>
> 知心姑娘念不念，夜夜夢中到你樓。
>
> 朝朝同樓同起睡，我問姑娘知不知？〔註940〕

珠江三角洲地區和湘南地區的經濟、文化特徵差異明顯，但都存在著典型的金蘭契現象。金蘭契的普遍特徵是結拜姊妹情分逾常，而從粵南到湘南，包含了特定內容的哭嫁坐歌堂習俗能夠表明這種姊妹深情是程度不同地廣泛存在的。所謂哭嫁是指女子臨出嫁時的痛哭悲傷表示，清初屈大均曾經記道：「〔娶婦〕先一夕，男女家行醮，親友與席者或皆唱歌，名曰坐歌堂。」〔註941〕為了表示對母家的眷戀，哭嫁的發生是容易理解的。不過以通常的認識，此種活動的主體應是新娘與她的父母兄妹及其他母家親屬。而如果異姓姊妹加入進來，性質也就會發生一些變化。下面先從南向北將現象予以展列。

在珠江三角洲地區。「女子嫁期有日，必召集一群女子，作秦庭七日之哭，如喪考妣，其金蘭友亦在焉。」〔註942〕「嫁女之家，前一夕集諸女伴共席唱歌以道別，曰坐歌堂。」〔註943〕南音《時興送嫁歌文》中即將出嫁的三姑用花、藥、鳥、果名和她的同心姐妹對唱哭別，三姑唱道：「難思夜合同含笑啞，虧妹芙蓉瘦損想芝蘭嚖。」「唔望芙神甘草味啞，虧我黃連入口惡茵陳嚖。」「你妹五更啼盡相思淚啞，反舌無言欺伯勞嚖。」……同心答道：「苦情蔗段

〔註939〕俗稱結客。——原注。
〔註940〕《女性文字與女性社會》，第129頁。
〔註941〕《廣東新語·卷十二·粵歌》。
〔註942〕《中華全國風俗志·下編·廣東·順德女子之不落家》。
〔註943〕民國《龍山鄉志》。轉引自《中國地方志民俗資料彙編·中南卷》，第798頁。龍山鄉屬於順德縣。

難補別啞，虧姐心焦勞淚蓮篷嚀。」「我妹好似寶鴨鴛鴦成對對啞，姐似鷓鴣含恨憶孤鴻嚀。」……

在珠江三角洲以外的廣東其他地區。民國《羅定志》卷一：「女子將嫁，深自閉藏，父母選少女伴之，謂之伴姑。親屬具牲酒為餞，女唱驪泣別。」光緒《四會縣志》編一：「嫁女之家，於婿家請期前女郎不出房，母為延戚屬之女來相伴，謂之同伴。昏期前數日，女且哭且歌，女伴從而和之，以示惜別之意，謂之啼哭歌。女過門後數月，以食物饋各同伴，曰包心。」粵北山區仁化石塘一帶從前在中秋前後有一種「月姐歌堂」，參加者均為女性，男子一律不准進入。姐妹們在一起用歌聲來聯絡感情，傾訴悲歡。「具體歌文有訴說封建婚姻制度危害的、罵媒人的、感歎自己悲涼身世的、即興編唱玩耍的，等等。」如唱道：「禾燕燕，碰碰飛，做人媳婦真吃虧。滾茶滾飯人吃了，冷水冷飯留我歸。」〔註944〕可以想到，在拒絕男性的月姐歌堂中，姐妹情誼也會是歌唱的主題之一。

在湖南南部。民國《嘉禾縣圖志》卷九載：「將嫁旬日，見親人必哭。妝嫁者至，哭花轎，至哭聲漸，女伴代哭。前夕，女伴相聚守，謂之伴嫁。將旦，唱雞鳴歌。平明，親屬負女上轎，女伴相送於塗，行極緩，示不忍離也。」民國《藍山縣圖志》卷十三：「凡嫁女之家，姻族女親咸集，夜歌達旦，謂之坐歌堂。中夜哭別親屬、女友，謂之哭嫁。」陳志良曾記江華縣沱江女子坐歌堂的具體情形：「在女孩出嫁的前夕，堂屋裏張燈掛彩，二三十個穿紅著綠、嬌滴滴的青春少女們，圍著在堂屋正中。敬了祖宗天地之後，幾十個女孩尖起嗓子，以最高的女高音合唱著一首沿習下來的抒情歌：『一進哪，歌堂呀，來相會。二進呀，歌堂來相識。三進呀，歌堂呀，結姊妹。四進呀，歌堂呀，姊妹情。』……最後結束的一首歌兒，是要作新嫁娘的女孩唱的：『青山遠來青山長，我的心兒呦疼難當。……今朝姊妹來送我，明日呀，勞燕分飛，天各一方。……』這時新嫁娘邊哭邊唱，那些女孩們也流淚嗚咽起來，悲哀萬分。用『同是離愁，別有一番滋味在心頭』來形容，最恰當不過了。」〔註945〕

坐歌堂的目的本來是為了表示不願意離開母家，而上面從粵南到湘南，在一定意義上卻是為了表示不願離開誼契姊妹。在這樣的契誼當中，異姓姊妹之間不僅僅是具有一般的同伴關係，她們相互間的情感要更深。正是在這樣的背

〔註944〕《嶺南俗文學簡史》，第175～176頁。
〔註945〕《西南風情記》，第29～31頁。

景之下，珠三角和湘南才出現了金蘭契的典型形態。

　　而遠離歌堂文化帶，福建東南沿海隸屬泉州的惠安縣東部地區同樣存在著比較興盛的金蘭契現象。對此，著名人類學家林惠祥教授曾總結道：「惠安縣一部分地方有長住娘家風俗。長住娘家風俗便是婦女結婚後三天即回娘家長住，只有逢年過節及農忙時到夫家一二天，必須懷孕生產方到夫家長住。即使夫妻感情不壞的也不能親密，和丈夫親密的反被娘家的女伴譏笑。住娘家的時間自二三年以至於十年二十年以上，婦女因悲觀厭世，自殺或集體自殺的很多。（圖 500）解放後這種風俗有了改變，但尚未完全絕跡。」具體事證：「如三區南尾村王右與其丈夫結婚十二年，從未與其丈夫同睡過。因此相沿成俗，如果誰與丈夫同床，其女伴就孤立她，稱她『臭人』。更甚者是在一九五四年〔註 946〕前，三區大坑黃村有一婦女追姑與丈夫感情不好，而回娘家組織『長住娘家婦女會』，每一入會者，須繳白銀五元及鰻魚十斤，作為會費。晚上集中睡，誰欲回夫家，須經批准，同時回去要保證不與丈夫同床，回來時尚須彙報。」〔註 947〕

　　綜括來看，研究金蘭契現象需注意珠三角、湘南、閩東南這三個中心以及自粵南至湘南的歌堂文化帶。

四、原因分析

　　由於珠三角地區的金蘭契受到的關注最多，所以有關的原因分析也提出的最多。傳統觀點主要有：

（一）女性對於貞節過分重視

　　這種提法出現得比較早。乾隆《番禺縣志》卷十七在談及當地向出貞女，「而其甚者相約不嫁」時，就曾認為這是「其俗尚習矜，往往厲奇節至於過中」的結果。咸豐《順德縣志》卷三引舊志謂當地「女多矯激之行」。注曰：「鄉中處女每與里女結為姊妹，相為依戀，不肯適人。強之適人，歸寧久羈，不肯歸夫家，甚或自縊自溺。此鑒於淫佚之失而矯枉過正也。」類似觀點，民國初年番禺鄔慶時也曾談到，謂：「鄉間婦女視『貞潔』二字最重，足稱節婦、烈婦、貞女者，隨處有之。間有過激者，因不願與夫同室，或仰藥以死，或乘

〔註 946〕應為一九四四年之誤。──原注。
〔註 947〕《論長住娘家風俗的起源及母系制到父系制的過渡》，見《廈門大學學報》，1962 年第 4 期。

際而逃，或罄所積蓄為夫置妾。視居室為大辱，等生命於鴻毛。」〔註948〕

（二）畏懼受到夫家的虐待

這種提法得到了普遍的認同。《莊諧選錄》卷八：「蓋女子無不畏嫁人，每謂嫁人為再投胎，其畏懼之意可見。至若小家，則翁姑（公婆）若夫，常有任意凌辱並致死之事，而童養媳尤甚。粵東風習強悍，虐婢虐新婦之事，亦甚於他省。常有小家婦被虐，反怨父母何故不於己為嬰孩時溺死己者。於是桀悍婦人，遂創為十姊妹，蓋欲逃夫家之威虐，求一生之自由，致成此奇謬之事。」《自梳女與不落家》：「筆者等的家鄉，婦女輩自幼即唱這樣一支兒歌：『雞公仔尾彎彎，做人媳婦甚艱難：早早起身都話晏，眼淚唔乾入下間（廚房）。下間有個冬瓜仔，問過老爺（家翁）煮定（或）蒸？老爺話煮，安人（家姑）話蒸。蒸蒸煮煮都唔中意，拍起臺頭鬧（罵）一番。三朝打爛三條夾木棍，四朝跪爛九條裙！』對婦女在家庭所受到的虐待，刻畫得深入人心。每與鄉中自梳女及不落家婦女談，無不極言自梳及不落家的逸豫，遠勝鄉中姊妹已結婚落家者的備受虐苦。故自梳女與不落家，未始不是她們對封建婚姻及夫權壓迫的不滿與反抗的表現。」《南海縣自梳女瑣記》：「封建宗法制度，以男性為中心，婦女受著種種束縛。家庭的權柄完全操在翁姑和丈夫的手裏，做媳婦的，事事得低眉下氣，逆來順受。進了窮苦家門，生活不好過，還要養兒育女，精神和肉體上遭受折磨；嫁到富有人家，又擔憂丈夫見異思遷，棄妻寵妾。因此，不少農村女子為了逃避封建宗法家庭的虐待，擺脫夫權的嚴厲束縛，寧願犧牲自己的美好青春，終生不嫁，過著獨身的禁慾的生活。」

（三）珠江三角洲地區經濟發達，婦女易於獨立謀生

這種觀點也得到了普遍的認同。《自梳女與不落家》：「這種風氣，只盛行於珠江三角洲一帶，其他地區殊罕見。珠江三角洲經濟作物繁富，手工業發達，婦女謀生門徑較多。順德蠶絲業隆盛時，繅絲女特多，自梳與不落家之風亦特熾。番禺一邑，自梳與不落家之風只見於較富庶的禺南，地土貧瘠、婦女不易獨立謀生的禺北，即無此風氣。」《中華全國風俗志·番禺女子之不落家》：「大抵主張女子不嫁者，當以女子之生計為重要問題。蓋女子確能自立生活，不需男子之扶助，即父母之力亦無依賴之必要，夫然後可言不嫁。番禺土地膏腴，居民多以蠶桑為業，家無貧富，其女子皆能採桑繅絲。一日所得，多

〔註948〕《南村草堂筆記》卷一。

則可七八角，小者亦三四角。鄉間生活程度，固不若城市之高，以此自給，綽然有餘。彼輩既有所恃，又以嫁為人間最羞辱之事，於是遂相約不嫁。即為父母所強嫁，亦必不落家。」《南海縣自梳女瑣記》：「當時南海、順德、番禺一帶的蠶絲業比較發達，需用育蠶、繅絲、絲織的女工很多，這為找出路謀生過獨立生活的婦女創設了自食其力的條件。於是，不少鄉間女子，八九歲就以育蠶、繅絲、絲織為業，儘管收入十分微薄，但個人的起碼生活還是解決得了。於是，自梳的風氣就蔓延開來。據我國機械繅的發源地——西樵簡村調查得來的材料看，該鄉抗戰前連續八年沒有出嫁過一個女子，全部都自梳起來，形成了風氣。」

上述幾種原因分析均立足於一個基本認識，即金蘭契是珠三角地區順德、南海、番禺諸縣的獨特風俗，所以可以用當地的社會、文化、經濟特點來進行解釋。而在實際上，相似現象湘南、閩東南等地區也是存在的。如果把視野放寬，則上述觀點值得細做推敲。

（一）關於貞節觀念強

貞節是傳統道德對於女性的一項基本要求，歷代節婦、烈婦書不勝書。而其程度豈是珠三角獨高？湘、閩地區的貞節問題未受到特別強調，那裏不也是能夠產生金蘭契？所以這種原因分析是地方人士把結果當成了原因。在金蘭契的環境下，兩性關係顯得緊張，女性對於男性的排拒心態比較重，結果女性也就顯得更加守貞。

（二）關於夫家虐待嚴重

這一原因並不具有特殊性。傳統社會要求婦女三從四德，在丈夫公婆面前，為妻為媳者地位低下是漢族文化區域的普遍現象，絕非少數地區所獨有，而金蘭契卻只是存在於少數地區。所以這一原因只能是屬於背景原因，它是金蘭契的發生基礎，但不能解釋為什麼特定的某些地區會發生，而其他地區卻未曾存在。

（三）關於經濟發展水平高

湘南江永、道縣的經濟水平屬落後，閩東南惠安縣的經濟也談不上發達，但那裏都存在著典型的金蘭契。這就說明金蘭契的產生與農業社會的經濟發展水平並無直接關係，它更主要的是一種社會文化現象。當然，在能夠產生金蘭契的地區，經濟發達也確實可以成為一種促進因素，像珠江三角洲出現了自

梳女現象，不落夫家有些會變成為終生不落，比起湘南、閩東南來，這樣的金蘭契就顯得更加徹底堅決。但我們也應看到，經濟的發達對金蘭契還可以成為破壞因素。以珠三角地區為例，與近代生產方式如繅絲生產相伴隨的還有近代的思想文化、生活方式，其表現之一便是要求男女平等，婚姻自由。辛亥革命前後，作為資產階級改良派康有為、梁啟超，革命派孫中山的故鄉，這方面的思潮已經出現在了珠三角地區。宣統《南海縣志》卷二十三：「歷觀經傳垂訓，有三從之義，無專制之行，古之姆教綦嚴也。降及近世，曰平等曰自由，由是陽唱而陰不和，男行而女不隨，無不可自遂也。男女之別為禮義之大防，自由則婚姻之禮可廢。凡懷婚姻皆可不待父母之命、媒妁之言也，幾何不胥而為禽獸乎？」志書的纂修者反對婚姻自由，但此種趨勢他們是阻擋不住的。新的婚姻觀念提高了婦女的社會地位，使她們在丈夫公婆面前逐漸獲得了較多的關愛，這樣一來，她們對於婚姻的厭懼心理就會減弱，社會通行的夫妻關係模式也就具有了應有的吸引力。南海胡子晉作於民國十二年（1923）的一首竹枝詞曾曰：「新婦歸來百不饜，每為窮袴峭鋒棱。近年始悟男人好，說話男朋勝女朋。」〔註949〕說的就是這種風氣轉移的情況。假設珠三角地區的社會經濟在上世紀20年代的基礎上能夠平穩衍進，繅絲業能夠持續繁榮，那麼當地的金蘭契現象雖能保持更長的時間，但終究是會自行衰落的，以近現代生產方式為基礎的近現代思想觀念與金蘭契是不能相容的。

所以，上述三種原因分析並不能說明金蘭契為何會出現在珠江三角洲，而對於其他地區的金蘭契就更難進行解釋。實際上，林惠祥教授在上世紀50年代曾經提出過一個觀點，但卻未曾得到必要的重視。林氏在對惠安、順德等地的長住娘家或不落家風俗進行分析時聯繫到了苗、彝、布依等少數民族中的不落家現象，指出那是母系制向父系制過渡的產物，女子婚後在懷孕生產之前會住在母家，並享有一定的性自由。林惠祥認為，惠安、順德等處漢族的不落家是上述不落家在封建社會的殘留，區別只在於漢族不落家婦女婚後沒有性自由。對此觀點，筆者可以做一些補充論證。

在鄰接湘粵的廣西省，漢族與少數民族的雜處更加普遍。桂省壯、侗、苗、瑤等多個民族中均存在著不落家現象，而在崇善、龍州、宜北、鳳山、柳城、融縣、三江、恩隆等地，漢族當中同樣存在著不落家。如南寧龍州縣的情況：「若夫鄉村，女家不備妝奩，惟著姑數人隨新人步行至男家。登堂拜祖訖，

〔註949〕《廣州竹枝詞》。

伴姑陪新人留宿一宵，天明即同新人回女家。自此以後，每年四五月間，田工作忙，則回夫家三五天，名曰幫功。如是者三五年，俟身有喜，女之父母始制帳被送回。」〔註950〕廣西漢族有本地和客家之分，通常不落家現象不會見於客家漢族。民國《鳳山縣志》第三編載：「〔本地人〕新婦住三日便歸寧，俗稱回門，厥後往來無定。若客人，其歸寧有定期，夫妻俱往。如三朝、五朝去，必於三朝、五朝回。常住夫家，寸步不離。不若本地人往來無定，少落夫家。〔瑤人〕迎接之日，男家亦遣媒往迎，女家則以女之外家一人為送，至男家火鋪邊即行回去。數十日，始由新郎往接新婦，並肩偕回。然往來無定，亦不肯落夫家。」民國《三江縣志·卷二·風俗》：「〔本地〕六甲人婚娶，向由父母主張。在昔於嫁後之次日，新婦即隨送母諸人返外氏，不落夫家。須三五年後，始在夫家長住。近來此風已泯，與客籍漢人無異矣。苗人婚姻，純是自由戀愛。新婦隨伴送之女子三五人，步至男家，住一宿即回外氏。此後來往無定，須生育子女始長住夫家。侗人婚姻絕對自由，新婦來往不時，仍是住外家為多，須待養育，始長住夫家。僮人婚姻，結婚後女子不落夫家。」客家漢人落家，本地漢人則和本地少數民族一樣不落家。其原因，客家人來廣西的時間相對較短，故較多保持了中原漢族的特點，對不落家具有排斥力。而本地漢人或者是由少數民族轉化而來，或者已過於長久地居於他們之中，故對不落家能夠予以接受。當然廣西本地漢族婦女有些雖然不落夫家，同時在此期間並不會具有性自由，但她們也未因此便會在婚前婚後去締結金蘭契。她們只是淡化了婚禮在婚姻過程中的重要性，目的是給母家多提供幾年的勞動力。

所以，既然與少數民族雜處的廣西漢族不落家是受到了少數民族的影響，那麼與少數民族地區比較接近的湖南、廣東地區的漢族不落家未必就與瑤、壯諸族毫無關係。只是在湘、粵地區，不落家婦女中還存在著金蘭契。

當然，根據民族學的調查，順德、江永、惠安等地具有不落家、金蘭契風俗者基本都是屬於外遷而入的漢族，而像惠安縣，它距離少數民族區域實在太遠。因此，這些地區所受壯、瑤諸族的影響能夠有多深，是否確曾受到過影響還是需要再做認真考慮的，應當繼續進行更深入、更進一步的調查和分析。

總之，關於金蘭契的產生目前背景原因是明確的，即婦女畏懼在夫家所受的虐苦，畏懼夫權壓迫。這一原因並不能說明為什麼金蘭契會出現於特定地區，而它處卻並不曾見。而在實際上，我們應把不落家、自梳女、金蘭契現象

〔註950〕民國《龍州縣志·卷三·風俗》。

看成為婚姻形式的一種自然流變。持此觀點，對於特殊原因就可以不必去刻意
尋求：

在相當長的時間內，婚姻都是社會存續的基礎。在古代農業社會，它的基
本形式是男子通過納采、納吉、納徵、親迎等步驟把女子娶到自己家中，在大
家庭之內組成一個核心家庭。這樣的一種模式是由社會歷史環境所決定的，絕
大多數男女都會自覺接受。但婚姻要素的排列組合實際上本來可以有各種各
樣的結果，有些如同胞兄妹的婚姻、兩男之間的婚姻因與社會習俗格格不入幾
乎就不可能存在。而還有一些雖然游離於基本婚姻之外，卻又與之無根本性的
衝突，因而雖然難有大規模的發展，卻也可以在一定範圍內為社會所允許。比
較典型的如在陝南巴山地區，「當地的人重生女。生了兒子，不論有幾個，也
不論家貧家富，養大後全都像外地嫁女一樣嫁出去為婿。生了女兒，當父母的
喜形於色，認為生了當家的，老來有靠。姑娘成人後，留在家中招婿養老」。
而在上海浦東一帶，「習慣上新娘要比新郎大幾歲，稱為『大娘子』。它不同於
『廿歲大姐十歲郎，夜夜困覺抱上床』的婚姻風俗，而是男子到婚齡時，娶的
女子年齡要比自己稍大幾歲」〔註951〕。嫁兒招婿和大娘子現象都與一般的男
女婚嫁模式存在著一定區別，可它們都能為周圍人默認，其中所體現的就是婚
姻的自然流變。所謂「流變」，就是像河流的生成一樣，主流之外必然會出現
支流。其特點，一方面是必然會發生，另一方面是具體的發生又極具偶然性，
也即特定的某一種情況很難講它一定會出現在某地、某時、某類人群。為什麼
浦東有大娘子而浦西就很少見？具有決定意義的必然性的原因是可以不存在
的。作為金蘭契依存基礎的不落夫家、自梳不嫁也是如此，其地域所在集中於
順德、番禺、江永、惠東諸地，背景原因可以說明這類現象能夠在這些地區
產生。這是一個已有解釋的客觀事實，再進一步，對特殊原因進行考求可以
去做，例如前面對少數民族影響的分析。但如果做得過於細密狹隘，缺乏全
局宏觀性，就可能會把背景性、普遍性原因看成為特殊性的原因，反而使解釋
出現偏頗。

金蘭契現象是社會動態平衡性的絕好例證。整個社會大系統及其分支子
系統——如婚姻家庭系統——都是由各種利益人群混合構成的，不同人群集
團的利益訴求各不相同，在某些方面會存有衝突和矛盾。例如在婚姻家庭關

〔註951〕《中國風俗辭典》嫁兒招婿、大娘子，第 196、105 頁。

係中，傳統社會的丈夫一方希望妻子溫順，妻子一方則希望丈夫體貼。溫順和體貼都有各自的對面表現，丈夫通過壓制妻子可以給己方帶來體貼所得不到的利益，對這些利益的追求反過來則會引發妻方相應的對抗，導致金蘭契之類的結果。這時，代表夫權勢力的社會主流觀念如果從抽象理念出發，不問具體情境一味批評金蘭女子不顧家庭，不知廉恥，則金蘭女一方顯然不會因此就去回歸於傳統角色。社會運行過程就是各個人群集團不斷調整己方利益的過程，衝突是難以避免的，社會和諧只能是處於一種相對的狀態，社會平衡只能是一種動態的平衡。但不論如何，當衝突出現時，對原因進行客觀的分析都是首先應為之事。而在許多情況下，強勢集團因勢而奪理，將符合己方利益的「理」絕對化，使之成為「天理」，這是許多社會衝突長期存在而難以解決的原因。

圖 403　紫雲出浴圖

《簡析〈紫雲出浴圖〉卷》
此圖在雍乾年間先後曾被吳榮、金兆燕、曹自鎣收藏，晚清時被陸心源、
端方收藏，民國年間張伯駒購自端方之婿袁克權，現藏於旅順博物館。

圖 404　迦陵先生填詞圖

《明清同性戀題材繪畫初探》
清同治間葉衍蘭摹繪。

圖 405　潘安擲果

圖 406　董賢像

網絡下載：http://mt.sohu.com/20170721/n503235928.shtml　　《中國性史圖鑑》，第 267 頁

圖 407　孔子像

《孔子聖蹟圖》

圖 408　屈原像

《四庫館補繪蕭氏離騷圖》

《離騷》中與此圖對應的辭句：「紛吾既有此內美兮，又重之以修能。扈江離與辟芷兮，紉秋蘭以為佩。朝搴阰之木蘭兮，夕攬洲之宿莽。日月忽其不淹兮，春與秋其代序。惟草木之零落兮，恐美人之遲暮。」

圖 409　屈子行吟圖

《陳老蓮離騷圖像》

圖 410　賈誼像

《古聖賢像傳略》卷二

圖 411　董賢印

《山左金石志》卷六

圖 412　董賢印

《十鐘山房印舉》卷之十六

圖 413　高安萬世瓦當

《秦漢瓦當文字》

圖 414　漢哀帝義陵

2020 年拍攝

圖 415　董賢墓

2020 年拍攝

圖 416　站在董賢墓上遙望義陵

2020 年拍攝

圖 417　站崗士醉戀變童

《圖畫日報》第二百九十號，清宣統二年五月初四日

原注：「上月二十五夜，蘇垣飲馬橋雙龍街交界之十字口，見一崗巡身著警服，手提警燈，於某店屋簷下支頤側臥。旁有一十六七齡之小滑頭，方持樂器曼聲低唱。崗巡則以足點地，如按拍者然。且相視而笑，面目間不知含情幾許。詢之路人，始知唱者即某巡士所嬖之變童。時方沽飲盡醉，樂極而狂，不復知此身之何屬矣。真罕見之怪事也。」

圖 418　斷袖文案

《輿論時事報圖畫》之《圖畫新聞》清宣統二年九月二十五日

原注：「某省撫轅文案某令，風姿楚楚，顧影自憐。所攜多俊僕，脫去上下形迹，人皆疑其有龍陽癖。一日忽為上官窺破，大怒，嘩逐之，曰：『若稍逗留，立登白簡。』該令屏息不敢聲，竟於當日隻身赴江寧。及事後悉心調查，乃身為斷袖人，而待僕以楚王也。哄傳吳門，詫為怪事。」

圖 419　誤狐為兔

《點石齋畫報》絲集

原注：「某公子美豐儀，雅有衛玠璧人之譽。每當夕陽西墜，命儕嘯侶，散步芳郊，帽影鞭絲，風流自賞。有甲乙二人性情佻健，一見公子，不明為雄狐之綏綏，而以為兔窟中之翹楚也。尾隨其後，口講指畫，無非斷袖餘桃之故事。公子聞之大怒，立命人將甲乙擒送段卡。卡員某千戎飭將甲乙重責百板，然後釋去，一時觀者無不掩口葫蘆。」

圖 420
兔子與雞一同侍客

《申報圖畫》清宣統元年十一月二十三日

原注：「都中向來設筵，倌人（妓女）、相公不能並召。因彼此界限甚嚴，同席必致不歡。近有楚人晏於醉瓊林，同時並召，即席而歌，彼此毫無衝突。同席某君以此舉罕見，當眾宣言曰：『方今國家滿漢不能融洽，執政者宵旰憂勞。君既有此融洽兩界能力，不妨條陳政府，仿照施行』等語，滿座譁然。」

圖 421　風韻契友圖

《風韻情書》卷二

圖 422　男淫受罰圖

《聖帝寶訓像注》卷一

原注：「明‧張玉奇，永平府人。性好淫，見有美少年，必多方勾引，□博淫趣。年逾四旬，染癱瘓症，不能動履，百藥罔效。因謁了緣大師，入冥查之。師趺坐良久，醒叱奇曰：『冥冊載爾數淫男色，故受此罰，莫能逃也。』奇慚恨不敢辨。未半載，口不能言，悶悶而死。」

圖 423　珊家園多小相公

《戴敦邦新繪舊上海百多圖》，第 86 頁

圖 424　張議潮統軍出行圖

《中國敦煌壁畫全集》(8)，第 2 頁

張議潮是歸義軍的創建者。圖中舞隊 8 人，4 男 4 女拋甩長袖，踏足而舞。樂隊 12 人，樂器有橫笛、篳篥、琵琶等。

**圖 425　敦煌 98 窟
南壁五代法華經變歌舞圖**

《追尋逝去的音樂蹤跡》，第 262 頁
圖中大門外胡床上坐一老者，旁邊草地上有五
人。中間一男懷抱琵琶邊奏邊舞，周圍三人揮袖
而舞，另有一人在鼓掌擊拍。此圖雖然畫的是佛
教故事，其實也是對唐、五代世俗莊園節慶歌舞
的寫照。

**圖 426
唐蘇思勗墓樂舞壁畫（左）**

《追尋逝去的音樂蹤跡》，第 248 頁

**圖 427
唐蘇思勗墓樂舞壁畫（中）**

《追尋逝去的音樂蹤跡》，第 249 頁

**圖 428
唐蘇思勗墓樂舞壁畫（右）**

《追尋逝去的音樂蹤跡》，第 250 頁
在蘇墓壁畫中，中間的一位胡人在表演
胡騰舞，左右各有五位樂工一位歌者，
均為男性。

**圖 429　敦煌 61 窟
五代維摩詰經變酒亭歌舞圖**

《追尋逝去的音樂蹤跡》，第 272 頁
圖中有一敞開式的酒亭，兩組七人相對跪坐。
面朝外四人中，右起第一人似手托一物，張口
而歌，其他人在打板、吹笛、拍鼓。面朝裏的三
人正在欣賞，亭外一人正揮袖而舞。

圖 430　河南修武石棺嘉慶樂演出圖

《追尋逝去的音樂蹤跡》，第 270 頁
此圖描繪了宋代官宦士紳之家樂舞表演的情景，中間兩位舞者均為男性。

圖 431　河南林縣北宋
宣和五年趙翁墓樂舞壁畫

《追尋逝去的音樂蹤跡》，第 270 頁
此圖描繪的也是士宦之家的樂舞表演，
在三位男性樂工的前面，一男一女兩位
優伶分別在舞蹈、歌唱。

圖 432
男妾春情圖

Anthropophyteia, VI Band, 1909.
圖 432、438、466～472、489 是由法國龍樂恒
（Laurent Long）先生提供，特此致謝。

圖 433　疑似男妾圖

《鴛鴦秘譜》下卷
圖中右側人物的衣著打扮、相貌舉止都似女子，
但係天足，而其鞋子又是不纏足的滿族婦女喜穿
的花盆底鞋。可其若為滿人的話，卻又未著斜襟
旗服。因此，他有可能是一位男妾，不便裹足，
便穿高底旗鞋以求行步婀娜。

圖434 申時行像

《吳郡名賢畫像》

圖435 王錫爵像

《吳郡名賢畫像》

王錫爵，嘉靖四十一年探花，官至內閣首輔。其子王衡，萬曆二十九年（1601）亦中探花。王氏家班也是名班，《春浮園偶錄》庚午六月二十六日記：「妻江王相國偶出家樂演此（《牡丹亭》），語周明行中丞曰：『吾老年人，近頗為此曲惆悵。』」家樂的演出能令精通戲曲的王錫爵惆悵，可見水平之高。

圖436 淫色穢氣圖

《程氏墨苑》第十二卷

在《舊約·創世紀》第十九章，上帝的兩位使者來到索多瑪城，住在品性端良的羅特家裏。「他們尚未就寢，闔城的人，即索多瑪男人，全都來圍住他的家，向羅特喊說：『今晚來到你這裡的兩個男人在哪裏？給我們領出來，叫我們好認識他們。』羅特就出來，隨手關上門，到門口見他們說：『我的弟兄們！請你們切不可作惡。看，我有兩個女兒，尚未認識過男人，容我領出她們來，任憑你們對待她們。只是這兩個男人，既然來到舍下，請你們不要對他們行事。』他們反說：『滾開！』遂用力向羅特衝去，一齊向前要打破那門。那兩個人卻伸出手來，將羅特拉進屋內，關上了門；又使那些在屋門口的男人，無論大小都迷了眼，找不著門口。那兩個人對羅特說：『帶你的女婿、兒女以及城中你所有的人，離開這地方。因為我們要毀滅這地方，由於在上主面前控告他們的聲音實在大。』」索多瑪人的風習慣為本已觸怒上帝，他們又敢於侮辱天使，結果上主震怒，等羅特一家一離開，便用硫磺和火毀滅了索多瑪城。按：由索多瑪而來的英文 Sodomy，其含義便是雞姦。圖中上帝的使者正在弄迷索多瑪男人的眼睛，圖前附有意大利傳教士利瑪竇在明萬曆三十三年（1605）所寫的述評。

圖437 利瑪竇像

《利瑪竇評傳》

圖 438　一位相公

Archives de l'anthropologie criminelle, Tome 14, 1899.

圖 439　東舊簾子胡同：回頭照

1999 年自拍

圖 440　大外廊營胡同

1999 年自拍

圖 441　從東新簾子胡同口向西看

2006 年自拍

圖 442　刻本《迦陵先生填詞圖》

《迦陵先生填詞圖》

圖 443　摹本《迦陵先生填詞圖》

《中國古代書畫圖目》第 12 冊．滬 11-460

圖 444
拓本《迦陵填詞圖》

圖 445
抄本《陳檢討填詞圖卷》卷首

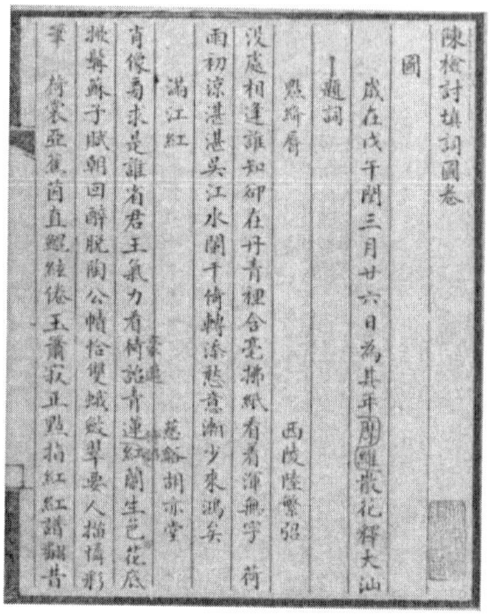

《迦陵填詞圖》

《陳檢討填詞圖卷》

圖 446　《何天章行樂圖》

《中國古代書畫圖目》第 6 冊．蘇 1-209

圖 447 陳維崧致宋犖函札

《和松庵存札》

圖 448 陳維崧像

《清代學者象傳》第一集

圖 449 嘉慶帝漢裝行樂圖

《清史圖典·嘉慶朝》，第 221 頁

圖 450 道光帝情殷鑒古圖

《清史圖典·道光朝》，第 226 頁

圖 451 李慈銘像

《清代學者象傳》第二集

圖 452　豬毛胡同

1999 年自拍

據《菊部群英》，沈芷秋曾在百順胡同開設麗華堂。
又據《鞠臺集秀錄》，麗華堂後來遷至豬毛（朱茅）胡同。

圖 453　《永遇樂・聞歌感舊》

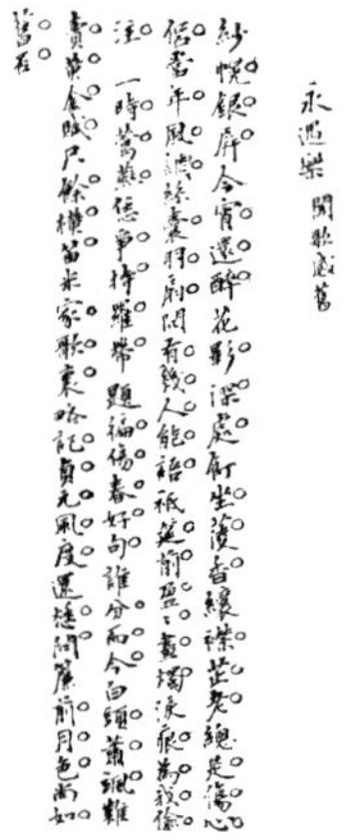

《越縵堂日記》光緒二年七月二十八日

圖 454　巴恪思像

《太后與我》，圖版第 2 頁

圖 455　社日野合圖

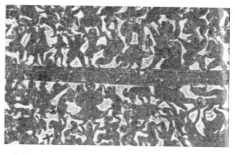

《中國畫像磚全集・四川漢畫像磚》，
第 149 頁
本畫像磚 1979 年搜集於四川成都，屬東漢。

圖 456　群歡圖

《中國畫像石全集・山東漢畫像石（三）》，
第 171 頁
本畫像石 1986 年出土於山東平陰，屬東漢。

圖 457 彩墨春宮

《中國性史圖鑒》，第 270、271 頁

圖 458 彩墨春宮

《中國性史圖鑒》，第 272、273 頁

圖 459 彩墨春宮

《中國性史圖鑒》，第 274 頁

圖 460 彩墨春宮

《中國性史圖鑒》，第 275 頁

圖 461 彩墨春宮

《縱橫華夏性史》彩色版圖，第 1 頁

圖 462 彩墨春宮

《縱橫華夏性史》彩色版圖，第 1 頁

圖 463　彩墨春宮

《縱橫華夏性史》彩色版圖，第 2 頁

圖 464　彩墨春宮

《鴛鴦秘譜》下卷

圖 465　彩墨春宮

《鴛鴦秘譜》下卷

圖 466　彩墨春宮

L'érotisme chinois, p.28.

圖 467　彩墨春宮

L'érotisme chinois, p.40.

圖 468　彩墨春宮

L'érotisme chinois, p.53.

圖 469　彩墨春宮

Dreams of Spring:
Erotic Art in China, p.71.

圖 470　彩墨春宮

Dreams of Spring:
Erotic Art in China, p.182.

圖 471　彩墨春宮

Dreams of Spring:
Erotic Art in China, p.183.

圖 472　彩墨春宮

Dreams of Spring:
Erotic Art in China, p.184.

圖 473　彩墨春宮

Le Palais du printemps:
Peintures érotiques de Chine, p.69.

圖 474　彩墨春宮

Le Palais du printemps:
Peintures érotiques de Chine, p.177.

圖 475　彩墨春宮

*Le Palais du printemps:
Peintures érotiques de Chine*, p.202.

圖 476　彩墨春宮

*Le Palais du printemps:
Peintures érotiques de Chine*, p.205.

圖 477　彩墨春宮

*Le Palais du printemps:
Peintures érotiques de Chine*, p.234.

圖 478　彩墨春宮

*Le Palais du printemps:
Peintures érotiques de Chine*, p.237.

圖 479　彩墨春宮

Le Palais du printemps: Peintures érotiques de Chine, p.238.

圖 480　彩墨春宮

網絡下載：https://blog.sina.cn/dpool/blog/s/blog_65c681c70100h55g.html?type=-1

圖 481　彩墨春宮

網絡下載：https://overseas.weibo.com/detail/4342051560750419

圖 482　彩墨春宮

網絡下載：https://blog.sina.cn/dpool/blog/s/
blog_65c681c70100h581.html?type=-1

圖 483　彩墨春宮

網絡下載：https://blog.sina.cn/dpool/blog/s/
blog_65c681c70100h56f.html?type=-1

圖 484　瓷瓶春宮

《中國性史圖鑒》，第 276、277 頁

圖 485　瓷柱春宮

網絡下載：http://bbs.sssc.cn/viewthread.php?
tid=1372992

圖 486　瓷板春宮

網絡下載：https://blog.sina.cn/dpool/blog/s/blog_
65c681c70100h57q.html?type=-1

圖 487　瓷人春宮

網絡下載：
https://tieba.baidu.com/p/24551828

圖 488　木雕春宮

《中國性史圖鑒》，第 269 頁

圖 489　兩女磨鏡圖

L'érotisme chinois, p.34.

圖490 十姊妹

《圖畫日報》第三十八號，清宣統元年八月初九日

原注：「滬上女風，間有閨侶締結金蘭者，謂之十姊妹。實濫觴於粵省，而盛行於順德。順德處女，往往十人結納，焚香誓天，矢志不嫁。父兄出以強迫，則勉歸夫族，草率成禮，抵死不樂為夫抱子。結束縝嚴，有類於防閑強暴，夫婿稍遍顧澤，則拒之惟恐不堅。三日廟見，歸寧父母，輒一去如黃鶴。既歸，所謂十姊妹者必踴躍歡迎，驗其結束，稍覺弛緩，即與為難，痛恨其人等於仇儔。若輩號為長齋繡佛，自完太璞，或謂此中良有難宣之秘密，不得已而出此曖昧之地。固未敢肆意揣測，而其為陋習則已審矣。」

圖491 魔術迷人

《圖畫日報》第三百八十二號，宣統二年八月初七日

原注：「廣東佛山附近西華鄉陳某之妻何氏，素與佛山普君墟西街某庵女尼亞富定結金蘭，並在尼處學得迷夫術。日前返家，遂施其迷夫手段，弄得其夫及家姑、小姑各人，手足不動，癡呆不語，惟終日仰臥而已。經鄉人察知，遂赴其家，將陳妻捆縛，逼令解救。乃陳妻直認係女尼亞富所授，今只能施而不能解。眾人聞言，扭同陳妻偕往該庵找尋亞富，復搜出紙棺、紙人及符咒等件。鄉人遂將女尼鎖住帶回，勒伊解救。否則送官究治，並將該庵拆毀云。」

圖492 好夢難成

《吳友如畫寶·風俗志圖說下》

原注：「粵西陋俗，閨中少女往往金蘭結契，不願樓處成雙。即父母奪而嫁之，彼必百計千方，致郎君於死地。樵滘尾張乙自幼聘百滘村關姓女為妻，前月迎娶到門，參天拜地，送入洞房。詎料新婦見郎君至前，遽執其髮辮，纏扯頭項。以一手猝探下體，緊握前陰，如獅之搏兔者然。張大聲呼救，翁姑聞之撞門而入，婦始釋手。張已口不能言，面色如土，乃急令家人扶出，翌晨猶偃臥不起云。」

圖493 香閨結契

《吳友如畫寶·風俗志圖說上》

原注：「客有粵東來者，言該處有一種陋俗。凡人家小女子自幼結拜姊妹，以十人為率，結拜之後，誓以守貞不字。即父母奪而嫁之，亦必潛自逃回，俟十人者盡得所天而後賦蟲飛而甘同夢。死後同葬一穴，或立一小廟供十人之位於其中，歲修祭祀，責之各家兄弟之子若孫。然此種惡習多出自世家大族，其女子類皆通文墨者。番禺縣出示嚴禁，想賢有司執法如山，或不難挽回風化也。」

圖 494　犯婦苦中尋樂

《圖畫日報》第二號，
清宣統元年七月初三日

圖 495　娶妻逐妻

《時事報館戊申全年畫報》之
《圖畫新聞》卷三，清光緒三十四年正月

圖 496　不肯作嫁

《時事報館戊申全年畫報》之
《圖畫新聞》卷七，清光緒三十四年五月

圖 497　女子畏嫁投水

《時事報館戊申全年畫報》之
《圖畫新聞》卷九，清光緒三十四年七月

圖 498　女書《老同十二月歌》

我 ŋu²¹　在 tso²¹　高 kau⁴⁴　楼 lou⁴¹　眼 ŋoi²¹　泪 la³³　飘 p'iɛu⁴⁴
六 liou²¹　月 ŋy³³　日 na²¹　长 tsiaŋ⁴¹　好 xau³⁵　娶 ɕyɔ⁴⁵　乐 lou³³
邀 u⁵⁵　你 ɕi²¹　休 ɕiou⁴⁴　春 tɕ'yɔ⁴⁴　做 tsɯɛ⁴⁴　事 ɕɔ³³　情 tsioŋ⁴¹
正 tsioŋ⁴⁴　月 ŋy³³　道 siou⁴¹　遥 iou⁴¹　好 xau⁴⁴　欢 xaŋ⁴⁴　乐 lou³³

九 tɕiou³⁵　月 ŋy³³　人 iɛ⁴¹　人 iɛ⁴¹　兴 ɕiɛ⁴⁴　车 tɕ'yɔ⁴⁴　纺 p'aŋ³⁵
一 i⁵⁵　对 liɔ²¹　驾 yŋ⁴⁴　鸯 iaŋ⁴⁴　不 mɔ²¹　成 ɕioŋ⁴⁴　行 xaŋ⁴¹
四 sa²¹　月 ŋy³³　杨 ioŋ⁴¹　梅 mɔŋ⁴¹　真 tɕiɛ⁴⁴　色 suɔ⁵⁵　正 tsioŋ⁴⁴
两 liaŋ²¹　位 ua³³　不 mɔ²¹　陪 pai²¹　心 sai⁴⁴　不 mɔ²¹　欢 xaŋ⁴⁴

想 siaŋ³⁵　着 tɕiou²¹　台 tɕi²¹　身 ɕiɔ⁴⁴　不 mɔ²¹　远 yŋ²¹　啦 tɔi⁴¹
七 ts'a⁵⁵　月 ŋy³³　一 i⁵⁵　齐 tsɛi⁴⁴　休 ɕiou⁴⁴　针 tɕiɛ⁴⁴　线 sɔŋ²¹
叫 tɕiɛu⁴⁴　你 ɕi²¹　到 lau⁴¹　来 lo⁴¹　同 taŋ⁴¹　就 tsiou³³　双 saŋ⁴⁴
二 na³³　月 ŋy³³　时 ɕi⁴¹　来 lo⁴¹　百 pɔ⁵⁵　树 ɕiu³³　发 fo⁵⁵

十 ɕɔ³³　月 ŋy³³　霜 saŋ⁴⁴　风 pai⁴⁴　树 ɕiu³³　落 lɯɛ⁴¹　叶 i³³
不 mɔ²¹　得 lɯ⁵⁵　陪 pai⁴¹　齐 tsa⁴¹　做 tsɯɛ⁴⁴　一 i⁵⁵　针 tɕiɛ⁴⁴
五 ŋ²¹　月 ŋy³³　热 niɛ⁴¹　天 t'ɔi⁴¹　热 niɛ⁴¹　炎 iŋ⁴¹　炎 iŋ⁴¹
钵 pɯ⁵⁵　上 ɕiaŋ⁴⁴　绿 liou⁴¹　兰 loi⁴¹　正 tsioŋ⁴⁴　是 sɔ²¹　香 ɕiaŋ⁴⁴

可 k'ou³⁵　怜 lai⁴¹　两 liaŋ²¹　人 iɛ⁴¹　不 mɔ²¹　得 lɯ⁵⁵　欢 xaŋ⁴⁴
八 po⁵⁵　月 ŋy³³　人 iɛ⁴¹　人 iɛ⁴¹　接 tɕɛ⁴⁴　客 k'ɔ⁵⁵　到 lau⁴¹
你 ɕi²¹　在 tso²¹　楼 lou⁴¹　中 tɕiaŋ⁴⁴　秀 siou⁴¹　色 suɔ⁵⁵　全 tɕyŋ⁴¹
三 soŋ⁴⁴　月 ŋy³³　春 tɕ'yɔ⁴⁴　紧 tɕi⁵⁵　急 tɕi⁵⁵　忙 maŋ⁴¹　忙 maŋ⁴¹

《中國女書集成》，第 443 頁

圖 499　女書原件

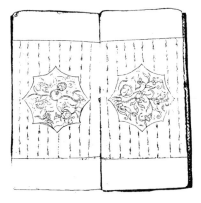

《中國女書集成》，第 882 頁

圖 500　是真怨耦

《時事報館戊申全年畫報》之《圖畫新聞》卷十二，清光緒三十四年十月
原注：「福建惠安府屬西林村，有甲乙二女，同嫁於許地鄉程姓。甲女之夫經商廈門，久不歸家，且素多惡感。乙女之夫貌甚醜陋，亦為怨耦。以是琴瑟乖張，幾無生趣。某日二女相約歸寧，久之翁家遣人速返，不意二女已相約同尋短見。屆期攜手至溪畔，以巾互繞腰際，躍入溪中而斃。」

附錄一　圖名目錄

附錄二 插圖用書目錄

1. *Anthropophyteia*, Deutsche Verlags Aktiengesellschaft, 1909，圖 432。
2. *Archives de l'anthropologie criminelle*，圖 438。〔註1〕
3. 《百美新詠圖傳》，（清‧乾隆）王翽繪，清乾隆間刻本，圖 27、41、316。
4. 《北京白話畫圖日報》，（清末）該報編繪，清末該報石印本，圖 203、249。
5. 《北京歷史地圖集》，侯仁之主編，北京出版社，1988 年版，圖 266。
6. 《北京民間生活彩圖》，（清末）佚名繪，清末彩繪本，圖 175、195。
7. 《北京醒世畫報》，（清末）該報編繪，清末該報石印本，圖 270。
8. 《北洋畫報》，該報編，民國間該報天津鉛印本，圖 248。
9. 《弁而釵》，（明‧崇禎）醉西湖心月主人著，明崇禎間筆耕山房刻本，圖 374、375。
10. 《弁而釵》，圖據明崇禎間筆耕山房刻本影印，圖 90～105。
11. 《博古葉子》，（明末清初）陳洪綬繪，民國二十九年（1940）中國版畫史社影印《中國版畫史圖錄》本，據清順治間刻本影印，圖 23、29、34。
12. 《博笑記》，（明‧萬曆）沈璟著，民國二十一年（1932）上海傳真社影印本，據明天啟三年（1623）茗柯生刻本影印，圖 239。
13. 《陳檢討填詞圖卷》，圖 445。
14. 《陳老蓮離騷圖像》，（明末清初）陳洪綬繪，民國十八年（1929）武進陶湘涉園影印《喜詠軒叢書》本，據明末清初刻本影印，圖 409。

〔註1〕 插圖用書若已見於引書目錄，則只著錄書名和圖號。

15. 《程氏墨苑》，（明·萬曆）程大約編，明萬曆間新都程氏滋蘭堂刻本，圖436。

16. 《大清律例》，（清·乾隆）徐本等修，清乾隆初年武英殿刻本，圖231。

17. 《戴敦邦繪劉心武評金瓶梅人物譜》，戴敦邦繪，劉心武評，作家出版社，2006年版，圖128。

18. 《戴敦邦新繪舊上海百多圖》，戴敦邦繪，浙江人民美術出版社，1989年版，圖423。

19. 《帝鑒圖說》，（明·隆慶—萬曆）張居正，（明·隆慶—萬曆）呂調陽撰，齊魯書社，1996年影印《四庫全書存目叢書》本，據清純忠堂刻本影印，圖32、35、39、54、60。

20. 《點石齋畫報》，（清末）點石齋編繪，臺灣天一出版社，1978年影印本，據清末上海點石齋石印本影印，圖167、200、276、278、287、361、365、419。

21. *Dreams of Spring: Erotic Art in China*（《春夢遺葉：中國春宮藝術》），Ferdinand M. Bertholet（費利），Amsterdam: Pepin Press, 1997，圖469～472。

22. 《讀畫齋偶輯》，（清·嘉慶）鮑廷博等編，清嘉慶間石門顧修讀畫齋刻本，圖370。

23. 《敦煌寶藏》，黃永武主編，臺灣新文豐出版公司，1985年版，圖57。

24. 《二刻拍案驚奇》，（明末）凌濛初著，上海古籍出版社，2002年影印《續修四庫全書》本，據明崇禎五年（1632）尚友堂刻本影印，圖192。

25. 2020年拍攝，圖414、415、416。

26. 2006年自拍，圖273、441。

27. 2005年自拍，圖268、271、272。

28. 《紡棉花》，（清）佚名著，民國初年上海沈鶴記書局石印《北京秘本戲曲圖考》本，圖250。

29. 《費曉樓百美畫譜》，（清·道光）費丹旭繪，學苑出版社，2000年影印本，據民國十五年（1926）上海世界書局石印本影印，圖345。

30. 《風月夢》，（清·道光）邗上蒙人著，清光緒十二年（1886）刻本，圖262。

31. 《風韻情書》，據明萬曆間刻本影印，圖421。

32. 《負曝閒談》，圖257～260。

33.《庚子辛亥忠烈像贊》，馮恕輯，民國間影印本，圖 303。

34.《古本小說版畫圖錄》，首都圖書館編，線裝書局，1996 年版，圖 172 據明崇禎間刻本影印，圖 315 據清順治間刻本影印。

35.《古今名人畫稿》，（清末）錢慧安等繪，清光緒十五年（1889）上海點石齋石印本，圖 346、347。

36.《古聖賢像傳略》，（清·道光）顧沅編，清道光間長洲顧氏刻本，圖 233、410。

37.《官場現形記》，（清·光緒）李伯元著，清末民國間石印本，圖 256。

38.《和松庵存札》，圖 447。

39.《荷花蕩》，（明末）馬佶人著，商務印書館，1954～1955 年影印《古本戲曲叢刊二集》本，據明末刻本影印，圖 237。

40.《紅樓復夢》，（清·嘉慶）小和山樵著，清嘉慶間刻本，圖 394。

41.《紅樓夢》，（清·乾隆）曹雪芹著，（清·乾隆）高鶚續，北京圖書館出版社，2001 年影印本，據清乾隆五十六年（1791）程偉元、高鶚木活字本影印，圖 333。

42.《紅樓夢圖詠》，圖 6、7、8、395。

43.《紅樓夢寫真》，（清·光緒）王釗繪，民國間雲聲雨夢樓石印本，圖 9～13。

44.《紅藕花軒泉品》，（清·道光—咸豐）馬國翰撰，上海古籍出版社，1992 年影印《中國錢幣文獻叢書》本，據清同治間刻本影印，圖 25。

45.《洪秀全演義》，（清·光緒）黃小配著，臺灣廣雅出版有限公司，1984 年版，圖 178。

46.《皇明諸司公案傳》，圖 311、363。

47.《繪圖情史》，（明末）馮夢龍輯評，清宣統元年（1909）北京自強書局石印本，圖 21、364。

48.《繪圖史鑒節要便讀》，（清末）鮑東里等撰，清末鴻寶齋書局石印本，圖 59。

49.《繪圖史鑒節要便讀》，（清末）鮑東里等撰，民國初年文華書局石印本，圖 55。

50.《迦陵填詞圖》，圖 444。

51.《迦陵先生填詞圖》，（清·乾隆）陳淮等編，文物出版社，2014 年影印本，據清乾隆五十九年（1794）商丘陳淮等刻本影印。按：書名據刻本卷

端及翁方綱題簽題，刻本書名頁題為《陳檢討填詞圖》，影印本版權頁題為《陳迦陵填詞圖》。圖 442。

52.《簡析〈紫雲出浴圖〉卷》，房學惠撰，見《東南文化》2006 年第 1 期，圖 403。

53.《芥子園畫譜》，（清·嘉慶）丁臬繪，九州出版社，2002 年影印《中國傳世畫譜》本，據清嘉慶二十三年（1818）刻本影印，圖 3。

54.《金瓶梅》，（明·嘉靖—萬曆）蘭陵笑笑生著，齊魯書社，1989 年版，圖據明崇禎間刻本影印，圖 127、131、132、236、242、244、312、348。

55.《金瓶梅畫集》，曹涵美繪，上海書店出版社，2003 年影印本，據民國三十一年（1942）國民新聞圖書印刷公司鉛印本影印，圖 129、130。

56.《金瓶梅全圖》，（清）佚名繪，內蒙古文化出版社，1999 年版，圖 243、245。

57.《金玉緣圖畫集》，本書即《石頭記新評》，李菊儕，李翰園繪，北京圖書館出版社，2002 年影印本，據民國二～三年（1913～1914）北京黃鍾日報石印本影印，圖 383、388。

58.《京劇史照》，魯青等編，燕山出版社，1990 年版，圖 251、292、295、298、302。

59.《九青圖詠》，圖 369。

60.《舊中國掠影》，陳湧主編，中國畫報出版社，1993 年版，圖 283。

61.《開通畫報》，（清末）該報編繪，清末該報北京石印本，圖 340。

62.《孔門儒教列傳》，（元末明初）佚名撰，上海古籍出版社，1994 年影印《中國古代版畫叢刊二編》本，據明初刻本影印，圖 18。

63.《孔子聖蹟圖》，李炳衛鑒定，民國二十三年（1934）北平民社影印本，據明末清初刻本影印，圖 15、407。

64. *Le Palais du printemps: Peintures érotiques de Chine*(《中國春宮圖》)，James Cahill et al., Paris: Paris musées; Suilly-la-Tour: Editions Findakly, 2006，圖 473～479。

65. *L'érotisme chinois*（《中國春意圖解》），Marc de Smedt, Solar: Productions Liber SA; Fribourg: Genève, 1981，圖 466、467、468、489。

66.《離六堂集》，圖 306。

67.《梨園舊影》，昌平編，上海畫報出版社，2000 年版，圖 274、300。

68.《梨園影事》，圖 293、296、297。

69.《歷代古人像贊》，（明・弘治）朱天然編，中華書局，1959 年影印《中國古代版畫叢刊》本，據明弘治十一年（1498）刻本影印，圖 14、22、24、46、53。

70.《歷代畫像傳》，（清・光緒）丁善長繪，清光緒間刻本，圖 40。

71.《利瑪竇評傳》，（法）裴化行（R. P. Henri Bernard）著，管震湖譯，商務印書館，1993 年版，圖 437。

72.《憐香伴》，（清初）李漁著，清康熙間刻《笠翁十種曲》本，圖 327、328、329。

73.《聊齋誌異圖詠》，（清初）蒲松齡著，清光緒十二年（1886）上海同文書局石印本，圖 193、201、202、205、206、212、214、230。

74.《列史碧血錄》，（清・咸豐）莊仲方撰，清咸豐間木活字暨刻本，圖 36、37。

75.《林蘭香》，（清初）隨緣下士著，清道光二十七年（1847）尋春館刻本，圖 330、331、332。

76.《凌煙圖畫》，（清・咸豐—光緒）曾國荃編，清光緒二十年（1894）石印本，圖 176。

77.《六朝藝術》，江蘇省美術館編，江蘇美術出版社，1997 年版，圖係《列女仁智圖》局部，（東晉）顧愷之繪，（宋）佚名摹，圖 19。

78.《六合內外璅言》，（清・乾隆）屠紳撰，清乾隆嘉慶間刻本，圖 209、210、211、213、219。

79.《六合內外璅言》，（清・乾隆）屠紳撰，清刻本，圖 165、215、218。

80.《龍臥南陽》，吳凌雲等主編，嶺南美術出版社，2014 年版，圖 43。

81.《龍陽逸史》，圖據明崇禎間刻本影印，圖 106～115、117～125、305。

82.《饅頭庵》，圖 392。

83.《滿城漢墓發掘報告》，中國社會科學院考古研究所編，文物出版社，1980 年版，圖 357。

84.《滿清官場百怪錄》，雷瑨編撰，江蘇廣陵古籍刻印社，1992 年影印本，據民國二年（1913）上海掃葉山房石印本影印，圖 156、157、158、191、261。

85.《孟子聖蹟圖》，（清）佚名繪，清道光間長洲顧氏刻本，圖 17。

86.《夢影紅樓：旅順博物館藏全本紅樓夢》，（清末）孫溫，（清末）孫允謨繪，上海古籍出版社，2015 年版，圖 169、334、377、380、381、384、386、389、391、398。

87.《秘戲圖考》（*Erotic Colour Prints of the Ming Period*），（荷）高羅佩（R. H. Van Gulik）編著，據 1951 年高氏日本東京寫印本影印，圖 71、354、355。

88.《民呼日報圖畫》，（清末）該報編繪，清末該報石印本，圖 307、341。

89.《民權畫報》，該報編繪，民國初年該報石印本，圖 204。

90.《明代宦官鐵哥們，同堂共穴 500 年》，吳冰清等撰，見《華西都市報》電子版，2016 年 1 月 26 日，圖 319。

91.《明刻傳奇圖像十種》，陶湘輯，民國十六年（1927）武進陶湘涉園影印《喜詠軒叢書》本，據明刻本影印，圖 135、136、137。

92.《明清同性戀題材繪畫初探》，邵彥撰，見《美術研究》，2012 年第 4 期，圖 72、164、226、318、344、401、404。

93.《末代太監孫耀庭傳》，賈英華著，人民文學出版社，2004 年版，圖 147。

94.《奈何天》，圖據清康熙間金陵翼聖堂刻本影印，圖 322、323。

95.《男王后》，圖 48、51。

96.《孽海花》，（清末民初）曾樸著，上海古籍出版社，2002 年影印《續修四庫全書》本，據民國十七年（1928）、二十年（1931）真美善書局鉛印本影印，圖 253。

97.《拍案驚奇》，（明末）凌濛初著，上海古籍出版社，2002 年影印《續修四庫全書》本，據明崇禎間尚友堂刻本影印，圖 309、310、313。

98.《品花寶鑒》，（清·道光）陳森著，清末民初石印本，圖 225。

99.《品花寶鑒》，卷端題《怡情佚史》，（清·道光）陳森著，清末民國間石印本，圖 221～224、255。

100.《黔山采蘭錄》，（晚清）潛莽六公子撰，晚清稿本，圖 284。

101.《喬影》，圖 400。

102.《欽定書經圖說》，（清·光緒）孫家鼐，（清·光緒）徐郙等纂集，（清·光緒）詹秀林等繪圖，安徽美術出版社，2002 年影印《中國清代宮庭版畫》本，據清光緒三十一年（1905）總理衙門石印本影印，圖 1。

103.《秦漢瓦當文字》，圖 413。

104. 《清代學者象傳》第二集，葉恭綽摹繪，1953 年番禺葉氏影印本，圖 451。

105. 《清代學者象傳》第一集，（清・同治—光緒）葉衍蘭，（清・同治—光緒）黃小泉摹繪；（清・同治—光緒）葉衍蘭編撰，民國十九年（1930）商務印書館上海影印本，圖 162、163、448。

106. 《清史圖典》，故宮博物院編，紫禁城出版社，2002 年版，圖 56、142、143、144、153、160、247、289、294、367、449、450。

107. 《仇英畫集》，（明・嘉靖）仇英繪，天津人民美術出版社，2001 年版，圖 317。

108. 《人間樂》，（明末清初）天花藏主人著，清光緒十九年（1893）石印本，圖 194。

109. 《日夜時辰》，圖 402。

110. 《肉蒲團》，圖 148、149 據清木活字本影印，圖 150 據民國三十二年（1943）寫春園鉛印本影印，圖 151 據清繪本影印。

111. 《儒林外史》，（清・雍正—乾隆）吳敬梓著，民國十三年（1924）上海海左書局石印本，圖 277。

112. 《瑞世良英》，（明・崇禎）金忠，（明・崇禎）車應魁編撰，上海古籍出版社，1994 年影印《中國古代版畫叢刊二編》本，據明崇禎十一年（1638）關中車應魁刻本影印，圖 30。

113. 《三才圖會》，（明・萬曆）王圻纂，（明・萬曆）王思義續纂，齊魯書社，1995 年影印《四庫全書存目叢書》本，據明萬曆三十七年（1609）刻本影印，圖 26、116。

114. 《掃蕩粵逆演義》，（清末）醴泉居士著，清光緒二十三年（1897）上海書局石印本，圖 177、181、182。

115. 《僧尼孽海》，圖據明末刻本影印，圖 356。

116. 《山左金石志》，圖 411。

117. 《社會科學戰綫》，該刊編輯部編，1981 年第 3 期，圖 240。

118. 《申報圖畫》，（清末）該報編繪，清末該報上海石印本，圖 420。

119. 《聖帝寶訓像注》，圖 141、422。

120. 《聖蹟圖》，（明・正統）張楷編，（明・弘治）何廷瑞續編，中華書局，1959 年影印《中國古代版畫叢刊》本，據明弘治十年（1497）刻本影印，圖 20。

121.《聖蹟圖》，（明‧崇禎）孔對寰編，明崇禎二年（1629）刻本，圖 16。

122.《聖廟祀典圖考》，（清‧道光）顧沅編，清道光間長洲顧氏刻本，圖 140。

123.《詩經圖譜慧解》，（清‧康熙）高儕鶴撰繪，清康熙間古吳高氏稿本，圖 366。

124.《十二樓》，（清初）李漁著，清初消閒居刻本，圖 66、359。

125.《十鐘山房印舉》，（清‧咸豐─光緒）陳介祺編，民國十一年（1922）商務印書館上海影印本，據清光緒九年（1883）濰縣陳介祺簠齋鈐印本影印，圖 412。

126.《石點頭》，圖 70。

127.《時事報館戊申全年畫報》，圖 285、495、496、497、500。

128.《四庫館補繪蕭氏離騷圖》，本書即《欽定補繪離騷圖》，（清初）蕭雲從繪，（清‧乾隆）門應兆補繪，民國十九年（1930）武進陶湘涉園影印《喜詠軒叢書》本，據清乾隆間刻本影印，圖 408。

129.《隋煬帝豔史》，圖 58。

130.《太后與我》，圖 454。

131.《太上感應篇圖說》，（清初）許鶴沙纂編，（清初）張錡重編，清同治十一年（1872）刻本，圖 228。

132.《太上感應篇圖說》，（清‧乾隆）朱日豐編，清乾隆間歙南朱日豐刻本，圖 38。

133.《太上感應篇圖說》，（清‧乾隆）黃正元等輯注，清同治八年（1869）刻本，圖 229。

134.《檮杌閒評》，（明末清初）佚名著，清刻本，圖 73、238。

135.《圖畫日報》，圖 146、159、170、173、254、263、264、265、275、279、280、281、308、337、339、350、417、490、491、494。

136.《圖像勸勸錄》，（清‧光緒）朱超然編，清光緒間杭州同善齋善書局刻本，圖 168、220。

137.《晚笑堂畫傳》，（清‧乾隆）上官周撰繪，清乾隆間刻本，圖 2。

138. 網絡下載，圖 358、368、405、480～483、485、486、487。

139.《無雙譜》，圖 33。

140.《吳郡名賢畫像》，（清‧道光）顧沅編，（清‧道光）孔繼堯繪，清末拓本，圖 68、134、290、434、435。

141.《吳騷合編》，圖 138。

142.《吳友如畫寶》，（清‧光緒）吳友如繪，清宣統元年（1909）上海壁園會
　　社石印本，圖 171、199、288、299、320、338、492、493。

143.《小說閒談四種》，阿英著，上海古籍出版社，1985 年版，圖據明天啟間
　　刻本影印，圖 126。

144.《新評繡像紅樓夢全傳》，圖 335、336。

145.《新增百美圖說》，（清）佚名繪，清光緒十三年（1887）上海積山書局石
　　印本，圖 321。

146.《型世言》，（明‧崇禎）陸人龍著，臺灣中央研究院中國文哲研究所，
　　1992 年影印本，據明崇禎間刻本影印，圖 69、139、304。

147.《醒世恒言》，（明末）馮夢龍著，上海古籍出版社，2002 年影印《續修四
　　庫全書》本，據明天啟七年（1627）金閶葉敬池刻本影印，圖 342。

148.《繡榻野史》，圖 133 據明末種德堂刻本影印，圖 371、372 據明末醉眠閣
　　刻本影印。

149.《續紅樓夢》，（清‧嘉慶）秦子忱著，民國十年（1921）上海大成書局石
　　印本，圖 393。

150.《續金瓶梅》，圖據清初刻本影印，圖 349。

151.1999 年自拍，圖 234、235、267、269、439、440、452。

152.《宜春香質》，圖據明崇禎間筆耕山房刻本影印，圖 74～89。

153.《藝苑掇英》，上海人民美術出版社編輯，該社，1982 年 10 月版，圖 155。

154.《蟫史》，（清‧乾隆—嘉慶）屠紳著，清嘉慶間庭梅朱氏刻本，圖 183～
　　190、207、208、216、217。

155.《輿論時事報圖畫》，（清末）該報編繪，清末該報上海石印本，圖 166、
　　174、179、180、196、197、198、282、286、360、362、373、418。

156.《玉荷隱語》，（清‧乾隆）費源制，清乾隆四十五年（1780）召南費氏聽
　　月樓刻本，圖 227。

157.《玉嬌梨》，（明末清初）天花藏主人著，清同安徐管城刻本，圖 324、325。

158.《玉嬌梨》，（明末清初）天花藏主人著，清青雲樓刻本，圖 326。

159.《鴛鴦秘譜》，丁春生編，內蒙古人民出版社，2002 年版，圖 343、353、
　　433、464、465。

160.《越縵堂日記》，圖 145、252、453。

161. 《增刻紅樓夢圖詠》，（清・光緒）王墀繪，清光緒八年（1882）上海點石齋石印本，圖 378、379、396、397。

162. 《增評補圖石頭記》，圖 376。

163. 《增評補像全圖金玉緣》，（清・乾隆）曹雪芹著，（清・乾隆）高鶚續，北京圖書館出版社，2002 年影印《紅樓夢評點本系列》本，據清光緒十五年（1889）滬上石印本影印，圖 382、385、387、390、399。

164. 《摘錦奇音》，（明・萬曆）龔正我輯，上海古籍出版社，2002 年影印《續修四庫全書》本，據明萬曆三十九年（1611）書林張三懷敦睦堂刻本影印，圖 49、50。

165. 《張生煮海》，圖 61。

166. 《張蔭桓日記》，（清・光緒）張蔭桓撰，上海書店出版社，2004 年《近現代名人日記叢刊》本，圖 301。

167. 《昭陽趣史》，（明末）古杭豔豔生著，臺灣大英百科股份有限公司，2000 年《思無邪彙寶》本，圖據明末墨莊主人刻本影印，圖 44。

168. 《鄭板橋全集》，（清・雍正—乾隆）鄭燮著，中州古籍出版社，1992 年影印本，據民國二十四年（1935）上海世界書局影印本影印，圖 154。

169. 《中國敦煌壁畫全集》，段文傑主編，天津人民美術出版社，2001 年版，圖 424。

170. 《中國古代書畫圖目》，圖 443、446。

171. 《中國畫像石全集》，該書編委會編，山東美術出版社、河南美術出版社，2000 年版，圖 42、232、456。

172. 《中國畫像磚全集》，該書編委會編，四川美術出版社，2006 年版，圖 455。

173. 《中國歷代帝王名臣像真蹟》，（清）佚名繪，河北美術出版社，1996 年版，圖 62～65。

174. 《中國歷代名人畫像彙編》，林明哲編，臺灣偉文圖書出版社，1977 年版，圖 28、67。

175. 《中國歷代名人畫像譜》，中國歷史博物館保管部編，海峽文藝出版社，2003 年版，圖 4、152、161、246、291、314。

176. 《中國歷代名人圖鑒》，蘇州大學圖書館編著，上海書畫出版社，1989 年版，圖 31、47、52、241。

177.《中國女書集成》，趙麗明主編，清華大學出版社，1992 年版，圖 498、
　　499。

178.《中國書法全集》，劉正成主編，榮寶齋出版社，1996 年版，圖 5。

179.《中國性史圖鑒》，劉達臨編著，時代文藝出版社，1999 年版，圖 351、
　　352、406、457～460、484、488。

180.《中華各姓祖先像傳集》，北京圖書館編，民族出版社，1999 年版，圖據
　　民國八年（1919）懷德堂木活字暨刻《武城沈氏宗譜》本影印，圖 45。

181.《追尋逝去的音樂蹤跡：圖說中國音樂史》，吳釗著，東方出版社，1999 年
　　版，圖 425～431。

182.《縱橫華夏性史》，劉達臨編著，臺灣性林文化事業股份有限公司，1995 年
　　版，圖 461、462、463。

附錄三 引書目錄

A

1. 《阿拉伯波斯突厥人東方文獻輯注》，（法）費琅（G. Ferrand）輯注，耿鈌等譯，中華書局，1989 年版。

2. 《阿毗達磨俱舍論》，（古印度）世親尊者造，（初唐）釋玄奘譯，金陵刻經處 1956 年刻《玄奘法師譯撰全集》本。

3. 《靄樓逸志》，（清·乾隆—嘉慶）歐蘇撰，清嘉慶三年（1798）刻本。

4. 《愛日齋隨筆》，（清·道光—同治）綿愉撰，清同治十年（1871）寶文齋刻《愛日齋集》本。

5. 《曖昧的姦情——清代乾隆時期男同性性犯罪問題探討》，紀志閎撰，臺灣清華大學歷史研究所碩士論文，2009 年 1 月。

6. 《安持人物瑣憶》，陳巨來著，上海書畫出版社，2019 年版。

7. *Archives de l'anthropologie criminelle*, Paris: Masson et Cie; Lyon: Storck et Cie, 1899.

B

1. 《八旬萬壽盛典》，（清·乾隆）阿桂等編，臺灣商務印書館，1986 年影印文淵閣《四庫全書》本。

2. 《白居易詩集》，（中唐）白居易著，中華書局，2017 年《白居易詩集校注》本。

3. 《白居易文集》，（中唐）白居易著，中華書局，2017 年《白居易文集校注》本。

4. 《白石道人詩集》，（宋）姜夔著，臺灣商務印書館，1986 年影印文淵閣《四庫全書》本。

5. 《白氏長慶集》，（中唐）白居易著，臺灣商務印書館，1986 年影印文淵閣《四庫全書》本。

6. 《白雪遺音》，（清・嘉慶）華廣生編，清道光八年（1828）刻本。

7. 《百戲竹枝詞》，（清・康熙）李振聲著，北京古籍出版社，1997 年《中華竹枝詞》本。

8. 《稗史彙編》，（明・萬曆）王圻編，北京出版社，1993 年影印本，據明萬曆間刻本影印。

9. 《稗說》，（清初）宋起鳳撰，江蘇人民出版社，1982 年版。

10. 《板橋雜記》，（明末清初）余懷撰，上海古籍出版社，2000 年版。

11. 《抱經齋詩集》，（清初）徐嘉炎著，清康熙三十八年（1699）秀水徐氏刻《抱經齋詩文全集》本。

12. 《抱朴子》，（晉）葛洪撰，清嘉慶間蘭陵孫氏刻《平津館叢書》本。

13. 《北江詩話》，（清・乾隆—嘉慶）洪亮吉撰，清光緒三年（1877）陽湖洪氏刻《授經堂重刊遺集》本。

14. 《北京的隱士》，（英）特雷費—羅珀（Hugh Trevor-Roper）著，胡濱、吳乃華譯，齊魯書社，1986 年版。

15. 《北京梨園掌故長編》，張次溪編，中國戲劇出版社，1988 年《清代燕都梨園史料》本。

16. 《北京信札》，（美）康格（Sarah Pike Conger）著，沈春蕾等譯，南京出版社，2006 年版。

17. 《北里志》，（晚唐）孫棨撰，上海古籍出版社，2012 年版。

18. 《北夢瑣言》，（北宋）孫光憲撰，臺灣商務印書館，1986 年影印文淵閣《四庫全書》本。

19. 《北平風俗類徵》，李家瑞編，上海文藝出版社，1985 年影印本，據民國二十六年（1937）商務印書館上海鉛印本影印。

20. 《北平梨園竹枝詞薈編》，張次溪編，中國戲劇出版社，1988 年《清代燕都梨園史料》本。

21. 《北齊書》，（初唐）李百藥撰，中華書局，1972 年版。

22. 《北史》，（初唐）李延壽撰，中華書局，1974 年版。

23. 《本草綱目》，（明・嘉靖—萬曆）李時珍撰，清光緒十一年（1885）合肥張氏味古齋刻本。

24. 《本事詩》，（晚唐）孟棨撰，明崇禎間虞山毛氏汲古閣刻《津逮秘書》本。

25. 《本事詩》，（清・康熙）徐釚編，清乾隆二十二年（1757）桐鄉汪氏刻本。

26. 《逼結金蘭》，民國間廣州五桂堂刻本。

27. 《比目魚》，（清初）李漁著，浙江古籍出版社，1991 年《李漁全集》本。

28. 《畢沅詩集》，（清・乾隆）畢沅著，人民文學出版社，2015 年版。

29. 《敞篋集》，（明・萬曆）袁宏道著，上海古籍出版社，1981 年《袁宏道集箋校》本。

30. 《辟邪紀實》，（清・咸豐—同治）天下第一傷心人輯撰，清同治十年（1871）刻本。

31. 《碧雞漫志》，（南宋）王灼撰，人民文學出版社，2015 年《碧雞漫志校正》本。

32. 《避暑錄話》，（宋）葉夢得撰，臺灣商務印書館，1986 年影印文淵閣《四庫全書》本。

33. 《弁而釵》，（明・崇禎）醉西湖心月主人著，巴蜀書社，1995 年《明代小說輯刊》本。

34. 《別有香》，（明末）桃源醉花主人著，臺灣大英百科股份有限公司，2000 年《思無邪彙寶》本。

35. 《冰鑒齋見聞錄》，（清・道光—咸豐）李熙齡撰，清光緒二十七年（1901）南城李庚乾刻本。

36. 《柏拉圖對話集》，（古希臘）柏拉圖（Platon）著，王太慶譯，商務印書館，2004 年版。

37. 《博物志》，（西晉）張華撰，臺灣商務印書館，1986 年影印文淵閣《四庫全書》本。

38. 《博笑珠璣》，（明）佚名輯，明刻本。

39. 《補紅樓夢》，（清・嘉慶—道光）嫏嬛山樵著，山西古籍出版社，1998 年《紅樓夢叢書全編》本。

40. 《不下帶編》，（清・康熙—乾隆）金埴撰，中華書局，1982 年版。

C

1. 《彩筆情辭》，（明·天啟）張栩編，民國間國立北平圖書館攝影本。

2. 《餐花吟館詞鈔》，（清·乾隆—嘉慶）嚴駿生著，清嘉慶道光間刻本。

3. 《餐櫻廡隨筆》，（清末民初）況周頤撰，山西古籍出版社，1995 年《民國筆記小說大觀》本。

4. 《曹學士遺集》，（清·乾隆）曹仁虎著，清抄本。

5. 《草木子》，（元末明初）葉子奇撰，明葺城林有麟刻本。

6. 《草澤狂歌》，（明·永樂）王恭著，臺灣商務印書館，1986 年影印文淵閣《四庫全書》本。

7. 《草珠一串》，（清·嘉慶）得碩亭著，清刻本。

8. 《冊府元龜》，（北宋）王欽若等編，臺灣商務印書館，1986 年影印文淵閣《四庫全書》本。

9. 《側帽餘譚》，（清·同治—光緒）藝蘭生撰，中國戲劇出版社，1988 年《清代燕都梨園史料》本。

10. 《拆外母屋》，民國間廣州以文堂刻本。

11. 《釵小志》，（晚唐）朱揆撰，明末清初刻《說郛》本。

12. 《禪真逸史》，（明末）方汝浩著，齊魯書社，1998 年版。

13. 《長安看花記》，（清·道光）楊懋建撰，中國戲劇出版社，1988 年《清代燕都梨園史料》本。

14. 《長生殿》，（清·康熙）洪昇著，江蘇古籍出版社，1998 年版。

15. 《巢林筆談》，（清·乾隆）龔煒撰，中華書局，1981 年版。

16. 《巢雲樓存詩》，（清·乾隆—嘉慶）蔣勵宣著，廣西人民出版社，2012 年《六人集》本。

17. 《朝野僉載》，（盛唐）張鷟撰，中華書局，1979 年版。

18. 《潮劇聞見錄》，林淳均著，中山大學出版社，1993 年版。

19. 《陳伯玉文集》，（初唐）陳子昂著，民國八年（1919）商務印書館上海影印《四部叢刊》本，據明弘治四年（1491）楊澄刻本影印。

20. 《陳迦陵儷體文集》，（清初）陳維崧著，清康熙間宜興陳宗石患立堂刻本。

21. 《陳迦陵文集》，（清初）陳維崧著，清康熙間宜興陳宗石患立堂刻本。

22. 《陳檢討填詞圖卷》，（清·嘉慶—道光）郯志潮原抄，民國間江陰繆氏藝

風堂抄本。

23.《陳書》，（初唐）姚思廉撰，中華書局，1972 年版。

24.《陳維崧年譜》，周絢隆編，人民出版社，2012 年版。

25.《陳子高傳》，（明）李詡著，明刻《綠窗女史》本。

26.《成案新編》，（清·道光）律例館編，清道光二十九年（1849）刻本。

27.《成都竹枝詞》，（清·嘉慶）定晉岩樵叟著，四川人民出版社，1982 年
　　《成都竹枝詞》本。

28.《誠意伯文集》，（元末明初）劉基著，臺灣商務印書館，1986 年影印文
　　淵閣《四庫全書》本。

29.《誠齋集》，（南宋）楊萬里著，臺灣商務印書館，1986 年影印文淵閣《四
　　庫全書》本。

30.《癡婆子傳》，（明·嘉靖—萬曆）芙蓉主人著，臺灣大英百科股份有限公
　　司，2000 年《思無邪彙寶》本。

31.《癡人福》，（清）佚名著，中華書局，1991 年影印《古本小說叢刊》本，
　　據清嘉慶十年（1805）雲秀軒刻本影印。

32.《池北偶談》，（清初）王士禛撰，中華書局，1982 年版。

33.《尺牘含芳》，（清·嘉慶）紉裳居士編，清光緒十二年（1886）小岆山館
　　刻本。

34.《尺牘青蓮鈢》，（明·天啟—崇禎）何偉然編，明天啟間刻本。

35.《蟲鳴漫錄》，（清·道光）蟲鳴子撰，清光緒三年（1877）申報館上海鉛
　　印《申報館叢書》本。

36.《重訂解人頤廣集》，（清）胡澹庵定本，（清·乾隆）錢德蒼重訂，清乾隆
　　五十年（1785）金陵三德堂刻本。

37.《重刊補注洗冤錄集證》，（南宋）宋慈撰，（清·乾隆—嘉慶）王又槐增
　　輯，（清·乾隆—嘉慶）李觀瀾補輯，（清·嘉慶—道光）阮其新補注，清
　　道光二十四年（1844）刻本。

38.《重修咸陽縣志》，劉安國修；吳廷錫，馮光裕纂，民國二十一年（1932）
　　鉛印本。

39.《重陽立教十五論》，（金）王嘉撰，民國十二至十五年（1923～1926）商
　　務印書館上海影印《道藏》本，據明正統間刻本影印。

40.《籌海圖編》，（明·嘉靖）胡宗憲撰，臺灣商務印書館，1986 年影印文淵

閣《四庫全書》本。

41.《初僚詞》，（北宋）王安中著，臺灣商務印書館，1986年影印文淵閣《四庫全書》本。

42.《初真戒律》，（明末清初）王長月編撰，清光緒三十二年（1906）成都二仙庵刻《道藏輯要》本。

43.《處實堂集》，（明·嘉靖—萬曆）張鳳翼著，齊魯書社，1997年影印《四庫全書存目叢書》本，據明萬曆間刻本影印

44.《楚辭章句》，（西漢）劉向編，（東漢）王逸章句，上海古籍出版社，2017年版。

45.《褚氏遺書》，（南齊）褚澄撰（舊題），臺灣商務印書館，1986年影印文淵閣《四庫全書》本。

46.《傳家寶》，（清初）石成金撰輯，天津社會科學院出版社，1992年版。

47.《傳奇品》，（清初）高奕撰，清宣統二年（1910）貴池劉氏暖紅室刻《彙刻傳奇》本。

48.《吹簫憶友》，民國間廣州以文堂刻本。

49.《春草堂集》，（清·嘉慶—道光）謝堃著，清道光二十年（1840）刻二十五年（1845）印本。

50.《春燈謎彙纂》，（清·同治—光緒）佚名編，人民日報出版社，1991年《中華謎書集成》本。

51.《春燈鬧》，（清初）檇李煙水散人著，臺灣大英百科股份有限公司，2000年《思無邪彙寶》本。

52.《春浮園偶錄》，（明末）蕭士瑋著，清光緒十八年（1892）西昌蕭氏開餘軒刻《春浮園集》本。

53.《春明退朝錄》，（北宋）宋敏求撰，中華書局，1980年版。

54.《春秋繁露》，（西漢）董仲舒撰，河南大學出版社，2009年版。

55.《春融堂集》，（清·乾隆）王昶著，上海古籍出版社，2002年影印《續修四庫全書》本，據清嘉慶十二年（1807）塾南書舍刻本影印。

56.《春遊瑣談》，張伯駒等著，南開大學出版社，2018年版。

57.《蓴鄉贅筆》，（清初）董含撰，清康熙間刻《說鈴》本。

58.《詞林摘豔》，（明·嘉靖）張祿編，上海古籍出版社，2002年影印《續修四庫全書》本，據明嘉靖四年（1525）刻本影印。

59. 《詞品》，（明·正德—嘉靖）楊慎撰，清乾隆嘉慶間綿州李氏刻《函海》本。

60. 《慈禧傳信錄》，（清末民初）沃丘仲子（費行簡）撰，團結出版社，1999年《清宮秘史》本。

61. 《次柳氏舊聞》，（中唐）李德裕撰，臺灣商務印書館，1986年影印文淵閣《四庫全書》本。

62. 《從酷兒空間到教育空間》，何春蕤編，臺灣麥田出版股份有限公司，2000年版。

63. 《醋葫蘆》，（明·崇禎）西子湖伏雌教主著，巴蜀書社，1995年《明代小說輯刊》本。

64. 《存審軒詞》，（清·嘉慶—道光）周濟著，清道光三年（1823）荊溪周氏刻本。

D

1. 《韃靼中國史》，（比）魯日滿（Francisco Rogemont）著，何高濟譯，中華書局，2008年版。

2. 《打爛檟》，民國間廣州以文堂刻本。

3. 《打天九歌》，民國間廣州五桂堂刻本。

4. 《打相知》，民國間廣州以文堂刻本。

5. 《大乘阿毗達磨雜集論》，（古印度）安慧菩薩糅，（初唐）釋玄奘譯，日本大正十四年（1925）大正一切經刊行會鉛印《大正新修大藏經》本

6. 《大明春》，（明）程萬里輯，上海古籍出版社，2002年影印《續修四庫全書》本，據明閩建書林金魁刻本影印。

7. 《大明律集解附例》，明太祖敕修，（明·萬曆）舒化等修例，清光緒三十四年（1908）修訂法律館刻本。

8. 《大明律例附解》，（明·嘉靖—萬曆）陳省輯，明萬曆元年（1573）刻本。

9. 《大明天下春》，（明）佚名輯，上海古籍出版社，1993年影印本，據明刻本影印。

10. 《大清律集解附例》，（清初）吳達海等修，清順治間刻本。

11. 《大清律集解附例》，（清初）吳達海等修，清康熙四十五年（1706）刻本。

12. 《大清律集解附例》，（清初）吳達海等修，清康熙六十一年（1722）刻本。

13. 《大清律集解附例》，（清·康熙—雍正）朱軾等修，清雍正間刻本。

14. 《大清律例》,(清・乾隆）徐本等修,清乾隆初年武英殿刻本。

15. 《大清律例》,(清・乾隆）刑部修,清乾隆五十五年（1790）刻本。

16. 《大清律例》,(清・嘉慶）刑部修,清嘉慶間刻本。

17. 《大清律例彙輯便覽》,(清・同治）湖北讞局編,清同治十一年（1872）湖北讞局刻本。

18. 《大清律例會通新纂》,(清・康熙）沈之奇原注,(清・嘉慶—道光）金瑞封增輯,清道光間錢塘楊本仁刻本。

19. 《大清律例通考》,(清・乾隆）吳壇撰,中國政法大學出版社,1992 年《大清律例通考校注》本。

20. 《大清律例刑案彙纂集成》,(清・康熙）沈之奇原注,(清・道光）姚潤重輯,(清・道光）胡璋增修,清道光間刻本。

21. 《大清律例增修統纂集成》,(清・康熙）沈之奇原注,(清・道光）姚潤重輯,清道光九年（1829）刻本。

22. 《大清律例知源》,(清・嘉慶）潘雲編,清抄本。

23. 《大清律續纂條例》,(清・乾隆）允祿等纂,清乾隆間刻本。

24. 《大清現行刑律案語》,(清末）沈家本等編撰,清宣統元年（1909）法律館鉛印本。

25. 《大清刑律草案》,(清末）沈家本等編撰,清光緒三十三年（1907）法律館鉛印本。

26. 《大學或問》,(南宋）朱熹撰,上海古籍出版社,2001 年《四書或問》本。

27. 《丹鉛總錄》,(明・正德—嘉靖）楊慎撰,浙江古籍出版社,2013 年《丹鉛總錄箋證》本。

28. 《丹午筆記》,(清・乾隆）顧公燮撰,江蘇古籍出版社,1985 年版。

29. 《丹淵集》,(北宋）文同著,臺灣商務印書館,1986 年影印文淵閣《四庫全書》本。

30. 《澹軒集》,(南宋）李呂著,臺灣商務印書館,1986 年影印文淵閣《四庫全書》本。

31. 《道咸宦海見聞錄》,(清・道光—光緒）張集馨撰,中華書局,1981 年版。

32. 《道咸以來朝野雜記》,(清末民初）崇彝撰,北京古籍出版社,1982 年版。

33.《道咸以來梨園繫年小錄》，周明泰編，民國二十一年（1932）鉛印本。

34.《道縣志》，道縣縣志編纂委員會編，中國社會出版社，1994 年版。

35.《德意志刑法》，（清末）修訂法律館譯，清光緒三十三年（1907）法律館鉛印本。

36.《燈謎集腋》，（清·光緒）張玉森輯，人民日報出版社，1991 年《中華謎書集成·百二十家謎語》本。

37.《燈社嬉春集》，（清·咸豐—光緒）楊恩壽編制，人民日報出版社，1991 年《中華謎書集成》本。

38.《迪吉錄》，（明末）顏茂猷編撰，明末刻本。

39.《滌罪正規》，（意）艾儒略（Giulio Aleni）撰，清刻本。

40.《地理辨證補義》，（清·嘉慶）尹有本補義，清嘉慶間刻《四秘全書》本。

41.《棣華仙館謎稿》，（清·同治—光緒）周殿修制，人民日報出版社，1991 年《中華謎書集成·鷺江燈謎合刻》本。

42.《典故紀聞》，（明·萬曆）余繼登撰，中華書局，1981 年版。

43.《雕丘雜錄》，（清初）梁清遠撰，清康熙二十一年（1682）真定梁允桓刻本。

44.《丁年玉筍志》，（清·道光）楊懋建撰，中國戲劇出版社，1988 年《清代燕都梨園史料》本。

45.《丁戊之間行卷》，（清末民初）易順鼎著，清光緒五年（1879）龍陽易氏貴陽刻《琴志樓叢書》本。

46.《丁辛老屋集》，（清·乾隆）王又曾著，清乾隆四十一年（1776）新安曹氏刻本。

47.《定例成案合鈔》，（清·康熙）孫丹書編，清康熙間刻本。

48.《定山堂詩集》，（明末清初）龔鼎孳著，民國十三年（1924）淮南龔氏瞻麓齋刻本。

49.《定山堂詩餘》，（明末清初）龔鼎孳著，民國十三年（1924）淮南龔氏瞻麓齋刻本。

50.《定思小記》，（明末清初）劉尚有撰，民國二十三年（1934）聖澤園影印《明季史料叢書》本。

51.《東京夢華錄》，（南宋）孟元老撰，中華書局，2006 年《東京夢華錄箋注》本。

52. 《東坡詞》，（北宋）蘇軾著，臺灣商務印書館，1986 年影印文淵閣《四庫全書》本。

53. 《東坡詩集注》，（北宋）蘇軾著，臺灣商務印書館，1986 年影印文淵閣《四庫全書》本。

54. 《東坡志林》，（北宋）蘇軾撰，臺灣商務印書館，1986 年影印文淵閣《四庫全書》本。

55. 《東山詞》，（北宋）賀鑄著，北京圖書館出版社，2004 年影印《中華再造善本》本，據宋刻本影印。

56. 《東堂詞》，（北宋）毛滂著，臺灣商務印書館，1986 年影印文淵閣《四庫全書》本。

57. 《東西洋考》，（明·萬曆）張燮撰，清光緒二十二年（1896）長沙刻《惜陰軒叢書》本。

58. 《東軒筆錄》，（北宋）魏泰撰，臺灣商務印書館，1986 年影印文淵閣《四庫全書》本。

59. 《冬心先生畫竹題記》，（清·雍正—乾隆）金農撰，民國十七年（1928）神州國光社上海鉛印《美術叢書》本。

60. 《冬心先生自度曲》，（清·雍正—乾隆）金農著，清乾隆間刻本。

61. 《豆棚閒話》，（明末清初）艾衲居士著，人民文學出版社，1984 年版。

62. 《都城紀勝》，（南宋）灌圃耐得翁撰，臺灣商務印書館，1986 年影印文淵閣《四庫全書》本。

63. 《都公譚纂》，（明·正德）都穆撰，民國二十六年（1937）商務印書館長沙鉛印《叢書集成初編》本。

64. 《都門紀略》，（清·道光）楊靜亭撰，清道光間刻本。

65. 《都門識小錄》，（清末）蔣芷儕撰，巴蜀書社，1993 年影印《中國野史集成》本，據民國間成都昌福公司鉛印《滿清野史》本影印。

66. 《都門竹枝詞》，（清·嘉慶）佚名著，民國間抄本。

67. 《讀例存疑》，（清·光緒）薛允升撰，清光緒三十一年（1905）北京刻本。

68. 《讀通鑑論》，（明末清初）王夫之撰，清同治四年（1865）湘鄉曾氏金陵節署刻本。

69. 《賭棋山莊筆記》，（清·咸豐—光緒）謝章鋌撰，清光緒間刻本。

70. 《賭棋山莊詞話》，（清·咸豐—光緒）謝章鋌撰，清光緒十年（1884）刻

《賭棋山莊所著書》本。

71.《杜陽雜編》，（晚唐）蘇鶚撰，清嘉慶十年（1805）虞山張氏曠照閣刻《學
　　津討原》本。

72.《斷袖篇》，（清·道光）吳下阿蒙編，清宣統二年（1910）國學扶輪社上
　　海鉛印《香豔叢書》本。

73.《對山集》，（明·正德—嘉靖）康海著，齊魯書社，1997 年影印《四庫全
　　書存目叢書》本，據明嘉靖二十四年（1545）東郡吳夢祺刻本影印。

74.《敦煌變文集》，王重民等編，人民文學出版社，1957 年版。

75.《敦煌歌辭總編》，任半塘（中敏）編著，上海古籍出版社，2006 年版。

76.《敦煌研究》，該刊編，該刊 2000 年版。

77.《盾鼻隨聞錄》，（清·咸豐）樗園退叟撰，巴蜀書社，1993 年影印《中國
　　野史集成》本，據清末民國間鉛印本影印。

E

1.《過淫敦孝編》，（清·雍正）石璜輯撰，民國十九年（1930）柏香書屋刻
　　本。

2. *Encyclopedia of Homosexuality*, Dynes, ed., New York, London: Garland
　　Publishing Inc., 1990.

3.《兒女英雄傳》，（清·道光—同治）文康著，上海古籍出版社，1991 年
　　版。

4.《耳談》，（明·萬曆）王同軌撰，中州古籍出版社，1990 年版。

5.《耳談類增》，（明·萬曆）王同軌撰，中州古籍出版社，1994 年版。

6.《二家詞鈔》，（清·咸豐—光緒）李慈銘，（清末民初）樊增祥著，清光緒
　　二十八年（1902）恩施樊氏刻《樊山全集》本。

7.《二姐逛廟》，（清）佚名編，民國間中華圖書館鉛印《戲考》本。

8.《二刻拍案驚奇》，（明末）凌濛初著，浙江古籍出版社，2010 年版。

9.《二十年目睹之怪現狀》，（清·光緒）吳趼人著，文化藝術出版社，1995
　　年版。

10.《二鄉亭詞》，（清初）宋琬著，齊魯書社，2003 年《宋琬全集》本。

F

1.《法華文句記》，（盛唐）釋湛然撰，清末民初羅迦陵上海鉛印《頻伽精舍

－1589－

校勘大藏經》本。

2.《梵天廬叢錄》，柴萼編撰，民國十四年（1925）石印本。

3.《樊川詩集》，（晚唐）杜牧著，（清‧乾隆──嘉慶）馮集梧注，清嘉慶間刻本。

4.《樊山集》，（清末民初）樊增祥著，清光緒間恩施樊氏刻《樊山全集》本。

5.《樊山集外》，（清末民初）樊增祥著，上海古籍出版社，2004 年《樊樊山詩集》本。

6.《樊山續集》，（清末民初）樊增祥著，清光緒間恩施樊氏刻《樊山全集》本。

7.《反洋教書文揭帖選》，王明倫編，齊魯書社，1984 年版。

8.《反隅書屋謎稿》，（清末）陳子明制，清光緒八年（1882）刻《二十四家隱語》本。

9.《范勳卿詩集》，（明末）范鳳翼著，北京出版社，2000 年影印《四庫禁燬書叢刊》本，據明崇禎間刻本影印。

10.《方舟集》，（南宋）李石著，臺灣商務印書館，1986 年影印文淵閣《四庫全書》本。

11.《芳茂山人詩錄》，（清‧乾隆──嘉慶）孫星衍著，民國八年（1919）商務印書館上海影印《四部叢刊‧孫淵如詩文集》本，據清嘉慶間蘭陵孫氏刻本影印。

12.《訪書見聞錄》，路工著，上海古籍出版社，1985 年版。

13.《紡棉花》，（清）佚名編，民國間中華圖書館鉛印《戲考》本。

14.《粉墨叢談》，（清‧光緒）夢畹生撰，清宣統三年（1911）國學扶輪社上海鉛印《香豔叢書》本。

15.《風流悟》，（清）坐花散人著，中州古籍出版社，1993 年版。

16.《風俗通義》，（東漢）應劭撰，中華書局，2010 年《風俗通義校注》本。

17.《風月夢》，（清‧道光）邗上蒙人著，北京大學出版社，1990 年版。

18.《丰韻情書》，（明末）鄧志謨編，臺灣天一出版社，1985 年影印《明清善本小說叢刊》本。

19.《馮小青──一件影戀之研究》，潘光旦撰，民國十八年（1929）新月書店上海鉛印本。

20.《鳳城品花記》，（清・同治—光緒）香溪漁隱撰，（清・同治—光緒）賦豔詞人，（清・同治—光緒）藝蘭生注，中國戲劇出版社，1988 年《清代燕都梨園史料》本。

21.《鳳山縣志》，岑家文等修，黃文觀等纂，廣西博物館，1958 年油印本。

22.《佛利爾本〈淳化閣帖〉及其系統研究》，何碧琪著，國立臺灣大學藝術史研究所 2006 年版，《美術史研究集刊》第二十期（2006）抽印本。

23.《佛祖統紀》，（南宋）釋志磐撰，日本昭和二年（1927）大正一切經刊行會鉛印《大正新修大藏經》本。

24. *Fonti Ricciane*, Pasquale M. d'Elia, Roma: La Libreriadello Stato, 1942~1949.

25.《芙蓉山館詩鈔》，（清・乾隆—嘉慶）楊芳燦著，上海古籍出版社，2002 年影印《續修四庫全書・芙蓉山館全集》本，據清光緒十七年（1891）活字本影印。

26.《浮生六記》，（清・乾隆—嘉慶）沈復著，清光緒四年（1878）申報館上海鉛印《申報館叢書》本。

27.《福建史稿》，朱維幹著，福建教育出版社，1985 年版。

28.《福建通志》，（清・道光）孫爾準等修，（清・道光）陳壽祺等纂，（清・道光）程祖洛等續修，（清・道光）魏敬中等續纂，清同治七至十年（1868～1871）刻本。

29.《福建戲史錄》，林慶熙等編，福建人民出版社，1983 年版。

30.《負曝閒談》，（清・光緒）歐陽巨源著，清光緒間商務印書館上海鉛印《繡像小說》本。

31.《復堂詞》，（清・同治—光緒）譚獻著，浙江古籍出版社，2012 年《譚獻集》本。

32.《復堂日記補錄》，（清・同治—光緒）譚獻著，民國二十年（1931）鉛印《念劬廬叢刻初編》本。

G

1.《歌代嘯》，（明・嘉靖—萬曆）徐渭著，中華書局，1983 年《徐渭集》本。

2.《格致餘論》，（元）朱震亨撰，清光緒間浙江書局刻民國十二年（1923）北京中醫社重修《醫統正脈全書》本。

3.《亘史鈔》，（明・萬曆）潘之恒輯撰，齊魯書社，1995 年影印《四庫全書

存目叢書》本，據明刻本影印。

4.《艮齋雜說》，（清・康熙）尤侗撰，中華書局，1992 年版。

5.《更生齋詩》，（清・乾隆—嘉慶）洪亮吉著，清嘉慶七年（1802）陽湖洪氏洋川書院刻《洪北江全集》本。

6.《更生齋詩續集》，（清・乾隆—嘉慶）洪亮吉著，清光緒四年（1878）陽湖洪氏刻《授經堂重刊遺集》本。

7.《更生齋詩餘》，（清・乾隆—嘉慶）洪亮吉著，清嘉慶七年（1802）陽湖洪氏洋川書院刻《洪北江全集》本。

8.《庚巳編》，（明・正德—嘉靖）陸粲撰，中華書局，1987 年版。

9.《庚午老人修改本紅樓夢》，吳克岐著，民國間抄本。

10.《攻愧集》，（南宋）樓鑰著，臺灣商務印書館，1986 年影印文淵閣《四庫全書》本。

11.《姑妄言》，（清・雍正）曹去晶著，臺灣成易圖書有限公司，1997 年《思無邪彙寶》本。

12.《姑溪居士後集》，（北宋）李之儀著，清宣統三年（1911）金陵督糧道署刻本。

13.《觚剩》，（清・康熙）鈕琇撰，清康熙間刻本。

14.《古今合璧事類備要》，（南宋）謝維新編，臺灣商務印書館，1986 年影印文淵閣《四庫全書》本。

15.《古今考》，（南宋）魏了翁撰，（宋末元初）方回續，臺灣商務印書館，1986 年影印文淵閣《四庫全書》本。

16.《古今譚概》，（明末）馮夢龍輯評，江蘇古籍出版社，1993 年《馮夢龍全集》本。

17.《古今圖書集成》，（清・康熙—雍正）陳夢雷原編，（清・康熙—雍正）蔣廷錫等校編，民國二十三年（1934）中華書局上海影印本，據清武英殿銅活字本影印。

18.《古今醫案按》，（清・乾隆）俞震編撰，清光緒九年（1883）吳江李齡壽刻光緒二十四年（1898）烏程龐元澄重印本。

19.《古列女傳》，（西漢）劉向編撰，臺灣商務印書館，1986 年影印文淵閣《四庫全書》本。

20.《鼓掌絕塵》，（明末）金木散人著，春風文藝出版社，1985 年版。

21.《穀山筆麈》，（明・萬曆）于慎行撰，中華書局，1984 年版。

22.《故都聞見錄》，瞿兌之撰，山西古籍出版社，1995 年《民國筆記小說大觀》本。

23.《掛枝兒》，（明末）馮夢龍輯評，上海古籍出版社，1987 年《明清民歌時調集》本。

24.《官板律例臨民寶鏡》，（明末）蘇茂相輯，明崇禎間刻本。

25.《官場現形記》，（清・光緒）李伯元著，上海古籍出版社，2005 年版。

26.《管子》，（春秋）管仲等撰，臺灣商務印書館，1986 年影印文淵閣《四庫全書》本。

27.《廣東通志》，（清・道光）阮元等修，（清・道光）陳昌齊等纂，清同治三年（1864）刻本。

28.《廣東文史資料》，中國人民政治協商會議廣東省委員會文史資料研究委員會編，廣東人民出版社，1964 年版。

29.《廣東新語》，（清初）屈大均撰，人民文學出版社，1996 年《屈大均全集》本。

30.《廣陵古竹枝詞》，（明）佚名著，揚州古舊書店，1961 年抄《揚州風土詞萃》本。

31.《廣陵竹枝詞》，（明末）郝璧著，北京古籍出版社，1997 年《中華竹枝詞》本。

32.《廣嗣紀要》，（明・嘉靖）萬全撰，中國中醫藥出版社，1996 年《萬密齋醫學全書》本。

33.《廣雅疏證》，（清・乾隆—嘉慶）王念孫撰，（清・乾隆—嘉慶）王引之述，清光緒五年（1879）定州王灝謙德堂刻《畿輔叢書》本。

34.《廣陽雜記》，（清・康熙）劉獻廷撰，中華書局，1985 年影印《叢書集成初編》本，據民國二十六年（1937）商務印書館上海鉛印《叢書集成初編》本影印。

35.《廣志繹》，（明・萬曆）王士性撰，中華書局，1981 年版。

36.《廣州城內》，（法）伊凡（Melchior Yvan）著，張小貴等譯，廣東人民出版社，2008 年版。

37.《廣州竹枝詞》，胡子晉著，民國間鉛印本。

38.《歸潛志》，（金）劉祁撰，中華書局，1983 年版。

39.《歸求草堂詩集》，（清・乾隆）嚴長明著，上海古籍出版社，2002 年影印《續修四庫全書・嚴東有詩集》本，據民國元年（1912）長沙葉德輝郋園刻本影印。

40.《歸田瑣記》，（清・道光）梁章鉅撰，清道光二十五年（1845）福州梁氏北東園刻本。

41.《閨律》，（清・道光）芙蓉外史撰，清宣統二年（1910）國學扶輪社上海鉛印《香豔叢書》本。

42.《癸巳存稿》，（清・嘉慶—道光）俞正燮撰，商務印書館，1957 年版。

43.《癸巳剩稿》，（清・嘉慶—道光）俞正燮撰，上海古籍出版社，2002 年影印《續修四庫全書》本，據清同治光緒間抄本影印。

44.《癸辛雜識》，（宋末元初）周密撰，中華書局，1988 年版。

45.《桂枝香》，（清・咸豐—光緒）楊恩壽著，清宣統二年（1910）國學扶輪社上海鉛印《香豔叢書》本。

46.《郭青螺六省聽訟錄新民公案》，（明）佚名撰，臺灣天一出版社，1985 年影印《明清善本小說叢刊》本。撰者或為吳遷，明萬曆間人。

47.《國朝詞綜補》，（清・光緒）丁紹儀編，清光緒九年（1883）無錫丁氏刻本。

48.《國風報》，（清・宣統）該報編，清宣統間該報上海鉛印本。

49.《國風詩旨纂解》，郝志達主編，南開大學出版社，1990 年版。

50.《國民日日報彙編》，東大陸圖書譯印局編，清光緒三十三年（1904）該局上海鉛印本。

51.《國榷》，（明末清初）談遷撰，北京古籍出版社，1958 年版。

52.《國色天香》，（明・萬曆）吳敬所編著，時代文藝出版社，2001 年版。

53.《國聞備乘》，（清末）胡思敬撰，重慶出版社，1988 年版。

54.《國語》，（春秋）左丘明編撰（舊題），臺灣商務印書館，1986 年影印文淵閣《四庫全書》本。

55.《過庭錄》，（南宋）范公偁撰，臺灣商務印書館，1986 年影印文淵閣《四庫全書》本。

H

1.《海澄縣志》，（清・乾隆）陳鍈等修，（清・乾隆）葉廷推等纂，清乾隆二十七年（1762）刻本。

2.《海底》，李子峰編撰，北京圖書館出版社，1999 年影印《中國會黨史料集成》本。

3.《海公大紅袍全傳》，（清）佚名著，上海古籍出版社，1993 年版。

4.《海寇記》，（清·康熙）洪若皋撰，清道光十三年（1833）吳江沈氏世楷堂刻《昭代叢書》本。

5.《海陵佚史》，（明末）無遮道人著，臺灣大英百科股份有限公司，2000 年《思無邪彙寶》本。

6.《海門詩選》，（清·乾隆—嘉慶）李符清著，清嘉慶十一年（1806）吳門刻本。

7.《海上冶遊備覽》，（清·光緒）指迷生撰，清光緒九年（1883）寄月軒主刻本。

8.《海棠龕謎稿》，（清末）可亭制，人民日報出版社，1991 年《中華謎書集成·十五家妙契同岑集謎選》本。

9.《海棠譜》，（南宋）陳思編撰，臺灣商務印書館，1986 年影印文淵閣《四庫全書》本。

10.《邗江三百詠》，（清·乾隆—嘉慶）林蘇門著，揚州古舊書店，1961 年抄《揚州風土詞萃》本。

11.《邗江竹枝詞》，（清）佚名著，揚州古舊書店，1961 年抄《揚州風土詞萃》本。

12.《韓非子》，（戰國）韓非撰，上海古籍出版社，2010 年《韓非子校疏》本。

13.《韓詩外傳》，（西漢）韓嬰撰，中華書局，1980 年《韓詩外傳集釋》本。

14.《韓湘子全傳》，（明·萬曆—天啟）楊爾曾編著，上海古籍出版社，1990 年版。

15.《漢代長安詞典》，張永祿主編，陝西人民出版社，1993 年版。

16.《漢口竹枝詞》，（清·道光）葉調元著，湖北人民出版社，1985 年《漢口竹枝詞校注》本。

17.《漢書》，（東漢）班固撰，（初唐）顏師古注，中華書局，1962 年版。

18.《漢武故事》，（東漢）班固撰（舊題），臺灣商務印書館，1986 年影印文淵閣《四庫全書》本。

19.《好逑傳》，（明末清初）名教中人著，廣東人民出版社，1980 年版。

20.《何典》，（清·乾隆—嘉慶）張南莊著，人民文學出版社，1981 年版。

21. 《和松庵存札》，（清初）宋犖存藏，清初稿本。

22. 《河南程氏文集》，（北宋）程顥，（北宋）程頤著，中華書局，2004 年《二程集》本。

23. 《河南程氏遺書》，（北宋）程顥，（北宋）程頤撰，中華書局，2004 年《二程集》本。

24. 《核訂現行刑律》，（清·宣統）憲政編查館撰，清宣統間鉛印本。

25. 《鶴林集》，（南宋）吳泳著，臺灣商務印書館，1986 年影印文淵閣《四庫全書》本。

26. 《鶴嶺山人詩集》，（清初）王澤弘著，齊魯書社，2001 年影印《四庫全書存目叢書補編》本，據清康熙間黃岡王氏刻本影印。

27. 《紅樓復夢》，（清·嘉慶）小和山樵著，山西古籍出版社，1998 年《紅樓夢叢書全編》本。

28. 《紅樓夢》，（清·乾隆）曹雪芹著，（清·乾隆）高鶚續，嶽麓書社，1987 年版。

29. 《紅樓夢本事詩》，（清末民初）崔睷著，民國四年（1915）上海有正書局石印本。

30. 《紅樓夢傳奇》，（清·乾隆—嘉慶）仲雲澗著，清嘉慶四年（1799）刻本。

31. 《紅樓夢傳奇》，（清·嘉慶）石韞玉著，清嘉慶間吳門刻本。

32. 《紅樓夢傳奇》，（清·道光）陳鍾麟著，清道光二十六年（1846）長沙刻本。

33. 《紅樓夢廣義》，（清）青山山農撰，清光緒二十八年（1902）味青齋刻本。

34. 《紅樓夢抉隱》，（清末）洪錫綬撰，民國十四年（1925）鉛印本。

35. 《紅樓夢論贊》，（清·道光）涂瀛撰，清道光二十二年（1842）養餘精舍刻本。

36. 《紅樓夢偶說》，（清·道光）旭艫撰，清光緒二年（1876）簣覆山房刻本。

37. 《紅樓夢全部灘簧》，（清·嘉慶）赧生居士著，江蘇泰州市古舊書店，1960 年代抄本。

38. 《紅樓夢詩》，（清·道光）姜祺著，清道光間刻本。

39. 《紅樓夢釋真》，鄧狂言撰，民國八年（1919）民權出版部鉛印本。

40. 《紅樓夢說唱鼓詞》，傅藍坡著，民國六年（1917）上海校經山房石印本。

41. 《紅樓夢說夢》，（清·嘉慶）蔡家琬撰，清嘉慶十七年（1812）刻本。

42.《紅樓夢索隱》,(清‧乾隆)曹雪芹著,(清‧乾隆)高鶚續,王夢阮、沈瓶庵索隱,北京大學出版社,1989 年版。

43.《紅樓夢圖詠》,(清‧嘉慶—道光)改琦繪,河北美術出版社,1996 年影印本,據清光緒間刻本影印。

44.《紅樓夢雜詠》,(清‧嘉慶—道光)蔣如洵著,清光緒間申報館上海鉛印《申報館叢書》本。

45.《紅樓夢竹枝詞》,(清)盧先駱著,清宣統二年(1910)國學扶輪社上海鉛印《香豔叢書》本。

46.《紅樓人鏡》,(清)譚鐵簫等制,民國七年(1918)上海有正書局鉛印《酒令全篇》本。

47.《紅樓圓夢》,(清‧嘉慶)夢夢先生著,山西古籍出版社,1998 年《紅樓夢叢書全編》本。

48.《洪北江先生年譜》,(清‧嘉慶)呂培等編,清光緒四年(1878)陽湖洪氏刻《授經堂重刊遺集》卷首。

49.《洪門志》,朱琳編撰,北京圖書館出版社,1999 年影印《中國會黨史料集成》本。

50.《洪昇集》,(清‧康熙)洪昇著,浙江古籍出版社,1992 年版。

51.《洪業——清朝開國史》,(美)魏斐德(Frederic Wakeman)著,陳蘇鎮等譯,江蘇人民出版社,2008 年版。

52.《鴻猷錄》,(明‧嘉靖)高岱撰,上海古籍出版社,1992 年版。

53.《侯鯖錄》,(北宋)趙令時撰,中華書局,2002 年版。

54.《後漢書》,(南朝宋)范曄撰,中華書局,1965 年版。

55.《後紅樓夢》,(清)逍遙子著,山西古籍出版社,1998 年《紅樓夢叢書全編》本。

56.《湖海樓全集》,(清初)陳維崧著,清乾隆六十年(1795)商丘陳淮刻本。

57.《湖海樓詩稿》,(清初)陳維崧著,清康熙六十年(1721)宜興陳履端刻本。

58.《湖海樓詩集》,(清初)陳維崧著,清康熙間宜興陳宗石患立堂刻本。

59.《滬上百多談》,(清‧光緒)吳趼人撰,北方文藝出版社,1998 年《吳趼人全集》本。

60. 《花部農譚》，（清·嘉慶）焦循撰，清宣統元年（1909）南陵徐氏刻《懷齒雜俎》本。

61. 《花風令》，（清）邵伯虎原本，（清）藝雲軒訂正，民國七年（1918）上海有正書局鉛印《酒令全篇》本。

62. 《花簾詞》，（清·嘉慶—道光）吳藻著，清道光間刻本。

63. 《花柳易知》，李公彥編撰，印刷工業出版社，2001 年《中華秘本》本。

64. 《花隨人聖盦摭憶》，黃濬撰，上海書店出版社，1998 年影印《民國史料筆記叢刊》本，據該社，1983 年影印民國間鉛印本影印。

65. 《花著龕詩存》，（清·道光—光緒）陳重著，北京圖書館出版社，2006 年《明清遺書五種》本。

66. 《華陽國志》，（東晉）常璩撰，臺灣商務印書館，1986 年影印文淵閣《四庫全書》本。

67. 《滑稽叢話》，（清末民初）陳琰編撰，民國八年（1919）上海大東書局石印本。

68. 《畫舫餘譚》，（清·嘉慶）捧花生撰，清道光六年（1826）刻本。

69. 《畫墁錄》，（北宋）張舜民撰，臺灣商務印書館，1986 年影印文淵閣《四庫全書》本。

70. 《懷芳記》，（清·咸豐—光緒）蘿摩庵老人（喬松年）撰，中國戲劇出版社，1988 年《清代燕都梨園史料》本。

71. 《懷香記》，（明·嘉靖）陸采著，臺灣天一出版社，1983 年影印《全明傳奇》本。

72. 《歡喜冤家》，（明末）西湖漁隱主人著，臺灣大英百科股份有限公司，2000 年《思無邪彙寶》本。

73. 《歡喜緣》，（清末民初）寄儂著，臺灣大英百科股份有限公司，2000 年《思無邪彙寶》本。

74. 《桓子新論》，（東漢）桓譚撰，清光緒間廣雅書局廣州刻《全上古三代秦漢三國六朝文》本。

75. 《宦門子弟錯立身》，（南宋）古杭才人著，民國二十年（1931）古今小品書籍印行會北平鉛印《永樂大典戲文三種》本。

76. 《皇朝經世文編》，（清·嘉慶—道光）賀長齡等編，清道光六年（1826）刻本。

77.《皇明世說新語》，（明‧萬曆）李紹文撰，齊魯書社，1995 年影印《四庫全書存目叢書》本，據明萬曆間刻本影印。

78.《皇明諸司公案傳》，（明‧萬曆）余象斗編，臺灣天一出版社，1985 年影印《明清善本小說叢刊》本，據明萬曆間余象斗三臺館刻本影印。

79.《黃帝素問靈樞經》，民國八年（1919）商務印書館上海影印《四部叢刊》本，據明趙府居敬堂刻本影印。

80.《凰求鳳》，（清初）李漁著，浙江古籍出版社，1991 年《李漁全集》本。

81.《繪芳錄》，（清‧同治—光緒）西泠野樵著，北京大學出版社，1990 年版。

82.《薈蕞編》，（清‧同治—光緒）俞樾編，清光緒七年（1881）申報館上海鉛印《申報館叢書》本。

I

1. *Inverses*, Paris: Société des Amis d'Axieros, 2009.

J

1.《幾禮居雜著》，周明泰撰，周肇良書畫館，1984 年影印手寫本。

2.《幾亭全書》，（明末）陳龍正撰，北京出版社，2000 年影印《四庫禁燬書叢刊》本，據清康熙間雲書閣刻本影印。

3.《磯園稗史》，（明‧正德—嘉靖）孫繼芳撰，西子湖伏雌教主著，民國間商務印書館上海影印《涵芬樓秘笈》本，據舊抄本影印。

4.《雞肋編》，（南宋）莊綽撰，中華書局，1983 年版。

5.《基諾族傳統愛情文化》，杜玉亭著，雲南人民出版社，2008 年版。

6.《躋春臺》，（清‧光緒）劉省三著，江蘇古籍出版社，1993 年版。

7.《急就篇》，（西漢）史游撰，（初唐）顏師古注，（南宋）王應麟補注，清光緒六年（1880）福山王氏刻《天壤閣叢書》本。

8.《集西廂酒籌》，（清‧咸豐—光緒）吳兆麒制，清光緒間刻本。

9.《集韻》，（北宋）丁度等撰，清光緒二年（1876）歸安姚覲元川東官舍刻本。

10.《記聞類編》，（清‧同治—光緒）上海印書局主人編，清光緒三年（1877）上海印書局鉛印本。

11.《迦陵詞全集》，（清初）陳維崧著，清康熙間宜興陳宗石患立堂刻本。

12.《迦陵填詞圖》，（清‧道光）萬貢珍編，（清‧道光）胡萬本摹勒，清道光

二十五年（1845）陽羨萬貢珍石刻拓本。按：書名據佚名題簽題。

13. 《迦陵先生填詞圖》，（清·乾隆）陳淮等編，文物出版社，2014 年影印本，據清乾隆五十九年（1794）商丘陳淮等刻本影印。按：書名據刻本卷端及翁方綱題簽題，刻本書名頁題為《陳檢討填詞圖》，影印本版權頁題為《陳迦陵填詞圖》。

14. 《迦陵先生填詞圖》，（清·乾隆）陳淮等編，清乾隆五十九年（1794）商丘陳淮等刻同年增刻本。

15. 《迦陵先生填詞圖》，（清·乾隆）陳淮等編，清乾隆五十九年（1794）商丘陳淮等刻乾隆五十九至六十年（1794～1795）二次增刻本。

16. 《嘉定先生奏議》，（清·光緒）徐致祥撰，清宣統二年（1910）富陽夏震武京都鉛印《嘉定長白二先生奏議》本。

17. 《嘉禾縣圖志》，雷飛鵬等纂修，臺灣成文出版社，1975 年影印《中國方志叢書》本，據民國二十七年（1938）刻本影印。

18. 《甲申朝事小記》，（清·嘉慶—道光）抱陽生撰，書目文獻出版社，1987 年版。

19. 《稼軒長短句》，（南宋）辛棄疾著，中華書局上海編輯所 1959 年影印本，據元大德三年（1299）刻本影印。

20. 《堅瓠集》，（清·康熙）褚人獲編撰，清康熙間刻本。

21. 《見聞錄》，（清初）徐岳撰，清康熙間刻《說鈴》本。

22. 《見聞隨筆》，（清·同治）齊學裘撰，清同治間刻本。

23. 《見聞瑣錄》，（清·同治—光緒）歐陽昱撰，民國間宜黃歐陽溱刻本。

24. 《見聞雜記》，（明·嘉靖—萬曆）李樂撰，上海古籍出版社，1986 年影印本，據明崇禎間刻本影印。

25. 《見只編》，（明·萬曆）姚士麟撰，民國二十五年（1936）商務印書館上海影印《叢書集成初編》本，據明刻《鹽邑志林》本影印。

26. 《建康實錄》，（盛唐）許嵩撰，上海古籍出版社，1987 年版。

27. 《鑒誡錄》，（五代）何光遠撰，清嘉慶八年（1803）長塘鮑氏刻《知不足齋叢書》本。

28. 《江湖奇聞杜騙新書》，（明·萬曆）張應俞撰，中州古籍出版社，1994 年版。

29. 《江南春夢庵筆記》，（清·咸豐）沈懋良撰，巴蜀書社，1993 年影印《中

國野史集成》本，據清末民國間鉛印本影印。

30.《厤麗情集》，（明・正德—嘉靖）楊慎撰，清乾隆嘉慶間綿州李氏刻《函海》本。

31.《焦氏四書講錄》，（明・萬曆）焦竑撰，上海古籍出版社，2002 年影印《續修四庫全書》本，據明萬曆二十一年（1593）書林鄭望雲刻本影印。

32.《蕉窗十則注解》，（清・康熙）閔鉽注，清光緒二十六年（1900）儀徵吳氏刻《有福讀書堂叢刻》本。

33.《角力記》，（北宋）調露子撰，清光緒十三年（1887）會稽董氏雲瑞樓木活字《琳琅秘室叢書》本。

34.《剿闖通俗小說》，（明末清初）西吳悚道人口授，臺灣天一出版社，1985 年影印《明清善本小說叢刊》本。

35.《教坊記》，（盛唐）崔令欽撰，中華書局，2012 年《教坊記箋訂》本。

36.《鮚軒詩》，（清・乾隆—嘉慶）洪亮吉著，清乾隆六十年（1795）陽湖洪氏貴陽節署刻《洪北江全集》本。

37.《羯鼓錄》，（中唐）南卓撰，上海古籍出版社，1988 年版。

38.《戒庵老人漫筆》，（明・嘉靖—萬曆）李詡撰，中華書局，1982 年版。

39.《戒淫保壽錄》，陳參性編，民國二十一年（1932）南京佛教慈幼院刻本。

40.《戒淫十八律》，（明）趙石麟著，（清）龔潤森評，清咸豐間刻本。

41.《戒淫文輯證》，佚名輯，民國二十二年（1933）上海明善書局石印本。

42.《金壺七墨》，（清・道光—同治）黃鈞宰撰，清同治十二年（1873）刻本。

43.《金匱方歌括》，（清・乾隆—嘉慶）陳念祖撰定，（清・嘉慶—道光）陳元犀韻注，清道光間刻《南雅堂醫書全集》本。

44.《金匱要略論注》，（東漢）張仲景撰，（清・康熙）徐彬注，臺灣商務印書館，1986 年影印文淵閣《四庫全書》本。

45.《金蘭筏》，（清）惜陰堂主人著，三秦出版社，1998 年《中國古代小說珍秘本文庫》本。

46.《金蘭寄書》，民國間廣州醉經堂刻本。

47.《金陵城外新樂府三十首》，（清・咸豐）馬壽齡著，清抄本。

48.《金陵癸甲紀事略》，（清・咸豐）謝介鶴撰，清咸豐七年（1857）刻本。

49.《金陵癸甲新樂府五十首》，（清・咸豐）馬壽齡著，清抄本。

50.《金陵癸甲摭談補》，（清・咸豐）沈儁曦撰，巴蜀書社，1993 年影印《中

國野史集成》本，據民國二十七年（1938）鉛印《太平天國叢書十三種》本影印。

51.《金陵紀事雜詠》，（清·咸豐）吳家楨著，民國二年（1913）掃葉山房上海石印《清人說薈》本。

52.《金陵妓品》，（明·萬曆）潘之恒撰，明末清初刻《說郛續》本。

53.《金陵省難紀略》，（清·咸豐）張汝南撰，巴蜀書社，1993 年影印《中國野史集成》本，據清末民國間鉛印本影印。

54.《金陵瑣事》，（明·萬曆）周暉撰，文學古籍刊行社，1955 年版。

55.《金瓶梅詞話》，（明·嘉靖—萬曆）蘭陵笑笑生著，香港太平書局，1982 年影印本，據明萬曆間刻本影印。

56.《金賽性學報告》，（美）金賽（Alfred Kinsey）著，潘綏銘譯，海南出版社，2007 年版。

57.《金生挑盒》，民國間廣州以文堂刻本。

58.《金史》，（元）脫脫等撰，中華書局，1975 年版。

59.《金臺殘淚記》，（清·道光）張際亮撰，中國戲劇出版社，1988 年《清代燕都梨園史料》本。

60.《金屋小譜》，（清·道光）詠霓居士撰輯，清道光間抄本。

61.《津門雜記》，（清·同治—光緒）張燾撰，天津古籍出版社，1986 年版。

62.《錦城竹枝詞》，（清·嘉慶）楊燮著，（清·嘉慶）三峨樵子注，四川人民出版社，1982 年《成都竹枝詞》本。

63.《錦帆集》，（明·萬曆）袁宏道著，上海古籍出版社，1981 年《袁宏道集箋校》本。

64.《錦繡食齋成道》，以文堂主人杏花氏重訂，民國間廣州以文堂刻本。

65.《近代筆記過眼錄》，徐一士編撰，山西古籍出版社，1996 年《民國筆記小說大觀》本。

66.《近代秘密社會史料》，蕭一山編，民國二十四年（1935）國立北平研究院總辦事處出版課鉛印本。

67.《近思錄》，（南宋）朱熹，（南宋）呂祖謙撰，臺灣商務印書館，1986 年影印文淵閣《四庫全書》本。

68.《晉書》，（初唐）房玄齡等撰，中華書局，1974 年版。

69.《京華百二竹枝詞》，（清·宣統）蘭陵憂患生著，北京古籍出版社，1997

年《中華竹枝詞》本。

70.《京師偶記》，（清‧康熙）柴桑撰，民國十四年（1925）北京廣業書社鉛
　　印《北京歷史風土叢書》本。

71.《經進東坡文集事略》，（北宋）蘇軾著，（南宋）郎曄選注，民國八年（1919）
　　商務印書館上海影印《四部叢刊》本，據宋刻本影印。

72.《精選侉調時尚歌曲》，（清初）張子雲輯，清刻本。

73.《景岳全書》，（明末）張介賓撰，清康熙間刻本。

74.《涇野子內篇》，（明‧正德——嘉靖）呂柟撰，臺灣商務印書館，1986年影
　　印文淵閣《四庫全書》本。

75.《靜嘯齋存草》，（明末）董斯張著，北京出版社，2000年影印《四庫禁燬
　　書叢刊》本，據明崇禎間刻本影印。

76.《靜學文集》，（明初）王叔英著，臺灣商務印書館，1986年影印文淵閣
　　《四庫全書》本。

77.《九青圖詠》，張次溪輯，中國戲劇出版社，1988年《清代燕都梨園史料》
　　本。

78.《九尾龜》，（清末）張春帆著，上海古籍出版社，1994年版。

79.《酒家傭》，（明末）馮夢龍改定，臺灣天一出版社，1983年影印《全明傳
　　奇》本。

80.《舊京遺事》，（明末清初）史玄撰，北京古籍出版社，1986年版。

81.《舊劇叢談》，陳彥衡撰，中國戲劇出版社，1988年《清代燕都梨園史料》
　　本。

82.《舊唐書》，（後晉）劉昫等撰，中華書局，1975年版。

83.《舊五代史》，（北宋）薛居正等撰，中華書局，1976年版。

84.《救狂後語》，（清‧康熙）潘耒輯撰，北京圖書館，1981年複印本，據清
　　康熙間刻本複印。

85.《居士外集》，（北宋）歐陽修著，民國二十五年（1936）中華書局上海鉛
　　印《四部備要‧歐陽文忠全集》本。

86.《居易錄》，（清初）王士禎撰，臺灣商務印書館，1986年影印文淵閣《四
　　庫全書》本。

87.《姁隅集》，（清‧乾隆）趙文哲著，清乾隆五十四年（1789）上海趙氏刻
　　本。

88.《鞠部叢談校補》，（清末民初）羅惇曧撰，（清末民初）李釋龕校補，（清末民初）樊增祥眉批，民國十五年（1926）樊山閣涉園刻本。

89.《鞠部叢譚》，（清末民初）羅惇曧撰，中國戲劇出版社，1988年《清代燕都梨園史料》本。

90.《鞠臺集秀錄》，（清·光緒）佚名撰，中國戲劇出版社，1988年《清代燕都梨園史料》本。

91.《菊部叢譚》，張肖傖撰，民國十五年（1926）上海大東書局鉛印本。

92.《卷施閣詩》，（清·乾隆—嘉慶）洪亮吉著，清乾隆六十年（1795）陽湖洪氏貴陽節署刻嘉慶初年續刻《洪北江全集》本。

93.《卷施閣文》，（清·乾隆—嘉慶）洪亮吉著，清乾隆六十年（1795）陽湖洪氏貴陽節署刻《洪北江全集》本。

94.《絕妙集》，（清·同治—光緒）楊春農編制，人民日報出版社，1991年《中華謎書集成》本。

K

1.《開卷一笑》，（明·嘉靖—萬曆）李贄輯，臺灣天一出版社，1985年影印《明清善本小說叢刊》本。

2.《開元釋教錄》，（盛唐）釋智升撰，臺灣商務印書館，1986年影印文淵閣《四庫全書》本。

3.《開元天寶遺事》，（五代）王仁裕撰，中華書局，2006年版。

4.《開元占經》，（盛唐）瞿曇悉達編撰，嶽麓書社，1994年版。

5.《珂雪詞》，（清初）曹貞吉著，清康熙間刻本。

6.《珂雪齋集》，（明·萬曆）袁中道著，上海古籍出版社，1989年版。

7.《客窗閒話》，（清·道光）吳熾昌撰，中州古籍出版社，1992年版。

8.《孔尚任詩文集》，（清·康熙）孔尚任著，中華書局，1962年版。

9.《恐自逸軒瑣錄》，（清·道光—咸豐）彭昌祚撰，清咸豐三年（1853）刻本。

10.《哭庵賞菊詩》，（清末民初）易順鼎著，中國戲劇出版社，1988年《清代燕都梨園史料》本。

11.《會稽續志》，（南宋）張淏修，清嘉慶十三年（1808）采鞠軒刻本。

12.《會稽志》，（南宋）施宿等修，臺灣商務印書館，1986年影印文淵閣《四庫全書》本。

13. 《快心編》，（清初）天花才子著，人民文學出版社，1992 年版。

14. 《快雪堂集》，（明・萬曆）馮夢楨著，齊魯書社，1997 年影印《四庫全書存目叢書》本，據明萬曆四十四年（1616）刻本影印。

15. 《獪園》，（明・萬曆）錢希言撰，清乾隆間刻本。

16. 《曠園雜志》，（清・康熙）吳陳琰撰，清康熙間刻《說鈴》本。

17. 《窺視紫禁城》，（俄）葉・科瓦列夫斯基（Maksim M. Kovalevsky）著，閻國棟等譯，北京圖書館出版社，2004 年版。

18. 《崑崙酧詠集》，（清末民初）葉德輝著，清光緒三十年（1904）長沙葉氏觀古堂刻民國二十四年（1935）彙印《郋園全書》本。

19. 《崑崙集》，（清末民初）葉德輝等著，清末民初長沙葉氏刻民國二十四年（1935）彙印《郋園全書》本。

20. 《括異志》，（北宋）張師正撰，中華書局，2006 年版。

L

1. 《來果禪師語錄》，釋來果撰述，釋達本等編輯，1952 年鉛印本。

2. 《蘭當詞》，（清・同治—光緒）陶方琦著，清光緒十六年（1890）湖北書局刻本。

3. 《蘭韻堂詩集》，（清・乾隆）沈初著，北京出版社，2000 年影印《四庫未收書輯刊》本，據清乾隆間刻本影印。

4. 《藍山縣圖志》，鄧以權等修，雷飛鵬纂，民國 22 年（1933）藍山縣志局刻本。

5. 《嬾真子》，（南宋）馬永卿撰，臺灣商務印書館，1986 年影印文淵閣《四庫全書》本。

6. 《瑯嬛文集》，（明末清初）張岱著，清光緒三年（1877）刻本。

7. 《浪史》，（明・萬曆）風月軒又玄子著，臺灣大英百科股份有限公司，2000 年《思無邪彙寶》本。

8. 《老女思夫》，民國間廣州以文堂刻本。

9. 《老女自歎》，民國間廣州五桂堂刻本。

10. 《類說》，（南宋）曾慥編，臺灣商務印書館，1986 年影印文淵閣《四庫全書》本。

11. 《冷眼觀》，（清・光緒）王璿卿著，中華書局，1961 年《晚清文學叢鈔》本。

12. 《離六堂集》，（清初）釋大汕著，北京出版社，2000 年影印《四庫禁燬書叢刊》本，據清康熙間懷古樓刻本影印。

13. 《梨園舊話》，吳燾撰，中國戲劇出版社，1988 年《清代燕都梨園史料》本。

14. 《梨園外史》，潘鏡芙，陳墨香著，寶文堂書店，1989 年版。

15. 《梨園軼聞》，許九埜撰，中國戲劇出版社，1988 年《清代燕都梨園史料》本。

16. 《梨園影事》，徐慕雲編，徐筱汀助編，民國二十二年（1933）華東印刷公司鉛印本。

17. 《蘺角閒吟》，（清‧嘉慶—道光）徐睿周著，清光緒五年（1879）刻本。

18. 《禮記》，（東漢）鄭玄注，中華書局，1980 年影印《十三經注疏‧禮記正義》本，據清嘉慶間揚州阮元校刻本影印。

19. 《李賀詩集》，（中唐）李賀著，人民文學出版社，1998 年版。

20. 《李家瑞先生通俗文學論文集》，李家瑞撰，臺灣學生書局，1982 年版。

21. 《李太僕恬致堂集》，（明末）李日華著，北京出版社，2000 年影印《四庫禁燬書叢刊》本，據明崇禎間刻本影印。

22. 《李元賓文編》，（中唐）李觀著，臺灣商務印書館，1986 年影印文淵閣《四庫全書》本。

23. 《李卓吾先生批點四書笑》，（明）開口世人輯，（明）聞道下士評，臺灣天一出版社，1985 年影印《明清善本小說叢刊》本。

24. 《理窟》，（清‧光緒）李杕撰，清光緒十二年（1888）上海土山灣慈母堂鉛印本。

25. 《歷史檔案》，該刊編，該刊 1991 年版。

26. 《立命功過格》，（清‧乾隆）徐心耕等編，清光緒間刻本。

27. 《笠翁詩集》，（清初）李漁著，清雍正八年（1730）芥子園刻《笠翁一家言全集》本。

28. 《笠翁餘集》，（清初）李漁著，清雍正八年（1730）芥子園刻《笠翁一家言全集》本。

29. 《連城璧》，（清初）李漁著，上海古籍出版社，1992 年版。

30. 《憐香伴》，（清初）李漁著，浙江古籍出版社，1991 年《李漁全集》本。

31. 《蓮湖花榜》，（清‧光緒）龍湖居士撰，清光緒二十五年（1899）刻本。

32.《蓮湖集古銅印譜》，（清·乾隆—嘉慶）王穀編，清乾隆間鈐印本。

33.《梁書》，（初唐）姚思廉撰，中華書局，1973 年版。

34.《兩般秋雨盦隨筆》，（清·道光）梁紹壬撰，上海古籍出版社，1982 年版。

35.《兩當軒集》，（清·乾隆）黃景仁著，上海古籍出版社，1983 年版。

36.《兩淮勘亂記》，（清·咸豐—光緒）張瑞墀撰，清宣統元年（1909）江都吳仲鉛印本。

37.《聊齋誌異》，（清·康熙）蒲松齡著，人民文學出版社，1989 年版。

38.《列朝詩集》，（清初）錢謙益編，中華書局，2007 年版。

39.《伶史》，穆辰公撰，民國六年（1917）鉛印本。

40.《靈臺小補》，（清·道光）悟夢子（綿愷）撰，清道光十二年（1832）刻本。

41.《靈巖山人詩集》，（清·乾隆）畢沅著，上海古籍出版社，2002 年影印《續修四庫全書》本，據清嘉慶四年（1800）鎮洋畢氏經訓堂刻本影印。

42.《靈與肉——山東的天主教，1650～1785》，（美）孟德衛（D. E. Mungello）著，潘琳譯，大象出版社，2009 年版。

43.《凌溪先生集》，（明·弘治—正德）朱應登著，齊魯書社，1997 年影印《四庫全書存目叢書》本，據明嘉靖間刻本影印。

44.《凌霄一士隨筆》，徐凌霄，徐一士撰，山西古籍出版社，1997 年《民國筆記小說大觀》本。

45.《嶺南即事雜詠》，（清·光緒）佚名編，清光緒間刻本。

46.《嶺南俗文學簡史》，葉春生著，廣東高等教育出版社，1996 年版。

47.《嶺南逸史》，（清·乾隆）花溪逸士著，清嘉慶間文道堂刻本。

48.《嶺南雜事詩鈔》，（清·咸豐—光緒）陳坤著，清光緒間錢塘陳氏粵東刻本。

49.《嶺雲編》，（清·康熙）徐越編，清康熙間刻本。

50.《劉蕺山集》，（明末）劉宗周著，臺灣商務印書館，1986 年影印文淵閣《四庫全書》本。

51.《劉生覓蓮記》，（明·萬曆）吳敬所著，長江文藝出版社，1993 年版。

52.《留劍山莊初稿》，（清·乾隆）石卓槐著，上海古籍出版社，2010 年影印《清代詩文集彙編》本，據清乾隆四十年（1775）黃梅石氏刻本影印。

53. 《留青日札》,（明‧嘉靖—隆慶）田藝蘅撰,上海古籍出版社,1985 年影印本。

54. 《流寇志》,（明末清初）彭孫貽撰,浙江人民出版社,1983 年版。

55. 《柳弧》,（清‧光緒）丁柔克撰,中華書局,2002 年版。

56. 《柳南隨筆》,（清‧康熙—乾隆）王應奎撰,中華書局,1983 年版。

57. 《柳崖外編》,（清‧乾隆）徐昆撰,吉林大學出版社,1995 年版。

58. 《六臣注文選》,（梁）蕭統編,（初唐）李善等注,民國八年（1919）商務印書館上海影印《四部叢刊》本,據宋刻本影印。

59. 《六一山房詩集》,（清‧咸豐—光緒）董沛著,清同治十三年（1874）刻光緒五年（1879）、十年（1884）續刻本。

60. 《六藝之一錄》,（清‧康熙—乾隆）倪濤編,臺灣商務印書館,1986 年影印文淵閣《四庫全書》本。

61. 《龍巖縣志》,馬龢鳴等修,杜翰生等纂,民國九年（1920）商務印書館上海鉛印本。

62. 《龍陽逸史》,（明‧崇禎）京江醉竹居士著,臺灣大英百科股份有限公司,2000 年《思無邪彙寶》本。

63. 《龍州縣志》,區震漢等修,葉茂莖纂,廣西博物館,1958 年油印本。

64. 《盧武陽集》,（隋）盧思道著,明末婁東張溥刻《漢魏六朝一百三家集》本。

65. 《蘆中集》,（清‧康熙）王摭著,北京出版社,2000 年影印《四庫未收書輯刊》本,據民國五年（1916）錢耀伊抄本影印。

66. 《鹿裘石室集》,（明‧萬曆）梅鼎祚著,北京出版社,2000 年影印《四庫禁燬書叢刊》本,據明天啟三年（1623）玄白堂刻本影印。

67. 《露書》,（明‧萬曆—天啟）姚旅撰,福建人民出版社,2008 年版。

68. 《呂氏春秋》,（戰國）呂不韋編撰,臺灣商務印書館,1986 年影印文淵閣《四庫全書》本。

69. 《呂氏雜記》,（北宋）呂希哲撰,臺灣商務印書館,1986 年影印文淵閣《四庫全書》本。

70. 《呂祖全書》,（清‧康熙）劉體恕匯輯,（清‧乾隆）邵志琳增校,清乾隆四十年（1775）刻本。

71. 《履園叢話》,（清‧乾隆—道光）錢泳撰,中華書局,1979 年版。

72.《綠曉齋集》,(明末)卜舜年著,中華全國圖書館文獻縮微複製中心,2001 年影印《羅氏雪堂藏書遺珍》本,據明末稿本影印。

73.《綠野仙蹤》,(清·乾隆)李百川著,嶽麓書社,1993 年版。

74.《論衡》,(東漢)王充撰,上海古籍出版社,1990 年版。

75.《論人的天性》,(美)威爾遜(E. O. Wilson)著,林和生等譯,貴州人民出版社,1987 年版。

76.《論語》,(春秋)孔丘述,中華書局,1980 年影印《十三經注疏·論語注疏》本,據清嘉慶間揚州阮元校刻本影印。

77.《論語集注》,(南宋)朱熹撰,臺灣商務印書館,1986 年影印文淵閣《四庫全書·四書章句集注》本。

78.《羅定志》,周學仕修,馬呈圖纂,陳樹勳續纂修,民國二十四年(1935)廣州大中工業社鉛印本。

79.《洛陽伽藍記》,(北魏—東魏)楊衒之撰,臺灣商務印書館,1986 年影印文淵閣《四庫全書》本。

M

1.《馬可·波羅遊記》,(意)馬可·波羅(Marco Polo)撰,梁生智譯,中國文史出版社,1998 年版。

2.《埋憂集》,(清·道光)朱梅叔撰,嶽麓書社,1985 年版。

3.《賣草囤》,(清)佚名著,清張聚賢刻本。

4.《饅頭庵》,儷鳳樓主著,民國十二年(1923)上海求石齋書局石印本。

5.《慢亭集》,(明·萬曆)徐熥著,國家圖書館出版社,2013 年影印《原國立北平圖書館甲庫善本叢書》本,據明萬曆二十九年(1601)閩中徐㷒刻本影印。

6.《蠻天影事譜》,(清末民初)易順鼎著,清光緒二十二年(1896)長沙刻《琴志樓叢書》本。

7.《毛詩正義》,(西漢)毛亨傳,(東漢)鄭玄箋,(初唐)孔穎達等疏,中華書局,1980 年影印《十三經注疏》本,據清嘉慶間揚州阮元校刻本影印。

8.《茅亭客話》,(北宋)黃休復撰,臺灣商務印書館,1986 年影印文淵閣《四庫全書》本。

9. 《冒巢民先生年譜》，（清‧光緒）冒廣生編，清光緒間如皋冒廣生刻《如皋冒氏叢書》本。

10. 《眉廬叢話》，（清末民初）況周頤撰，山西古籍出版社，1995 年《民國筆記小說大觀》本。

11. 《梅花草堂筆談》，（明末）張大復撰，嶽麓書社，1991 年版。

12. 《梅窩詞鈔》，（清‧咸豐—同治）陳良玉著，清光緒間刻本。

13. 《梅窩詩鈔》，（清‧咸豐—同治）陳良玉著，清光緒間刻本。

14. 《梅莊詩鈔》，（清‧道光—咸豐）華長卿著，上海古籍出版社，2002 年影印《續修四庫全書》本，據清同治九年（1870）天津華鼎元都門刻本影印。

15. 《渼陂集》，（明‧弘治—嘉靖）王九思著，上海古籍出版社，2002 年影印《續修四庫全書》本，據明嘉靖十二年（1533）王獻等刻二十四年（1545）翁萬達續刻崇禎十三年（1640）張宗孟修補本影印。

16. 《媚幽閣文娛》，（明末）鄭元勳輯，北京出版社，2000 年影印《四庫禁燬書叢刊》本，據明崇禎間刻本影印。

17. 《孟子》，（戰國）孟軻等撰，中華書局，1980 年影印《十三經注疏‧孟子注疏》本，據清嘉慶間揚州阮元校刻本影印。

18. 《夢厂雜著》，（清‧乾隆—嘉慶）俞蛟撰，文化藝術出版社，1988 年版。

19. 《夢華瑣簿》，（清‧道光）楊懋建撰，中國戲劇出版社，1988 年《清代燕都梨園史料》本。

20. 《夢華外錄》，（清‧乾隆—嘉慶）南湖漁者撰，清嘉慶間刻本。

21. 《夢蘭憶友》，民國間廣州以文堂刻本。

22. 《夢梁錄》，（宋末元初）吳自牧撰，臺灣商務印書館，1986 年影印文淵閣《四庫全書》本。

23. 《夢樓詩集》，（清‧乾隆—嘉慶）王文治著，上海古籍出版社，2002 年影印《續修四庫全書》本，據清道光二十九年（1849）丹徒王氏刻本影印。

24. 《謎拾》，（清‧光緒）唐景崧制，人民日報出版社，1991 年《中華謎書集成》本。

25. 《秘殿珠林》，（清‧乾隆）張照等編撰，臺灣商務印書館，1986 年影印文淵閣《四庫全書》本。

26.《秘戲圖考》，（荷）高羅佩（R. H. Van Gulik）著，楊權譯，廣東人民出版社，1992 年版。

27.《密齋筆記》，（南宋）謝采伯撰，臺灣商務印書館，1986 年影印文淵閣《四庫全書》本。

28.《勉行堂詩集》，（清·乾隆）程晉芳著，清嘉慶二十三年（1818）刻本。

29.《妙容打齋附薦》，清末民國間廣州以文堂刻本。

30.《閩都別記》，（清·乾隆—嘉慶）里人何求編著，福建人民出版社，1987 年版。

31.《閩書》，（明·萬曆—崇禎）何喬遠纂，福建人民出版社，1994 年版。

32.《閩俗錄》，（清·道光）陳盛韶撰，清道光間刻本。

33.《閩雜記》，（清·咸豐）施鴻保撰，清光緒四年（1878）申報館上海鉛印《申報館叢書》本。

34.《閩政領要》，（清·乾隆）德福編，（清·乾隆）顏希深續編，清乾隆間刻道光、同治間遞修《武英殿聚珍版書》本。

35.《名醫類案》，（明·嘉靖）江瓘編撰，臺灣商務印書館，1986 年影印文淵閣《四庫全書》本。

36.《名義考》，（明）周祈撰，臺灣商務印書館，1986 年影印文淵閣《四庫全書》本。

37.《明朝破邪集》，（明·崇禎）徐昌治編訂，日本安政二年（1855）刻本。

38.《明皇雜錄》，（晚唐）鄭處誨撰，中華書局，1994 年版。

39.《明季北略》，（明末清初）計六奇撰，中華書局，1984 年版。

40.《明季南略》，（明末清初）計六奇撰，中華書局，1984 年版。

41.《明詩紀事》，（清末）陳田輯撰，上海古籍出版社，1993 年版。

42.《明實錄》，（明）實錄館纂修，臺灣「中央研究院」歷史語言研究所，1962 年影印本，據清初明史館抄本影印。

43.《明史》，（清·康熙—雍正）張廷玉等撰，中華書局，1974 年版。

44.《明僮續錄》，（清·同治）殷春生撰，中國戲劇出版社，1988 年《清代燕都梨園史料·明僮合錄》本。

45.《明文海》，（明末清初）黃宗羲編，臺灣商務印書館，1986 年影印文淵閣《四庫全書》本。

46.《明武宗外紀》，（清初）毛奇齡撰，臺灣廣文書局，1967 年版。

47.《明齋小識》,（清·道光）諸聯撰，清道光間刻本。
48.《明珠記》,（明·嘉靖）陸采著，臺灣天一出版社，1983 年影印《全明傳奇》本。
49.《摩訶僧祇律》,（東晉）佛陀跋陀羅,（東晉）釋法顯譯，日本大正十五年（1926）大正一切經刊行會鉛印《大正新修大藏經》本。
50.《末代皇帝最後一次婚姻解密》，賈英華著，群眾出版社，2001 年版。
51.《陌花軒雜劇》,（明·萬曆）黃方胤著，民國間刻本。
52.《墨莊漫錄》,（宋）張邦基撰，臺灣商務印書館，1986 年影印文淵閣《四庫全書》本。
53.《墨子》,（戰國）墨翟等撰，中華書局，2006 年《墨子校注》本。
54.《母德錄》,（清·咸豐—光緒）袁保恒等撰，清宣統三年（1911）清芬閣鉛印《項城袁氏家集》本。
55.《牡丹亭》,（明·萬曆）湯顯祖著，文學古籍刊行社，1954 年版。

N

1.《奶媽二做偵探》，民國間廣州以文堂刻本。
2.《奈何天》,（清初）李漁著，浙江古籍出版社，1991 年《李漁全集》本。
3.《男王后》,（明·萬曆）王驥德著，民國七年（1918）武進董氏刻《誦芬室叢刊·盛明雜劇》本。
4.《南安縣志》，戴希朱纂,《南安縣志》編纂委員會 1989 年版。
5.《南部新書》,（北宋）錢易撰，中華書局，2002 年版。
6.《南垞詩鈔》,（清·乾隆）張秉彝著，北京出版社，2000 年影印《四庫未收書輯刊》本，據清刻本影印。
7.《南詞敘錄》,（明·嘉靖—萬曆）徐渭撰，民國六年（1917）武進董氏刻《誦芬室叢刊·讀曲叢刊》本。
8.《南渡錄》,（明末清初）李清撰，浙江古籍出版社，1988 年版。
9.《南海文史資料》，中國人民政治協商會議廣東省南海縣委員會編，該委員會 1985 年版。
10.《南海縣志》,（清·道光）潘尚楫等修,（清·道光）鄧士憲等纂，清同治八年（1869）刻本
11.《南海縣志》,（清·宣統）鄭榮等修,（清·宣統）桂坫等纂，清宣統三年（1911）刻本。

12.《南漢記》，（清・道光）吳蘭修撰，廣東高等教育出版社，1993 年版。

13.《南疆逸史》，（清・康熙）溫睿臨撰，中華書局，1959 年版。

14.《南浦秋波錄》，（清・嘉慶—道光）張際亮撰，清刻本。

15.《南齊書》，（梁）蕭子顯撰，中華書局，1972 年版。

16.《南史》，（初唐）李延壽撰，中華書局，1975 年版。

17.《南唐演義全傳》，（清・乾隆）如蓮居士著，清乾隆間刻本。

18.《南泩集》，（清・康熙）彭孫遹著，清乾隆八年（1742）武原彭氏刻本。

19.《南西廂記》，（明・嘉靖）陸采著，山東文藝出版社，1987 年《西廂彙編》
本。

20.《南西廂記》，（明・嘉靖）李日華著，中華書局，2000 年《明清傳奇選刊》
本。

21.《南巡秘記》，（清末民初）許指嚴撰，上海書店出版社，1997 年《民國史
料筆記叢刊》本。

22.《南音三籟》，（明末）凌濛初編，上海古籍書店，1963 年影印本，據明末
刻本影印。

23.《南園漫錄》，（明・正德）張志淳撰，民國三年（1914）刻《雲南叢書》
本。

24.《南州草堂集》，（清初）徐釚著，清康熙間刻本。

25.《難遊錄》，（明末清初）張遴白撰，民國二十三年（1934）聖澤園影印《明
季史料叢書》本。

26.《鬧花叢》，（清初）姑蘇癡情士著，臺灣大英百科股份有限公司，2000 年
《思無邪彙寶》本。

27.《泥雪錄》，（清・道光—光緒）何兆瀛著，清光緒十四年（1888）武林刻
本。

28.《霓裳續譜》，（清・乾隆）王廷紹編，上海古籍出版社，1987 年《明清民
歌時調集》本。

29.《拈花微笑》，（清・光緒）散花使者撰，清光緒三十三年（1907）廣州總
商會報鉛印本。

30.《孽海花》，（清末民初）曾樸著，上海古籍出版社，1991 年版。

31.《孽姻緣》，佚名著，上海振園小說社石印本。

32.《濃情快史》，（清・康熙）嘉禾餐花主人著，臺灣大英百科股份有限公

司，1994 年《思無邪彙寶》本。

33.《女開科傳》，（清·康熙—乾隆）岐山左臣著，春風文藝出版社，1983 年版。

34.《女青鬼律》，民國十二至十五年（1923～1926）商務印書館上海影印《道藏》本，據明正統間刻本影印。

35.《女性文字與女性社會》，宮哲兵著，新疆人民出版社，1995 年版。

36.《暖姝由筆》，（明·嘉靖）徐充撰，清光緒間刻《粟香室叢書》本。

O

1.《甌北詩鈔》，（清·乾隆—嘉慶）趙翼著，民國二十四年（1935）商務印書館上海鉛印《萬有文庫》本。

2.《甌香館集》，（清·康熙）惲格著，清道光二十六年（1846）海昌蔣氏刻《別下齋叢書》本。

3.《歐洲所藏雍正乾隆朝天主教文獻彙編》，吳旻、韓琦編校，上海人民出版社，2008 年版。

P

1.《拍案驚奇》，（明末）凌濛初著，江蘇古籍出版社，1990 年《中國話本大系》本。

2.《番禺縣志》，（清·乾隆）任果等修，（清·乾隆）檀萃等纂，清乾隆三十九年（1774）刻本。

3.《番禺縣志》，（清·同治）李福泰修，（清·同治）史澄等纂，清同治十年（1871）光霽堂刻本。

4.《潘之恒曲話》，（明·萬曆）潘之恒撰，中國戲劇出版社，1988 年版。

5.《沜東樂府》，（明·正德—嘉靖）康海著，上海古籍出版社，2002 年影印《續修四庫全書》本，據明嘉靖三年（1524）武功康浩刻本影印。

6. *Passions of the Cut Sleeve*, Bret Hinsch, Berkeley: University of California Press, 1990.

7.《朋友通信》，張北川主編，非正式出版物。

8.《彭剛直公詩集》，（清·咸豐—光緒）彭玉麟著，清光緒十七年（1891）吳下刻本。

9.《蓬窗類記》，（明·弘治）黃暐撰，民國六年（1917）商務印書館上海鉛

印《涵芬樓秘笈》本。

10.《捧腹集》，（清）郭堯臣著，民國六年（1917）掃葉山房上海石印《娛萱室小品六十種》本。

11.《闢誣編》，（清・同治）佚名撰，清光緒三十年（1904）上海土山灣慈母堂鉛印本。

12.《片羽集》，（清・嘉慶）來青閣主人著，中國戲劇出版社，1988年《清代燕都梨園史料》本。

13.《品花寶鑑》，（清・道光）陳森著，文學古籍刊行社，1987年影印本，據清道光二十八至二十九年（1848～1849）幻中了幻齋刻本影印。

14.《聘梅仙館謎稿》，（清末）匡樹棠制，清光緒八年（1882）刻《二十四家隱語》本。

15.《平鬼傳》，（清・乾隆）雲中道人著，長江文藝出版社，1980年版。

16.《平圃雜記》，（清初）張辰撰，民國二十九年（1940）崑山趙氏、吳縣王氏鉛印《庚辰叢編》本。

17.《平齋文集》，（南宋）洪諮夔著，民國二十三年（1934）商務印書館上海影印《四部叢刊續編》本，據常熟瞿氏鐵琴銅劍樓影宋抄本影印。

18.《瓶史》，（明・萬曆）袁宏道撰，上海古籍出版社，1981年《袁宏道集箋校》本。

19.《萍洲可談》，（北宋）朱彧撰，臺灣商務印書館，1986年影印文淵閣《四庫全書》本。

20.《莆田文史資料》，中國人民政治協商會議福建省莆田縣委員會編，該委員會1982年版。

21.《蒲江詞稿》，（南宋）盧祖皋著，民國六年（1917）歸安朱氏刻《彊村叢書》本。

22.《曝書亭集》，（清初）朱彝尊著，民國八年（1919）商務印書館上海影印《四部叢刊》本，據清康熙五十三年（1714）秀水朱氏刻本影印。

Q

1.《七克》，（西）龐迪我（Jacques de Pantoja）撰，清嘉慶間刻本。

2.《七夕贊花》，民國間廣州以文堂刻本。

3.《七修類稿》，（明・嘉靖）郎瑛纂，清乾隆四十年（1775）耕煙草堂刻本。

4. 《棲霞閣野乘》，孫靜庵撰，山西古籍出版社，1997 年《民國筆記小說大觀》本。

5. 《齊東野語》，（宋末元初）周密撰，臺灣商務印書館，1986 年影印文淵閣《四庫全書》本。

6. 《齊如山回憶錄》，齊如山著，寶文堂書店，1989 年版。

7. 《岐海瑣譚集》，（明·萬曆）姜準輯撰，民國間浙江省永嘉區徵輯鄉先哲遺著委員會鉛印本。

8. 《岐路燈》，（清·乾隆）李綠園著，中州書畫社，1980 年版。

9. 《啟禎野乘》，（明末清初）鄒漪撰，巴蜀書社，1993 年影印《中國野史集成》本，據民國二十五年（1936）故宮博物院圖書館鉛印本影印。

10. 《綺樓重夢》，（清·嘉慶）王蘭沚著，山西古籍出版社，1998 年《紅樓夢叢書全編》本。

11. 《汧國夫人傳》，（中唐）白行簡著，明末清初刻《說郛》本。

12. 《錢塘遺事》，（元）劉一清撰，臺灣商務印書館，1986 年影印文淵閣《四庫全書》本。

13. 《潛夫論》，（東漢）王符撰，上海古籍出版社，1978 年版。

14. 《潛齋簡效方》，（清·咸豐）王士雄編撰，清咸豐三年（1853）刻本。

15. 《喬影》，（清·嘉慶—道光）吳藻著，清道光間刻本。

16. 《樵說》，（清·同治—光緒）王曾祺撰，清光緒十八年（1892）石泉刻本。

17. 《切口大詞典》，吳漢癡主編，上海文藝出版社，1989 年版。

18. 《篋中集》，（盛唐）元結編，臺灣商務印書館，1986 年影印文淵閣《四庫全書》本。

19. 《欽定大清刑律》，（清）沈家本等編，清宣統三年（1911）刻本。

20. 《欽定四庫全書總目》，（清·乾隆）紀昀等撰，中華書局，1997 年版。

21. 《秦漢瓦當文字》，（清·乾隆）程敦撰錄，清乾隆五十二年（1787）橫渠書院刻本。

22. 《秦雲擷英小譜》，（清·乾隆）嚴長明等撰，民國六年（1917）長沙葉氏郋園刻《雙梅景闇叢書》本。

23. 《琴洲詞》，（清·咸豐—同治）黎庶燾著，清光緒十四年（1888）遵義黎庶昌日本使署刻本。

24. 《青樓集》，（元）夏庭芝撰，清末民初長沙葉氏郎園刻《雙梅景闇叢書》本。

25. 《清稗類鈔》，（清末民初）徐珂編，中華書局，1984 年版。

26. 《清波雜志》，（南宋）周煇撰，臺灣商務印書館，1986 年影印文淵閣《四庫全書》本。

27. 《清朝野史大觀》，（清末民初）徐珂編，江蘇廣陵古籍刻印社，1998 年影印本，據民國二十五年（1936）中華書局上海鉛印本影印。

28. 《清代起居注冊·道光朝》，（清·道光）起居注館撰，臺灣《聯合報》文化基金會國學文獻館影印本。

29. 《清代燕都梨園史料》，張次溪編纂，中國戲劇出版社，1988 年版。

30. 《清代野記》，（清末民初）梁溪坐觀老人撰，山西古籍出版社，1996 年《民國筆記小說大觀》本。

31. 《清門考源》，陳一帆撰，民國二十二年（1933）鉛印本。

32. 《清蒙古車王府藏子弟書》，北京市民族古籍整理出版規劃小組輯校，國際文化出版公司，1994 年版。

33. 《清昇平署志略》，王芷章編，民國二十六年（1937）商務印書館上海鉛印本。

34. 《清實錄》，（清）實錄館纂修，中華書局，1985 年影印本，據清實錄館抄本影印。

35. 《清史稿》，清史館撰，民國間清史館稿本。

36. 《清史稿》，趙爾巽等撰，中華書局，1977 年版。

37. 《清史論叢》，中國社會科學院歷史研究所明清史研究室編，中國廣播電視出版社，2004 年版。

38. 《清史論集——慶賀王鍾翰教授九十華誕》，朱誠如主編，紫禁城出版社，2003 年版。

39. 《清廷十三年》，（意）馬國賢（Matteo Ripa）著，李天綱譯，上海古籍出版社，2004 年版。

40. 《清異錄》，（北宋）陶穀撰，臺灣商務印書館，1986 年影印文淵閣《四庫全書》本。

41. 《清尊錄》，（南宋）廉布撰，民國間如皋冒氏刻《楚州叢書第一集》本。

42. 《情史》，（明末）馮夢龍輯評，浙江古籍出版社，1998 年版。

43. 《情天外史》，（清・光緒）佚名撰，中國戲劇出版社，1988 年《清代燕都梨園史料》本。

44. 《秋澗集》，（元）王惲著，臺灣商務印書館，1986 年影印文淵閣《四庫全書》本。

45. 《秋錦山房集》，（清初）李良年著，清乾隆二十四年（1759）桐溪金氏刻本。

46. 《秋審實緩比較成案》，（清・道光──同治）英祥編，清光緒二年（1876）刻本。

47. 《秋水集》，（清初）嚴繩孫著，清康熙間雨青草堂刻本。

48. 《曲海總目提要》，（清・康熙）佚名撰，董康等編校，民國十七年（1928）大東書局上海鉛印本。

49. 《曲律》，（明・萬曆）王驥德撰，民國六年（1917）武進董氏刻《誦芬室叢刊・讀曲叢刊》本。

50. 《全人矩矱》，（清・乾隆）孫念劼編，巴蜀書社，1994 年影印《藏外道書》本，據清道光二十三年（1843）京都許氏刻本影印。

51. 《全史宮詞》，（清・咸豐）史夢蘭著，北京古籍出版社，1987 年《清宮詞》本。

52. 《全唐詩》，（清・康熙）彭定求等編，中華書局，1960 年版。

53. 《全唐詩補逸》，孫望輯錄，陳尚君修訂，中華書局，1999 年《全唐詩》本。

54. 《全唐詩續拾》，陳尚君補輯，中華書局，1999 年《全唐詩》本。

55. 《全唐文》，（清・嘉慶）董誥等編，上海古籍出版社，1990 年影印本，據清嘉慶間兩淮鹽政揚州刻本影印。

56. 《全真清規》，（元）陸道和編，民國十二至十五年（1923～1926）商務印書館上海影印《道藏》本，據明正統間刻本影印。

57. 《泉南雜志》，（明・萬曆）陳懋仁撰，民國二十五年（1936）商務印書館上海鉛印《叢書集成初編》本。

58. 《蜷廬隨筆》，（清末民初）王伯恭撰，民國間無冰閣鉛印本。

59. 《勸誡二十四條》，（清・道光）翁心存撰，清刻本。

60. 《勸善書》，（清）佚名輯，清抄本。書名代擬。

61. 《勸孝戒淫錄》，（清・光緒）吳兆元輯，民國十九年（1930）柏香書屋刻本。

62.《缺齋遺稿》，（清・光緒）傅維森著，民國十一年（1922）鉛印本。

63.《確庵文稿》，（明末清初）陳瑚著，北京出版社，2000 年影印《四庫禁燬書叢刊》本，據清康熙間虞山毛氏汲古閣刻本影印。

64.《群音類選》，（明・萬曆）胡文煥編，中華書局，1980 年影印本，據明虎林胡氏文會堂刻本影印。

65.《群英續集》，（清・同治—光緒）糜月樓主（譚獻）著，中國戲劇出版社，1988 年《清代燕都梨園史料》本。

R

1.《人間樂》，（明末清初）天花藏主人著，中國文聯出版社，2004 年版。

2.《人民司法》，該刊編，該刊 1984 年版。

3.《人譜》，（明末）劉宗周撰，臺灣商務印書館，1986 年影印文淵閣《四庫全書》本。

4.《人譜類記》，（明末）劉宗周輯撰，臺灣商務印書館，1986 年影印文淵閣《四庫全書》本。

5.《仁恕堂筆記》，（清・康熙）黎士弘撰，清道光間刻本。

6.《日本改正刑法》，（日本）西田龍太譯，清光緒三十三年（1907）鉛印本。

7.《日講四書解義》，（清・康熙）喇沙里等編，臺灣商務印書館，1986 年影印文淵閣《四庫全書》本。

8.《日涉園集》，（北宋）李彭著，臺灣商務印書館，1986 年影印文淵閣《四庫全書》本。

9.《日下看花記》，（清・嘉慶）小鐵笛道人撰，中國戲劇出版社，1988 年《清代燕都梨園史料》本。

10.《日夜時辰》，民國間廣州以文堂刻本。

11.《日知錄》，（明末清初）顧炎武撰，花山文藝出版社，1990 年《日知錄集釋》本。

12. *Rituals of Manhood*, Herdt, ed., Berkeley, Los Angeles: University of California Press, 1982.

13.《容齋隨筆》，（南宋）洪邁著，臺灣商務印書館，1986 年影印文淵閣《四庫全書》本。

14.《柔橋文鈔》，（清・同治—光緒）王棻撰，民國三年（1914）上海國光書局鉛印本。

15.《肉蒲團》，（清初）情隱先生（李漁）著，臺灣大英百科股份有限公司，2000 年《思無邪彙寶》本。

16.《如面談二集》，（明·萬曆—天啟）鍾惺編，明刻本。

17.《儒林外史》，（清·雍正—乾隆）吳敬梓著，江蘇古籍出版社，1989 年版。

18.《儒林外史人物本事考略》，何澤翰撰，上海古籍出版社，1985 年版。

19.《阮步兵集》，（魏）阮籍著，明天啟崇禎間刻本。

S

1.《灑灑篇》，（明末）鄧志謨編，臺灣天一出版社，1985 年影印《明清善本小說叢刊》本。

2.《灑雪詞》，（清·嘉慶—道光）姚椿著，臺灣經學文化事業有限公司，2019 年影印《稀見清代四部補編》本，據清抄本影印。

3.《賽花鈴》，（清初）白雲道人著，春風文藝出版社，1994 年版。

4.《三寶太監西洋記通俗演義》，（明·萬曆）羅懋登著，明三山道人刻本。

5.《三朝北盟會編》，（南宋）徐夢莘編撰，上海古籍出版社，2008 年影印本，據清光緒三十四年（1908）清苑許涵度刻本影印。

6.《三楚新錄》，（北宋）周羽翀撰，臺灣商務印書館，1986 年影印文淵閣《四庫全書》本。

7.《三輔黃圖》，（唐）佚名補撰，臺灣商務印書館，1986 年影印文淵閣《四庫全書》本。

8.《三姑回門》，以文堂主人杏花氏重訂，民國間廣州以文堂刻本。

9.《三國演義》，（元末明初）羅貫中著，人民文學出版社，1973 年版。

10.《三國志》，（西晉）陳壽撰，（南朝宋）裴松之注，中華書局，1959 年版。

11.《三江縣志》，魏任重修，姜玉笙纂，臺灣成文出版社，1975 年影印《中國方志叢書》本，據民國三十五年（1946）鉛印本影印。

12.《三十六灣草廬稿》，（清·嘉慶）黃本驥著，清道光間刻《三長物齋叢書》本。

13.《三續金瓶梅》，（清·道光）訥音居士著，中州古籍出版社，1993 年版。

14.《三異筆談》，（清·嘉慶—道光）許元仲撰，清道光間刻本。

15.《三異錄》，（清·嘉慶）感春子輯撰，清嘉慶五年（1800）刻本。

16. 《嗇庵隨筆》，（明末清初）陸文衡撰，清光緒二十三年（1897）吳江陸同
　　壽刻本。

17. 《僧尼孽海》，（明·萬曆—天啟）佚名著，臺灣大英百科股份有限公司，
　　2000 年《思無邪彙寶》本。

18. 《沙彌戒》，（唐五代）佚名寫，臺灣新文豐出版公司，1984 年影印《敦煌
　　寶藏》本。

19. 《沙彌律儀要略》，（明·萬曆）釋袾宏輯解，清光緒十八年（1892）金陵
　　刻經處刻本。

20. 《沙彌律儀要略增注》，（明·萬曆）釋袾宏輯解，（明·崇禎）釋弘贊增注，
　　民國八年（1919）揚州藏經院刻本。

21. 《山椿吟館謎稿》，（清末）俞象觀制，人民日報出版社，1991 年《中華謎
　　書集成·十五家妙契同岑集謎選》本。

22. 《山歌》，（明末）馮夢龍輯評，上海古籍出版社，1987 年《明清民歌時調
　　集》本。

23. 《山西師範大學學報》，該學報編，該學報 2010 年版。

24. 《山左金石志》，（清·乾隆）畢沅，（清·乾隆—嘉慶）阮元編撰，清嘉慶
　　二年（1797）儀徵阮氏小琅嬛仙館刻本。

25. 《刪除律例》，（清·光緒）刑部編，清光緒間鉛印本。

26. 《珊瑚網》，（明末）汪砢玉編撰，臺灣商務印書館，1986 年影印文淵閣
　　《四庫全書》本。

27. 《善惡圖全傳》，（清）佚名著，中央民族大學出版社，1994 年版。

28. 《傷痕》，（清）佚名編，清抄本。

29. 《上清瓊宮靈飛六甲籙》，（□）佚名撰，民國十二至十五年（1923～1926）
　　商務印書館上海影印《道藏》本，據明正統間刻本影印。

30. 《尚絅堂詞集》，（清·乾隆—嘉慶）劉嗣綰著，清道光六年（1826）陽湖
　　劉氏大樹園刻《尚絅堂集》本。

31. 《尚絅堂詩集》，（清·乾隆—嘉慶）劉嗣綰著，清道光六年（1826）陽湖
　　劉氏大樹園刻《尚絅堂集》本。

32. 《尚書》，（初唐）孔穎達等疏，中華書局，1980 年影印《十三經注疏·尚
　　書正義》本，據清嘉慶間揚州阮元校刻本影印。

33. 《少室山房集》，（明·萬曆）胡應麟著，臺灣商務印書館，1986 年影印文

淵閣《四庫全書》本。

34.《少墟集》，（明‧萬曆—天啟）馮從吾著，臺灣商務印書館，1986 年影印文淵閣《四庫全書》本。

35.《申報》，（清末）該報編，清末該報上海鉛印本。

36.《沈下賢文集》，（中唐）沈亞之著，清光緒間長沙葉德輝刻《觀古堂彙刻書》本。

37.《沈隱侯集》，（齊—梁）沈約著，明末婁東張氏刻《漢魏六朝百三名家集》本。

38.《慎獨齋吟剩》，（清‧乾隆）童鳳三著，清道光四年（1824）山陰童氏刻本。

39.《蜃樓志》，（清‧乾隆—嘉慶）庾嶺勞人著，山西人民出版社，1993 年版。

40.《聖朝鼎盛萬年青》，（清）佚名著，北京師範大學出版社，1993 年版。

41.《聖帝寶訓像注》，目錄及版心題《關帝寶訓像注》，（清‧乾隆）佚名編，清乾隆間刻嘉慶二十一年（1816）補刻本。

42.《聖經》，思高聖經學會譯釋，香港思高聖經學會 1968 年版。

43.《詩經》，（春秋）孔丘編，中華書局，2011 年版。

44.《詩經集傳》，（南宋）朱熹撰，臺灣商務印書館，1986 年影印文淵閣《四庫全書》本。

45.《詩品》，（梁）鍾嶸撰，人民文學出版社，2009 年《詩品箋注》本。

46.《十醋記》，（清初）素泯主人編次，（清初）湖上笠翁（李漁）閱定，浙江古籍出版社，1991 年《李漁全集》本。

47.《十二樓》，（清初）李漁著，人民文學出版社，1986 年版。

48.《十二時辰》，民國間廣州以文堂刻本。

49.《十六世紀中國南部行紀》，（英）博克舍（C. R. Boxer）編注，何高濟譯，中華書局，1990 年版。

50.《十思起解心》，以文堂主人杏花氏重訂，民國間廣州以文堂刻本。

51.《十思起解心》，民國間廣州成文堂刻本。

52.《十誦律》，（後秦）弗若多羅，（後秦）鳩摩羅什譯，日本大正十四年（1925）大正一切經刊行會鉛印《大正新修大藏經》本。

53.《十葉野聞》，（清末民初）許指嚴撰，河南大學出版社，1991 年版。

54.《石點頭》，（明末）天然癡叟著，明末金閶葉敬池刻本。

55.《石林燕語》，（南宋）葉夢得撰，臺灣商務印書館，1986 年影印文淵閣《四庫全書》本。

56.《石頭記索隱》，蔡元培撰，浙江教育出版社，1997 年《蔡元培全集》本。

57.《石頭記真諦》，景梅九撰，民國間鉛印本。

58.《石語齋集》，（明·萬曆—天啟）鄒迪光著，齊魯書社，1997 年影印《四庫全書存目叢書》本，據明末刻本影印。

59.《識匡齋全集》，（明末）劉康祉著，北京出版社，2000 年影印《四庫禁燬書叢刊》本，據清順治十一年（1654）古晉馮如京刻本影印。

60.《識小錄》，（明末清初）徐樹丕撰，民國五年（1916）商務印書館上海影印《涵芬樓秘笈》本，據長洲徐氏手稿本影印。

61.《時事報館戊申全年畫報》，（清末）輿論時事報館編繪，清宣統元年（1909）該報上海石印本。

62.《時興送嫁歌文》，（清末民初）閒情居士訂，民國間廣州五桂堂刻本。

63.《實政錄》，（明·萬曆）呂坤撰，上海古籍出版社，2002 年影印《續修四庫全書》本，據明萬曆二十六年（1598）趙文炳刻本影印。

64.《拾遺記》，（前秦）王嘉著，臺灣商務印書館，1986 年影印文淵閣《四庫全書》本。

65.《史記》，（西漢）司馬遷撰，（南朝宋）裴駰集解，中華書局，1959 年版。

66.《始青閣稿》，（明·萬曆—天啟）鄒迪光著，北京出版社，2000 年影印《四庫禁燬書叢刊》本，據明天啟間刻本影印。

67.《士民萬用正宗不求人全編》，（明·萬曆）龍陽子編，明萬曆三十五年（1607）建陽書林余象斗刻本。

68.《世說新語》，（南朝宋）劉義慶撰，（梁）劉孝標注，臺灣商務印書館，1986 年影印文淵閣《四庫全書》本。

69.《世載堂雜憶》，（清末民國間）劉成禺撰，中華書局，1960 年版。

70.《手抄稿本〈迦陵詞〉研究》，白靜著，南開大學 2007 年中國古代文學專業博士論文。

71.《壽世慈航》，（清）常熟顧涇同志氏藏，巴蜀書社，1994 年影印《藏外道書》本，據清蘇州喜鴻堂刻本影印。

72.《受沙彌十戒文及威儀》，（唐五代）佚名寫，臺灣新文豐出版公司，1984

年影印《敦煌寶藏》本。

73.《授經堂重刊遺集》,(清‧乾隆—嘉慶)洪亮吉著,清光緒四年(1878)陽湖洪氏刻本。

74.《書法離鉤》,(明末)潘之淙編撰,臺灣商務印書館,1986年影印文淵閣《四庫全書》本。

75.《書法正傳》,(清初)馮武編撰,臺灣商務印書館,1986年影印文淵閣《四庫全書》本。

76.《書苑菁華》,(南宋)陳思編撰,臺灣商務印書館,1986年影印文淵閣《四庫全書》本。

77.《菽園雜記》,(明‧成化—弘治)陸容撰,中華書局,1985年版。

78.《菽園贅談》,(清‧光緒)邱煒萲撰,清光緒二十三年(1897)海澄邱氏香港鉛印本。

79.《翰寥館集》,(明末)范允臨著,北京出版社,2000年影印《四庫禁燬書叢刊》本,據清初刻本影印。

80.《蜀檮杌》,(北宋)張唐英撰,臺灣商務印書館,1986年影印文淵閣《四庫全書》本。

81.《述古堂文集》,(清‧乾隆—嘉慶)錢兆鵬著,清光緒七年(1881)刻本。

82.《述異記》,(清‧康熙)東軒主人撰,清康熙間刻《說鈴》本。

83.《漱石閒談》,(明‧萬曆)王兆雲撰,齊魯書社,1995年影印《四庫全書存目叢書》本,據清抄本影印。

84.《水曹清暇錄》,(清‧乾隆)汪啟淑撰,清乾隆間刻本。

85.《水滸傳》,(元末)施耐庵,(元末明初)羅貫中著,中華書局,1997年版。

86.《順德文史》,中國人民政治協商會議廣東省順德縣委員會編,該委員會1983、1986年版。

87.《順德縣志》,(清‧咸豐)郭汝誠修,(清‧咸豐)馮奉初等纂,清咸豐三年(1853)刻本。

88.《順德縣志》,順德市地方志編纂委員會編,中華書局,1996年版。

89.《順天時報》,(清末)該報編,鳳凰出版社,2011年影印《京劇歷史文獻彙編》本。

90.《說文解字》,(東漢)許慎撰,清嘉慶九年(1804)陽湖孫星衍刻《平津

館叢書》本。

91.《說文解字注》，（清・乾隆—嘉慶）段玉裁撰，清嘉慶二十年（1815）金壇段玉裁經韻樓刻本。

92.《說苑》，（西漢）劉向編撰，中華書局，1987 年《說苑校證》本。

93.《思辨錄輯要》，（清初）陸世儀撰，（清・康熙）張伯行編，臺灣商務印書館，1986 年影印文淵閣《四庫全書》本。

94.《思伯子堂詩集》，（清・道光）張際亮著，上海古籍出版社，2002 年影印《續修四庫全書》本，據清同治八年（1869）桐城姚濬昌刻本影印。

95.《思無邪小記》，姚靈犀編撰，臺灣獨立作家出版社，2013 年版。

96.《四分戒本如釋》，（明・崇禎）釋弘贊繹釋，民國間刻本。

97.《四分律》，（後秦）佛陀耶舍，（後秦）竺佛念等譯，日本大正十五年（1926）大正一切經刊行會鉛印《大正新修大藏經》本。

98.《四分律比丘戒相表記》，釋弘一編，民國二十四年（1935）上海佛學書局石印本。

99.《四分律刪繁補闕行事鈔》，（初唐）釋道宣撰，日本昭和二年（1927）大正一切經刊行會鉛印《大正新修大藏經》本。

100.《四會縣志》，（清）陳志喆等修，（清）吳大猷纂，清光緒二十二年（1896）刻本。

101.《四友齋叢說》，（明・隆慶—萬曆）何良俊撰，中華書局，1959 年版。

102.《四子韺音》，（清・光緒）章祖泰等制，人民日報出版社，1991 年《中華謎書集成》本。

103.《松窗夢語》，（明・嘉靖—萬曆）張瀚撰，中華書局，1985 年版。

104.《松蔭軒稿》，（清・道光）雪平主人著，清道光間刻本。

105.《淞濱瑣話》，（清・光緒）王韜撰，清光緒十九年（1893）長洲王韜淞隱廬鉛印本。

106.《宋史》，（元）脫脫等撰，中華書局，1977 年版。

107.《宋書》，（齊—梁）沈約撰，中華書局，1974 年版。

108.《搜神記》，（晉）干寶著，中華書局，1979 年版。

109.《涑水記聞》，（北宋）司馬光撰，臺灣商務印書館，1986 年影印文淵閣《四庫全書》本。

110.《隋書》，（初唐）魏徵等撰，中華書局，1973 年版。

111.《隋煬帝豔史》,(明末)齊東野人著,明崇禎間人瑞堂刻本。

112.《隨筆》,齊如山著,臺灣聯經出版事業公司,1979 年《齊如山全集》本。

113.《隨侍溥儀紀實》,李國雄述,王慶祥著,東方出版社,1999 年版。

114.《隨園詩話》,(清·乾隆)袁枚著,人民文學出版社,1982 年版。

115.《隨園軼事》,(清·道光—同治)蔣敦復撰,清末抄本。

116.《歲寒集》,(清末民初)葉德輝著,清末民初長沙葉氏刻民國二十四年
    (1935)彙印《郎園全書》本。

117.《歲時廣記》,(南宋)陳元靚編撰,清光緒間歸安陸氏刻《十萬卷樓叢書》
    本。

118.《縮本增選多寶船》,(清·光緒)點石齋主人增選,清光緒八年(1882)
    點石齋上海石印本。

T

1.《臺灣府志》,(清·乾隆)六十七,(清·乾隆)范咸纂,清乾隆十二年
   (1747)刻本。

2.《臺灣外志》,(清初)江日昇撰,上海古籍出版社,1986 年版。

3.《臺灣竹枝詞》,(清·乾隆)錢琦著,北京古籍出版社,1997 年《中華竹
   枝詞》本。

4.《太函集》,(明·嘉靖—萬曆)汪道昆著,齊魯書社,1997 年影印《四庫
   全書存目叢書》本,據明萬曆間刻本影印。

5.《太和正音譜》,(明初)朱權撰,民國九年(1920)商務印書館上海影印
   《涵芬樓秘笈》本,據明洪武間刻本影印。

6.《太后與我》,(英)巴恪思(Edmund Backhouse)著,王笑歌譯,臺灣 INK
   印刻文學生活雜誌出版有限公司,2011 年版。本書英文原名:*Decadence
   Mandchoue*。

7.《太平廣記》,(北宋)李昉等編,中華書局,1961 年版。

8.《太平寰宇記》,(北宋)樂史撰,臺灣商務印書館,1986 年影印文淵閣
   《四庫全書》本。

9.《太平天國野史》,(清末)佚名撰,凌善清校補,巴蜀書社,1993 年影印
   《中國野史集成》本,據民國十二年(1923)鉛印本影印。

10.《太平天國軼聞》,進步書局編輯所編,巴蜀書社,1993 年影印《中國野
    史集成》本,據民國間進步書局鉛印本影印。

11. 《太平御覽》，（北宋）李昉等編，中華書局，1960 年影印本，據民國二十四年（1935）商務印書館上海影印宋刻本影印。

12. 《太上感應篇集傳》，（清·乾隆）惠棟箋，（清·嘉慶—道光）姚學塽注，（清·同治—光緒）俞樾纘義，巴蜀書社，1994 年影印《藏外道書》本，據清光緒間刻本影印。

13. 《太上感應篇圖說》，（清初）許鶴沙纂編，（清初）張錡重編，清同治十一年（1872）刻本。晉江王武之事。

14. 《太上感應篇圖說》，（清·乾隆）朱日豐編，清乾隆間歙南朱日豐刻本。斷袖之事。

15. 《太上感應篇圖說》，（清·乾隆）黃正元等輯注，清同治八年（1869）刻本。祁天宗之事。

16. 《太霞新奏》，（明末）馮夢龍輯評，民國間影印本，據明末刻本影印。

17. 《曇波》，（清·咸豐）四不頭陀撰，中國戲劇出版社，1988 年《清代燕都梨園史料》本。

18. 《譚瀛八種》，（清·光緒）吳文藻編，清光緒二十二年（1896）上海鴻寶齋石印本。

19. 《檀園集》，（明末）李流芳著，臺灣商務印書館，1986 年影印文淵閣《四庫全書》本。

20. 《坦庵詞》，（南宋）趙師使著，臺灣商務印書館，1986 年影印文淵閣《四庫全書》本。

21. 《湯若望傳》，（德）魏特（Alfons Vath）著，楊丙辰譯，臺灣商務印書館，1960 年版。

22. 《湯顯祖全集》，（明·萬曆）湯顯祖著，北京古籍出版社，1999 年版。

23. 《唐國史補》，（中唐）李肇撰，古典文學出版社，1957 年版。

24. 《唐會要》，（北宋）王溥編撰，上海古籍出版社，1991 年版。

25. 《唐六典》，（盛唐）李林甫等撰，中華書局，2014 年版。

26. 《唐詩酒籌》，（清）佚名製，清刻《巾箱小品》本。

27. 《唐寫本切韻殘卷》，（隋）陸法言撰，民國十年（1921）石印海寧王國維寫本。

28. 《唐音癸籤》，（明末）胡震亨撰，臺灣商務印書館，1986 年影印文淵閣《四庫全書》本。

29. 《唐語林》，（北宋）王讜撰，中華書局，2008 年《唐語林校證》本。

30. 《桃花扇》，（清・康熙）孔尚任著，江蘇古籍出版社，1998 年版。

31. 《桃花豔史》，（清）佚名著，臺灣大英百科股份有限公司，2000 年《思無邪彙寶》本。

32. 《陶庵夢憶》，（明末清初）張岱著，西湖書社，1982 年版。

33. 《檮杌萃編》，（清末民初）誕叟（錢錫寶）著，上海古籍出版社，1997 年版。

34. 《檮杌閒評》，（明末清初）佚名著，齊魯書社，2008 年版。

35. 《藤陰雜記》，（清・乾隆）戴璐撰，北京古籍出版社，1982 年版。

36. *The Chinese Repository*, Canton, 1835, 1840.

37. *The Memory Palace of Matteo Ricci*, Jonathan D. Spence, New York: Viking Penguin Inc., 1984.

38. 《天地陰陽交歡大樂賦》，（中唐）白行簡著，民國三年（1914）長沙葉氏郎園刻《雙梅景闇叢書》本。

39. 《天風閣學詞日記》，夏承燾著，浙江教育出版社、浙江古籍出版社，1997 年《夏承燾集》本。

40. 《天律綱紀》，（清末）佚名撰，巴蜀書社，1994 年影印《藏外道書》本，據清宣統間天津聚文堂刻本影印。

41. 《天啟崇禎宮詞》，（明・崇禎）劉城著，北京古籍出版社，1987 年《清宮詞》本。

42. 《天啟宮詞》，（明・崇禎）秦蘭徵（或題秦徵蘭）著，北京古籍出版社，1987 年《清宮詞》本。

43. 《天啟宮詞》，（明・崇禎）蔣之翹著，北京古籍出版社，1987 年《清宮詞》本。

44. 《天涯詩鈔》，（清・康熙）蔣楛著，北京出版社，2000 年影印《四庫未收書輯刊》本，據清康熙三十三（1692）山陽丘如昇刻本影印。

45. 《天真閣集》，（清・乾隆—嘉慶）孫原湘著，清嘉慶道光間刻本。

46. 《天主聖教十誡》，（葡）陽瑪諾（Emmanuel Diaz）撰，清嘉慶間刻本。

47. 《天主實義》，（意）利瑪竇（Matteo Ricci）撰，齊魯書社，1995 年影印《四庫全書存目叢書》本，據明萬曆間刻《天學初函》本影印。

48. 《填詞》，（清初）毛奇齡著，清康熙間刻乾隆間補修《西河合集》本。

49. 《調象庵稿》，（明・萬曆—天啟）鄒迪光著，齊魯書社，1997 年影印《四庫全書存目叢書》本，據明萬曆間刻本影印。

50. 《鐵圍山叢談》，（宋）蔡絛撰，清乾隆四十六年（1781）長塘鮑氏刻《知不足齋叢書》本。

51. 《聽春新詠》，（清・嘉慶）留春閣小史輯撰，中國戲劇出版社，1988 年《清代燕都梨園史料》本。

52. 《桯史》，（宋）岳珂撰，中華書局，1981 年版。

53. 《庭聞述略》，（明・嘉靖）王文祿述，民國二十一年（1938）商務印書館長沙影印《百陵學山》本，據明萬曆間刻本影印。

54. 《停滯的帝國》，（法）佩雷菲特（Alain Peyrefitte）著，王國卿等譯，三聯書店，1993 年版。

55. 《通志堂集》，（清・康熙）納蘭性德著，清康熙三十年（1691）崑山徐乾學刻本。

56. 《同人集》，（清初）冒襃編，清康熙間如皋冒氏水繪庵刻本。

57. 《同心上半年》，民國間廣州以文堂刻本。

58. 《同性戀健康干預》，高燕寧主編，復旦大學出版社，2006 年版。

59. 《桐陰清話》，（清・咸豐）倪鴻撰，清咸豐八年（1858）刻本。

60. 《童山詩集》，（清・乾隆—嘉慶）李調元著，上海古籍出版社，2002 年影印《續修四庫全書》本，據清乾隆嘉慶間綿州李氏刻道光五年（1825）李朝夔補修《函海》本影印。

61. 《童婉爭奇》，（明末）鄧志謨編，臺灣天一出版社，1985 年影印《明清善本小說叢刊》本。

62. 《圖畫日報》，（清末）環球社圖畫日報館編繪，清末該報上海石印本。

63. 《途說》，（清・嘉慶—道光）繆艮撰，清道光八年（1828）刻本。

64. 《荼薇記銀嬌全本》，清末民國間廣州以文堂刻本。

W

1. 《宛陵集》，（北宋）梅堯臣著，臺灣商務印書館，1986 年影印文淵閣《四庫全書》本。

2. 《宛署雜記》，（明・萬曆）沈榜編撰，北京古籍出版社，1980 年版。

3. 《萬古愁曲》，（明末清初）歸莊著，清光緒三十三年（1907）長沙葉氏郋園刻《雙梅景闇叢書》本。

4. 《萬曆野獲編》，（明末）沈德符撰，中華書局，1959 年版。

5. 《萬應靈方》，（清）高茂金編，清末刻本。

6. 《王百穀集》，（明·嘉靖—萬曆）王稺登著，北京出版社，2000 年影印《四庫禁燬書叢刊》本，據明萬曆間刻本影印。

7. 《王世周先生詩集》，（明·萬曆）王伯稠著，北京出版社，2000 年影印《四庫禁燬書叢刊》本，據明萬曆間刻本影印。

8. 《未開化人的戀愛與婚姻》，（英）馬林諾夫斯基（B. K. Malinowski）著，孫雲利譯，上海文藝出版社，1990 年版。

9. 《味水軒日記》，（明末）李日華撰，民國十二年（1923）吳興劉承幹刻《嘉業堂叢書》本。

10. 《味腴草堂謎語集成》，（清·光緒—宣統）張康圭等編制，人民日報出版社，1991 年《中華謎書集成》本。

11. 《味腴草堂謎語續集》，（清·光緒—宣統）張康圭等編制，人民日報出版社，1991 年《中華謎書集成》本。

12. 《畏廬漫錄》，（清末民初）林紓撰，民國十一年（1922）商務印書館上海鉛印本。

13. 《渭城文物志》，張德臣編著，三秦出版社，2007 年版。

14. 《魏書》，（北齊）魏收撰，中華書局，1974 年版。

15. 《文昌帝君功過格》，（清）佚名撰，清末民國間北京天華館鉛印本。

16. 《文飯小品》，（明末清初）王思任著，嶽麓書社，1989 年版。

17. 《文虎》，（清·同治—光緒）葛元煦編，人民日報出版社，1991 年《中華謎書集成》本。

18. 《文化的變異》，（美）卡萊爾·恩伯（C. Ember），（美）梅爾文·恩伯（M. Ember）著，杜杉杉譯，遼寧人民出版社，1988 年版。

19. 《文化人類學》，（美）哈里斯（M. Harris）著，李培茱等譯，東方出版社，1988 年版。

20. 《文木山房集》，（清·雍正—乾隆）吳敬梓著，上海古籍出版社，2002 年影印《續修四庫全書》本，據清乾隆間刻本影印。

21. 《文藝雜誌》，該刊編，民國間該刊鉛印本。

22. 《文苑英華》，（北宋）李昉等編，臺灣商務印書館，1986 年影印文淵閣《四庫全書》本。

23.《文章遊戲》，（清・嘉慶—道光）繆艮編，清嘉慶道光間刻本。

24.《文忠集》，（南宋）周必大著，臺灣商務印書館，1986 年影印文淵閣《四庫全書》本。

25.《聞歌述憶》，（清末民初）鳴晦廬主人（王立承）撰，中國戲劇出版社，1988 年《清代燕都梨園史料》本。

26.《翁山詩外》，（清初）屈大均著，人民文學出版社，1996 年《屈大均全集》本。

27.《甕牖閒評》，（南宋）袁文撰，中華書局，2007 年版。

28.《我的童年》，郭沫若著，中國華僑出版社，1997 年《郭沫若作品經典》本。

29.《我看乾隆盛世》，（英）巴羅（John Barrow）著，李國慶等譯，北京圖書館出版社，2007 年版。本書英文原名：*Travels in China*。

30.《烏絲詞》，（清初）陳維崧著，清康熙七年（1668）休寧孫默留松閣刻《四家詩餘》本。

31.《巫山豔史》，（清）佚名著，臺灣大英百科股份有限公司，2000 年《思無邪彙寶》本。

32.《無恥奴》，（清末）蘇同著，百花洲文藝出版社，1993 年版。

33.《無聊齋雜記》，（清・咸豐—光緒）無聊齋主人撰，清光緒九年（1883）刻本。

34.《無雙譜》，（清・康熙）金史撰繪，中華書局，1961 年影印《中國古代版畫叢刊》本，據清康熙間刻本影印。

35.《無雙詩合刻》，（清・同治）陶然，（清・同治）凌泗著，清同治十一年（1872）刻本。

36.《無雙譜排律》，（清・道光）王言著，清道光十七年（1837）大興王言刻本。

37.《無錫縣志》，（明・洪武）佚名修，臺灣商務印書館，1986 年影印文淵閣《四庫全書》本。

38.《吳會英才集》，（清・乾隆）畢沅編，清乾隆間刻本。

39.《吳梅村全集》，（清初）吳偉業著，上海古籍出版社，1990 年版。

40.《吳騷合編》，（明・崇禎）張楚叔選輯，（明・崇禎）張旭初刪定，民國二十三年（1934）商務印書館上海影印《四部叢刊續編》本，據明崇禎十

年（1637）虎林張氏刻本影印。

41.《吳小姐憶母怨夫四季解心》，民國間廣州以文堂刻本。

42.《吳歈小草》，（明末）婁堅著，北京出版社，2000 年影印《四庫禁燬書叢刊》本，據清初刻本影印。

43.《梧桐影》，（清）佚名著，臺灣大英百科股份有限公司，2000 年《思無邪彙寶》本。

44.《五鬧蕉帕記》，（明‧萬曆）單本著，臺灣天一出版社，1983 年影印《全明傳奇》本。

45.《五想同心》，民國間廣州以文堂刻本。

46.《五雜組》，（明‧萬曆）謝肇淛撰，民國二十四年（1935）中央書店上海鉛印《國學珍本文庫》本。

47.《武林舊事》，（宋末元初）周密撰，中華書局，2007 年版。

48.《物理小識》，（明末清初）方以智撰，臺灣商務印書館，1986 年影印文淵閣《四庫全書》本。

49.《窳硯齋學詩》，（清‧康熙）戴晟著，北京出版社，2000 年影印《四庫未收書輯刊‧窳硯齋集》本，據清乾隆七年（1742）淮山戴有光等刻本影印。

X

1.《西諦書話》，鄭振鐸著，三聯書店，1983 年版。

2.《西湖二集》，（明‧崇禎）周清原著，人民文學出版社，1989 年版。

3.《西湖夢尋》，（明末清初）張岱著，浙江文藝出版社，1984 年版。

4.《西湖遊覽志餘》，（明‧嘉靖）田汝成撰，臺灣商務印書館，1986 年影印文淵閣《四庫全書》本。

5.《西京雜記》，（晉）葛洪編撰（舊題），臺灣商務印書館，1986 年影印文淵閣《四庫全書》本。

6.《西樓記》，（明末）袁于令著，明末虞山毛氏汲古閣刻《六十種曲》本。

7.《西南風情記》，陳志良編著，1950 年時代書局上海鉛印本。

8.《西遊記》，（明‧嘉靖─萬曆）吳承恩著，人民文學出版社，2010 年版。

9.《希臘羅馬名人傳》，（古希臘）普魯塔克（Plutarch）著，席代岳譯，吉林出版集團有限責任公司，2009 年版。

10.《惜抱軒詩文集》,(清・乾隆—嘉慶）姚鼐著,上海古籍出版社,1992年版。

11.《錫金識小錄》,(清・乾隆）黃印編撰,清光緒二十二年（1896）太湖王念祖活字本

12.《洗冤錄詳義》,(清・道光—咸豐）許槤輯撰,清光緒二年（1876）吳縣潘氏刻本。

13.《戲園竹枝詞》,(清末民初）佚名著,四川人民出版社,1982年《成都竹枝詞》本。

14.《廈門大學學報》,該學報編,該學報1962年版。

15.《纖言》,(清初）陸圻撰,巴蜀書社,1993年影印《中國野史集成》本,據民國三年（1914）國粹學報社上海鉛印《古學彙刊》本影印。

16.《先秦漢魏晉南北朝詩》,逯欽立輯校,中華書局,1983年版。

17.《閒情集》,(清初）顧有孝原編,(清初）陸世楷增輯,北京出版社,2000年影印《四庫禁燬書叢刊》本,據清康熙間刻本影印。

18.《閒情偶記》,(清初）李漁撰,浙江古籍出版社,1991年《李漁全集》本。

19.《香草居集》,(清初）李符著,清乾隆二十四年（1759）桐溪金氏刻本。

20.《香南雪北詞》,(清・嘉慶—道光）吳藻著,清道光二十四年（1844）如皋冒俊刻本。

21.《香蘇山館詩集》,(清・乾隆—嘉慶）吳嵩梁著,清道光二十三年（1843）刻《香蘇山館全集》本。

22.《香溪集》,(南宋）范浚著,臺灣商務印書館,1986年影印文淵閣《四庫全書》本。

23.《香葉草堂詩存》,(清・乾隆）羅聘著,上海古籍出版社,2002年影印《續修四庫全書》本,據清嘉慶間刻道光十四年（1834）重印本影印。

24.《湘瑟詞》,(清初）錢芳標著,清康熙間刻本。

25.《消亡中的原始人》,(美）塞弗林（Timothy Severin）著,周水濤譯,東方出版社,1989年版。

26.《消夏閒記摘抄》,(清・乾隆）顧公燮撰,(清）佚名摘抄,民國六年（1917）商務印書館上海鉛印《涵芬樓秘笈》本。

27.《小倉山房尺牘》,(清・乾隆）袁枚著,江蘇古籍出版社,1993年《袁枚全集》本。

28. 《小倉山房詩集》，（清·乾隆）袁枚著，上海古籍出版社，1988 年《小倉山房詩文集》本。

29. 《小倉山房外集》，（清·乾隆）袁枚著，上海古籍出版社，1988 年《小倉山房詩文集》本。

30. 《小倉山房文集》，（清·乾隆）袁枚著，上海古籍出版社，1988 年《小倉山房詩文集》本。

31. 《小豆棚》，（清·乾隆—嘉慶）曾衍東撰，齊魯書社，1991 年版。

32. 《小羅浮草堂詩集》，（清·乾隆—嘉慶）馮敏昌著，清嘉慶十六年（1811）欽州馮氏刻本。

33. 《小三吾亭詞話》，（清末民國間）冒廣生撰，清光緒宣統間鉛印《晨風閣叢書甲集》本。

34. 《小說考證》，蔣瑞藻編，上海古籍出版社，1984 年版。

35. 《小說新報》，該報編，民國間該報鉛印本。

36. 《笑報》，（清·光緒）該報編，清光緒間字林滬報上海鉛印本。

37. 《笑府》，（明末）馮夢龍輯評，臺灣天一出版社，1985 年影印《明清善本小說叢刊》本。

38. 《笑林廣記》，（清）遊戲主人纂輯，臺灣天一出版社，1985 年影印《明清善本小說叢刊》本。

39. 《笑林廣記》，（清·光緒）程世爵編，長江文藝出版社，1993 年版。

40. 《嘯古堂詩集》，（清·道光—同治）蔣敦復著，清光緒十一年（1885）長洲王韜淞隱廬刻本。

41. 《嘯亭雜錄》，（清·嘉慶—道光）昭槤撰，中華書局，1980 年版。

42. 《邪淫法戒圖說》，明善書局編，民國二十一年（1932）上海明善書局石印本。

43. 《寫心集》，（清·康熙）陳枚輯，清康熙間刻本。

44. 《心史叢刊》，孟森撰，嶽麓書社，1986 年版。

45. 《辛亥革命前後湖南史事》，楊士驤著，湖南人民出版社，1982 年版。

46. 《辛壬癸甲錄》，（清·道光）楊懋建撰，中國戲劇出版社，1988 年《清代燕都梨園史料》本。

47. 《新編鳳雙飛》，（清·同治—光緒）程蕙英著，人民文學出版社，1996 年版。

48.《新燈合璧》，（清・光緒）管禮昌編制，人民日報出版社，1991 年《中華謎書集成》本。

49.《新蘅詞》，（清・咸豐—光緒）張景祁著，清光緒九年（1883）百億梅花仙館刻本。

50.《新刊鞠臺集秀錄》，（清・光緒）佚名撰，中國戲劇出版社，1988 年《清代燕都梨園史料》本。

51.《新民耳食錄》，胡協寅撰，民國二十四年（1935）大達圖書供應社鉛印本。

52.《新評繡像紅樓夢全傳》，（清・乾隆）曹雪芹著，（清・乾隆）高鶚續，（清・嘉慶—道光）王希廉評，清道光十二年（1832）雙清仙館刻本。

53.《新唐書》，（北宋）歐陽修等撰，中華書局，1975 年版。

54.《新五代史》，（北宋）歐陽修撰，中華書局，1974 年版。

55.《新序》，（西漢）劉向編撰，中華書局，2009 年《新序校釋》本。

56.《新婿上廳》，民國間廣州以文堂刻本。

57.《新中國刑法立法文獻資料總覽》（第二版），高銘暄，趙秉志編，中國人民公安大學出版社，2015 年版。

58.《星廬筆記》，李肖聃撰，嶽麓書社，1983 年版。

59.《行都紀事》，（南宋）楊和甫撰，民國十六年（1927）商務印書館上海鉛印《說郛》本。

60.《刑案彙覽》，（清・道光）祝慶祺，（清・道光）鮑書芸編，法律出版社，2008 年《刑案彙覽全編》本。

61.《刑部比照加減成案》，（清・道光—咸豐）許槤，（清・道光）熊莪編，清道光十四年（1834）刻本。

62.《刑部比照加減成案續編》，（清・道光—咸豐）許槤編，清道光二十三年（1843）序刻本。

63.《刑律草案簽注》，（清末）學部等簽注，清宣統間油印本。

64.《型世言》，（明・崇禎）陸人龍著，中華書局，1993 年版。

65.《醒世恒言》，（明末）馮夢龍著，江蘇古籍出版社，1991 年《中國話本大系》本。

66.《醒睡錄初集》，（清・咸豐—同治）鄧文濱撰，清光緒間申報館上海鉛印《申報館叢書》本。

67. 《杏花天》，（清）古棠天放道人著，臺灣大英百科股份有限公司，2000 年《思無邪彙寶》本。

68. 《幸蜀記》，（晚唐）宋居白撰，清宣統間國學扶輪社上海鉛印《古今說部叢書》本。

69. 《性經驗史》，（法）福柯（Michel Foucault）著，佘碧平譯，上海人民出版社，2005 年版。

70. 《性心理學》，（英）靄理士（Havelock Ellis）著，潘光旦譯，三聯書店，1987 年版。

71. 《修正刑律案語》，（清末）沈家本等編撰，清宣統間鉛印本。

72. 《秀容掃琴南音》，民國間廣州醉經堂刻本。

73. 《繡榻野史》，（明·萬曆）呂天成著，臺灣大英百科股份有限公司，1994 年《思無邪彙寶》本。

74. 《續板橋雜記》，（清·乾隆）珠泉居士撰，清乾隆間刻本。

75. 《續紅樓夢》，（清·嘉慶）秦子忱著，山西古籍出版社，1998 年《紅樓夢叢書全編》本。

76. 《續金瓶梅》，（清初）丁耀亢著，齊魯書社，2006 年版。

77. 《續呂氏家塾讀詩記》，（南宋）戴溪撰，臺灣商務印書館，1986 年影印文淵閣《四庫全書》本。

78. 《續世說》，（北宋）孔平仲撰，山東人民出版社，2018 年版。

79. 《續同人集》，（清·乾隆）袁枚編，江蘇古籍出版社，1993 年《袁枚全集》本。

80. 《續西廂升仙記》，（明末）黃粹吾著，臺灣天一出版社，1983 年影印《全明傳奇》本。

81. 《續笑林評》，（明·萬曆）楊茂謙輯評，臺灣天一出版社，1985 年影印《明清善本小說叢刊》本。

82. 《續揚州竹枝詞》，（清·乾隆—嘉慶）林蘇門著，揚州古舊書店，1961 年抄《揚州風土詞萃》本。

83. 《續揚州竹枝詞》，（清末）臧穀著，北京古籍出版社，1997 年《中華竹枝詞》本。

84. 《續增刑案彙覽》，（清·道光）祝慶祺編，法律出版社，2008 年《刑案彙覽全編》本。

85.《續證人社約戒》，（清初）惲日初撰，清康熙間刻《檀几叢書》本。

86.《續資治通鑑長編》，（南宋）李燾撰，臺灣商務印書館，1986 年影印文淵閣《四庫全書》本。

87.《宣南雜俎》，（清·同治—光緒）藝蘭生輯，中國戲劇出版社，1988 年《清代燕都梨園史料》本。

88.《宣政雜錄》，（宋）江萬里撰，民國二十九年（1940）商務印書館長沙影印《景印元明善本叢書十種·歷代小史》本，據明刻本影印。

89.《學術研究》，該刊編，該刊 2004 年版。

90.《尋根》，該刊編，該刊 1999 年版。

91.《荀學齋日記》，（清·咸豐—光緒）李慈銘撰，燕山出版社，1988 年影印本。

92.《荀子》，（戰國）荀況撰，中華書局，2011 年版。

Y

1.《煙霞萬古樓文集》，（清·嘉慶）王曇著，中華書局，1985 年影印《叢書集成初編》本，據民國二十四年（1935）商務印書館上海鉛印《叢書集成初編》本影印。

2.《煙嶼樓詩集》，（清·道光—同治）徐時棟著，清同治間慈谿葉氏虎胛山房刻本。

3.《燕都名伶傳》，張次溪撰，中國戲劇出版社，1988 年《清代燕都梨園史料》本。

4.《燕都日記》，（明末清初）馮夢龍撰，（明末清初）莫釐山人增補，清光緒間申報館上海鉛印《申報館叢書》本。

5.《燕歸來簃隨筆》，張次溪輯撰，中國戲劇出版社，1988 年《清代燕都梨園史料》本。

6.《燕京雜記》，（清·嘉慶）佚名撰，北京古籍出版社，1986 年版。

7.《燕蘭小譜》，（清·乾隆）吳長元撰，中國戲劇出版社，1988 年《清代燕都梨園史料》本。

8.《燕南瑣憶》，（清末民初）李霈撰，民國間鉛印本。

9.《燕石集》，（元）宋褧著，清康熙四十一年（1702）長洲顧氏秀野草堂刻《元詩選》二集本。

10. 《燕臺鴻爪集》，（清・道光）粟海庵居士撰，中國戲劇出版社，1988 年《清代燕都梨園史料》本。

11. 《燕臺花史》，（清・咸豐）蜃橋逸客等撰，中國戲劇出版社，1988 年《清代燕都梨園史料》本。

12. 《燕臺花事錄》，（清・同治—光緒）蜀西樵也（王曾祺）撰，中國戲劇出版社，1988 年《清代燕都梨園史料》本。

13. 《燕臺集豔》，（清・道光）播花居士撰，中國戲劇出版社，1988 年《清代燕都梨園史料》本。

14. 《言鯖》，（清・康熙）呂種玉撰，清康熙間刻《說鈴》本。

15. 《延芬室集》，（清・乾隆）永忠著，上海古籍出版社，1990 年影印本，據著者稿本等影印。

16. 《鹽鐵論》，（西漢）桓寬編撰，臺灣商務印書館，1986 年影印文淵閣《四庫全書》本。

17. 《顏氏家訓》，（北齊—隋）顏之推撰，臺灣商務印書館，1986 年影印文淵閣《四庫全書》本。

18. 《簷曝雜記》，（清・乾隆—嘉慶）趙翼撰，中華書局，1982 年版。

19. 《晏子春秋》，（春秋）晏嬰編撰，中華書局，1962 年《晏子春秋集釋》本。本書實際編撰者可能是秦滅六國之後的原齊國人。

20. 《豔異編》，（明・嘉靖—萬曆）王世貞編，春風文藝出版社，1988 年版。

21. 《燕子箋》，（明末）阮大鋮著，民國八年（1919）武進董氏刻《誦芬室叢刊》本。

22. 《揚州畫舫錄》，（清・乾隆）李斗撰，江蘇廣陵古籍刻印社，1984 年版。

23. 《揚州竹枝詞》，（清・康熙—乾隆）董偉業著，揚州古舊書店，1961 年抄《揚州風土詞萃》本。

24. 《瘍醫大全》，（清・乾隆）顧世澄編撰，清光緒二十七年（1901）上海圖書集成印書局鉛印本。

25. 《妖狐豔史》，（清）松竹軒著，臺灣大英百科股份有限公司，2000 年《思無邪彙寶》本。

26. 《瑤臺小錄》，（清・光緒）王韜撰，中國戲劇出版社，1988 年《清代燕都梨園史料》本。

27. 《耶穌會士中國書簡集》，（法）杜赫德（Jean-Baptiste du Halde）等編，鄭

德弟等譯，大象出版社，2005 年版。

28. 《野記》，（明·弘治—嘉靖）祝允明撰，齊魯書社，1995 年影印《四庫全書存目叢書》本，據明毛文燁刻本影印。

29. 《野史無文》，（清初）鄭達編，中華書局，1960 年《晚明史料叢書》本。

30. 《野叟曝言》，（清·乾隆）夏敬渠著，吉林文史出版社，1994 年版。

31. 《業海扁舟》，（清·道光）友月居士（綿愷）著，清道光間抄本。

32. 《夜諫金蘭》，民國間廣州以文堂刻本。

33. 《夜譚隨錄》，（清·乾隆）和邦額撰，上海古籍出版社，1988 年版。

34. 《夜雨秋燈錄》，（清·同治—光緒）宣鼎撰，時代文藝出版社，1987 年版。

35. 《一片情》，（清·順治）佚名著，巴蜀書社，1993 年《明代小說輯刊》本。

36. 《一夕話二刻》，（明末清初）咄咄夫編，清初刻本。

37. 《醫案》，（明·萬曆）孫一奎撰，明萬曆間新安孫氏刻本。

38. 《猗覺僚雜記》，（南宋）朱翌撰，臺灣商務印書館，1986 年影印文淵閣《四庫全書》本。

39. 《游遊草》，（明·萬曆）潘之恒著，明萬曆間刻本。

40. 《夷堅志》，（南宋）洪邁撰，中華書局，2006 年版。

41. 《宜春香質》，（明·崇禎）醉西湖心月主人著，巴蜀書社，1995 年《明代小說輯刊》本。

42. 《宜麟策》，（清）佚名編撰，遠方出版社，2001 年《中國古代禁書文庫》本。

43. 《怡情陣》，（清）江西野人編著，臺灣大英百科股份有限公司，2000 年《思無邪彙寶》本。

44. 《頤道堂詩外集》，（清·嘉慶—道光）陳文述著，清嘉慶間錢塘陳氏刻《頤道堂詩選》本。

45. 《疑獄集》，（五代）和凝纂輯，（北宋）和㠓附續，（明）張景續輯，清咸豐元年（1851）刻本。

46. 《已畦詩集》，（清初）葉燮著，齊魯書社，1997 年影印《四庫全書存目叢書》本，據清康熙間吳江葉氏二棄草堂刻本影印。

47. 《藝文類聚》，（初唐）歐陽詢等編，中華書局，1965 年版。

48. 《亦囂囂堂謎稿》，（清末）古階平制，人民日報出版社，1991 年《中華謎

書集成·十五家妙契同岑集謎選》本。

49.《異辭錄》,（清末民初）劉體智撰,中華書局,1988 年版。

50.《易順鼎詩文集》,（清末民初）易順鼎著,湖南人民出版社,2010 年版。

51.《逸周書》,黃懷信、張懋鎔、田旭東校集,上海古籍出版社,1995 年《逸周書彙校集注》本。

52.《意中緣》,（清初）李漁著,浙江古籍出版社,1991 年《李漁全集》本。

53.《因話錄》,（晚唐）趙璘撰,臺灣商務印書館,1986 年影印文淵閣《四庫全書》本。

54.《因樹屋書影》,（清初）周亮工撰,清雍正間刻本。

55.《蔭綠軒詞》,（清初）徐喈鳳著,清康熙間刻本。

56.《蟫史》,（清·乾隆—嘉慶）屠紳著,人民文學出版社,1992 年版。

57.《隱秀軒集》,（明末）鍾惺著,北京出版社,2000 年影印《四庫禁燬書叢刊》本,據明天啟二年（1622）虞山沈春澤刻本影印。

58.《隱語鯖腴》,（清·同治—光緒）徐賓華編,人民日報出版社,1991 年《中華謎書集成》本。

59.《英使謁見乾隆紀實》,（英）斯當東（George Staunton）著,葉篤義譯,上海書店出版社,2005 年版。

60.《鶯花小譜》,（清·嘉慶）半標子著,中國戲劇出版社,1988 年《清代燕都梨園史料》本。

61.《螢窗異草》,（清·乾隆）長白浩歌子撰,人民文學出版社,1990 年版。

62.《庸閒齋筆記》,（清·同治）陳其元撰,清同治十三年（1874）吳下刻本。

63.《永定縣志》,（清·道光）方履籛,（清·道光）巫宜福纂輯,廈門大學出版社,2012 年版。

64.《永曆實錄》,（明末清初）王夫之撰,嶽麓書社,1982 年版。

65.《永明縣志》,（清·光緒）萬發元修,（清·光緒）周銑詒纂,清光緒三十三年（1907）刻本。

66.《永慶昇平全傳》,（清·光緒）郭廣瑞,（清·光緒）貪夢道人著,上海古籍出版社,1993 年版。

67.《幽閒鼓吹》,（晚唐）張固撰,上海古籍出版社,2012 年版。

68.《遊居柿錄》,（明·萬曆）袁中道著,上海古籍出版社,1989 年《珂雪齋集》本。

69.《有正味齋詞集》，（清・乾隆—嘉慶）吳錫麒著，清嘉慶間刻本。

70.《酉陽雜俎》，（晚唐）段成式撰，中華書局，2018 年版。

71.《右臺仙館筆記》，（清・同治—光緒）俞樾撰，齊魯書社，1986 年版。

72.《餘生虎口虎》，（清・同治—光緒）葛蛀制，人民日報出版社，1991 年《中華謎書集成》本。

73.《俞選謎虎》，（清）佚名製，人民日報出版社，1991 年《中華謎書集成・百二十家謎語》本。

74.《庾子山集》，（北周）庾信著，臺灣商務印書館，1986 年影印文淵閣《四庫全書》本。

75.《漁洋詩話》，（清初）王士禎撰，臺灣商務印書館，1986 年影印文淵閣《四庫全書》本。

76.《漁洋續詩》，（清初）王士禎著，清康熙五十年（1711）歙縣程哲七略書堂刻《帶經堂集》本。

77.《瑜伽師地論》，（古印度）彌勒菩薩說，（初唐）釋玄奘譯，清末民初羅迦陵上海鉛印《頻伽精舍校勘大藏經》本。

78.《與稽齋叢稿》，（清・乾隆—嘉慶）吳翌鳳著，清嘉慶間刻本。

79.《雨窗消意錄》，（清・光緒）朱克敬撰，嶽麓書社，1983 年版。

80.《雨村詩話》，（清・乾隆—嘉慶）李調元撰，巴蜀書社，2006 年《雨村詩話校正》本。

81.《雨韭盦筆記》，（清・道光—咸豐）汪鼎撰，清咸豐間山陰汪氏刻本。

82.《玉嬋附薦金蘭》，民國間廣州以文堂刻本。

83.《玉蟬歎五更》，民國間廣州五桂堂刻本。

84.《玉蟬問覡》，民國間廣州五桂堂刻本。

85.《玉川子詩集》，（中唐）盧仝著，上海古籍出版社，2002 年影印《續修四庫全書》本，據清刻《晴川八識》本影印。

86.《玉閨紅》，（明・崇禎）東魯落落平生著，臺灣大英百科股份有限公司，2000 年《思無邪彙寶》本。

87.《玉合記》，（明・萬曆）梅鼎祚著，臺灣天一出版社，1983 年影印《全明傳奇》本。

88.《玉壺野史》，（北宋）釋文瑩撰，清嘉慶十五年（1810）海虞張氏刻《墨海金壺》本。

89. 《玉嬌梨》，（明末清初）天花藏主人著，春風文藝出版社，1981 年版。

90. 《玉泉子真錄》，（晚唐）佚名撰，明末清初刻《說郛》本。

91. 《玉如意全傳》，（清‧嘉慶）嚴振先著，清同治十三年（1874）刻本。

92. 《玉臺新詠》，（梁—陳）徐陵編，（清‧康熙）吳兆宜注，中華書局，1985 年《玉臺新詠箋注》本。

93. 《玉堂閑話》，（五代）王仁裕撰，杭州出版社，2004 年《五代史書彙編》本。

94. 《玉簪記》，（明‧萬曆）高濂著，臺灣天一出版社，1983 年影印《全明傳奇》本。

95. 《玉塵新譚》，（明末）鄭仲夔撰，北京出版社，2000 年影印《四庫禁燬書叢刊》本，據明末刻本影印。

96. 《鬱儀樓集》，（明‧萬曆—天啟）鄒迪光著，齊魯書社，1997 年影印《四庫全書存目叢書》本，據明萬曆間刻本影印。

97. 《慾海慈航》，（清‧乾隆）黃正元編，清道光十七年（1837）京都晉文齋刻本。

98. 《慾海回狂》，（清‧康熙）周思仁輯撰，民國十六年（1927）鉛印本。

99. 《寓意草》，（清初）喻昌撰，臺灣商務印書館，1986 年影印文淵閣《四庫全書》本。

100. 《御定歷代題畫詩類》，（清‧康熙）陳邦彥編，臺灣商務印書館，1986 年影印文淵閣《四庫全書》本。

101. 《御批歷代通鑒輯覽》，（清‧乾隆）傅恒等撰，臺灣商務印書館，1986 年影印文淵閣《四庫全書》本。

102. 《御湘謎語》，（清）何綺制，人民日報出版社，1991 年《中華謎書集成‧百二十家謎語》本。

103. 《鴛鴦針》，（明末清初）吳拱宸著，春風文藝出版社，1985 年版。

104. 《淵鑒類函》，（清‧康熙）張英等編，臺灣商務印書館，1986 年影印文淵閣《四庫全書》本。

105. 《元宮詞百章》，（明‧永樂—宣德）朱有燉著，書目文獻出版社，1995 年版。

106. 《元人雜劇鉤沉》，趙景深編，上海古典文學出版社，1956 年版。

107. 《元史》，（明‧太祖）宋濂等撰，中華書局，1976 年版。

108.《元稹集》，（中唐）元稹著，中華書局，2011 年《元稹集校注》本。

109.《遠色編》，（清·康熙）佚名編，（清·乾隆）陳瑛重編，清道光十八年（1838）錢塘項爾康刻本。

110.《遠色編》，（清·康熙）佚名編，（清·乾隆）閔補籬重編，（清·道光）白良弼等評注，清道光十年（1830）刻本。

111.《遠山堂明劇品》，（明末）祁彪佳撰，上海出版公司，1955 年《遠山堂明曲品劇品校錄》本。

112.《遠山堂明曲品》，（明末）祁彪佳撰，上海出版公司，1955 年《遠山堂明曲品劇品校錄》本。

113.《遠山堂詩集》，（明末）祁彪佳著，上海古籍出版社，2002 年影印《續修四庫全書》本，據清初山陰祁氏東書堂抄本影印。

114.《樂府詩集》，（北宋）郭茂倩編，上海古籍出版社，1998 年版。

115.《樂府雜錄》，（晚唐）段安節撰，上海古籍出版社，2015 年《樂府雜錄校注》本。

116.《樂書》，（北宋）陳暘撰，臺灣商務印書館，1986 年影印文淵閣《四庫全書》本。

117.《樂章集》，（北宋）柳永著，臺灣商務印書館，1986 年影印文淵閣《四庫全書》本。

118.《悅親樓詩集》，（清·乾隆—嘉慶）祝德麟著，上海古籍出版社，2002 年影印《續修四庫全書》本，據清嘉慶二年（1797）姑蘇刻本影印。

119.《閱微草堂筆記》，（清·乾隆—嘉慶）紀昀著，嶽麓書社，1993 年版。

120.《粵匪雜錄》，（清）佚名輯，民國間常熟縣圖書館抄本。

121.《粵風》，（清·乾隆—嘉慶）李調元輯解，清乾隆間綿州李氏刻《函海》本。

122.《粵小記》，（清·嘉慶—道光）黃芝撰，廣東中山圖書館，1960 年油印本。

123.《粵諧》，（清·嘉慶—道光）黃芝撰，廣東中山圖書館，1960 年油印本。

124.《粵屑》，（清·嘉慶—道光）劉世馨撰，清道光十年（1830）刻本。

125.《粵遊小志》，（清·同治—光緒）張心泰撰，清光緒十七年（1891）上海著易堂鉛印本。

126.《粵遊吟》，（清·嘉慶）陳本直著，清同治十二年（1873）廣州刻本。

127.《越縵堂日記》，（清·咸豐—光緒）李慈銘撰，民國九年（1920）商務印書館上海石印本。

128.《越縵堂日記補》，（清·咸豐—光緒）李慈銘撰，民國二十五年（1936）商務印書館上海石印本。

129.《雲間據目抄》，（明·萬曆）范濂撰，清光緒間申報館上海鉛印《申報館叢書》本。

130.《雲郎小史》，冒廣生輯撰，中國戲劇出版社，1988 年《清代燕都梨園史料》本。

131.《雲溪友議》，（晚唐）范攄撰，中華書局，2017 年《雲溪友議校箋》本。

Z

1.《載花船》，（明末清初）西泠狂者著，江蘇古籍出版社，1993 年《中國話本大系》本。

2.《在園雜志》，（清·康熙）劉廷璣撰，清康熙五十四年（1715）刻本。

3.《棗林雜俎》，（明末清初）談遷撰，中華書局，2006 年版。

4.《賊情彙纂》，（清·咸豐）張德堅等編，民國二十一年（1932）國學圖書館石印本。

5.《增補都門紀略》，（清·道光）楊靜亭撰，（清·同治）李靜山等補，清光緒五年（1879）刻本。

6.《增補菊部群英》，（清·同治—光緒）糜月樓主（譚獻）撰，中國戲劇出版社，1988 年《清代燕都梨園史料》本。

7.《增補如面談新集》，（清初）李光祚纂注，清藜照堂刻本。

8.《增刊校正王狀元集注分類東坡先生詩》，（北宋）蘇軾著，民國八年（1919）商務印書館上海影印《四部叢刊》本，據宋刻本影印。

9.《增評補圖石頭記》，（清·乾隆）曹雪芹著，（清·乾隆）高鶚續，（清·嘉慶—道光）王希廉評，（清末）姚燮評，清光緒二十四年（1898）上海鉛印本。

10.《斬鬼傳》，（清·康熙—乾隆）劉璋著，北嶽文藝出版社，1989 年版。

11.《戰國策》，（西漢）劉向編撰，上海古籍出版社，2006 年《戰國策箋證》本。

12.《張競生文集》，張競生著，廣州出版社，1998 年版。

13. 《張生煮海》，（元）李好古著，民國七年（1918）商務印書館上海影印《元人百種曲》本，據明萬曆間吳興臧懋循雕蟲館刻本影印。

14. 《張氏卮言》，（清·康熙）張元賡撰，清道光十三年（1833）吳江沈氏世楷堂刻《昭代叢書》本。

15. 《張文襄軼事》，楊公道撰，民國八年（1919）兩友軒鉛印本。

16. 《張協狀元》，（南宋）溫州九山書會著，民國二十年（1931）古今小品書籍印行會北平鉛印《永樂大典戲文三種》本。

17. 《趙翼詩編年全集》，（清·乾隆—嘉慶）趙翼著，天津古籍出版社，1996年版。

18. 《折獄新語》，（明末清初）李清撰，吉林人民出版社，1989年《折獄新語注釋》本。

19. 《珍席放談》，（北宋）高晦叟撰，臺灣商務印書館，1986年影印文淵閣《四庫全書》本。

20. 《診餘集》，（清·光緒）余景和撰，民國七年（1918）海虞余氏鉛印本。

21. 《震澤長語》，（明·正德）王鏊撰，臺灣商務印書館，1986年影印文淵閣《四庫全書》本。

22. 《正誼堂詩集》，（清初）董以寧著，清康熙間書林蘭蓀堂刻本。

23. 《鄭板橋全集》，（清·雍正—乾隆）鄭燮著，齊魯書社，1985年版。書信。

24. 《鄭板橋全集》，（清·雍正—乾隆）鄭燮著，中州古籍出版社，1992年影印本，據民國二十四年（1935）上海世界書局影印本影印。詩詞。

25. 《鄭板橋文集》，（清·雍正—乾隆）鄭燮著，巴蜀書社，1997年版。

26. 《知堂書話》，周作人著，嶽麓書社，1986年版。

27. 《紙糊燈龍》，（清·道光）不能道人撰，民國二十一年（1932）聚文社刻本。

28. 《至正直記》，（元）孔齊撰，上海古籍出版社，1987年版。

29. 《誌異新編》，（清·乾隆—嘉慶）福慶撰，清嘉慶間刻本。

30. 《治世餘聞》，（明·弘治—嘉靖）陳洪謨撰，中華書局，1985年版。

31. 《炙硯瑣談》，（清·乾隆）湯大奎撰，清乾隆五十七年（1792）武進趙懷玉亦有生齋刻本。

32. 《中國娼妓史》，王書奴著，三聯書店，2012年版。

33. 《中國川劇通史》，鄧運佳著，四川大學出版社，1993 年版。

34. 《中國地方志民俗資料彙編・中南卷》，丁世良、趙放主編，書目文獻出版社，1991 年版。

35. 《中國風俗辭典》，葉大兵等主編，上海辭書出版社，1990 年版。

36. 《中國古代房內考》，（荷）高羅佩（R. H. Van Gulik）著，李零等譯，上海人民出版社，1990 年版。

37. 《中國古代男色文學研究》，何大衛撰，臺灣大學中國文學研究所碩士論文，2006 年 5 月。

38. 《中國古代書畫圖目》，中國古代書畫鑒定組編，文物出版社，1993 年版。

39. 《中國近代紡織史》，《中國近代紡織史》編輯委員會編著，中國紡織出版社，1996 年版。

40. 《中國禁燬小說百話》，李夢生著，上海古籍出版社，1994 年版。

41. 《中國歷代服飾史》，袁傑英編著，高等教育出版社，1994 年版。

42. 《中國秘語行話詞典》，曲彥斌主編，書目文獻出版社，1994 年版。

43. 《中國戲曲》，（日）辻聽花撰，民國十四年（1925）順天時報社北京鉛印本。

44. 《中華大帝國史》，（西）門多薩（Juan Gonzalez de Mendoza）編著，孫家堃譯，中央編譯出版社，2009 年版。

45. 《中華民國刑法》（1928），國民政府司法部編，民國二十年（1931）商務印書館上海鉛印本。

46. 《中華民國刑法》（1935），國民政府司法部編，民國二十六年（1937）會文堂新記書局上海鉛印本。

47. 《中華全國風俗志》，胡樸安編撰，河北人民出版社，1986 年版。

48. 《中極戒》，清光緒三十二年（1906）成都二仙庵刻《道藏輯要》本。

49. 《中洲草堂遺集》，（明末清初）陳子升著，清道光二十年（1840）南海伍氏詩雪軒刻《粵十三家集》本。

50. 《忠雅堂詞集》，（清・乾隆）蔣士銓著，清嘉慶三年（1798）揚州刻本。

51. 《忠雅堂詩集》，（清・乾隆）蔣士銓著，清嘉慶三年（1798）揚州刻本。

52. 《眾香國》，（清・嘉慶）眾香主人撰，中國戲劇出版社，1988 年《清代燕都梨園史料》本。

53.《周禮注疏》，（東漢）鄭玄注，（初唐）賈公彥等疏，中華書局，1980年影印《十三經注疏》本，據清嘉慶間揚州阮元校刻本影印。

54.《周書》，（初唐）令狐德棻等撰，中華書局，1971年版。

55.《周易》，（初唐）孔穎達等疏，中華書局，1980年影印《十三經注疏·周易正義》本，據清嘉慶間揚州阮元校刻本影印。

56.《周易程氏傳》，（北宋）程頤撰，中華書局，2004年《二程集》本。

57.《周中丞疏稿》，（明·萬曆）周孔教著，齊魯書社，1996年影印《四庫全書存目叢書》本，據明萬曆間刻本影印。

58.《朱子語類》，（南宋）黎靖德編，中華書局，1986年版。

59.《諸葛亮集》，（蜀）諸葛亮著，天津古籍出版社，2008年《諸葛亮集校注》本。

60.《株林野史》，（清）佚名著，臺灣大英百科股份有限公司，2000年《思無邪彙寶》本。

61.《竹林女科證治》，（清）蕭山竹林寺編撰，清光緒十七年（1891）桐城方昌翰皖江節署刻本。

62.《竹山詞》，（宋末元初）蔣捷著，臺灣商務印書館，1986年影印文淵閣《四庫全書》本。

63.《竹葉庵文集》，（清·乾隆）張塤著，上海古籍出版社，2002年影印《續修四庫全書》本，據清乾隆五十一年（1786）刻本影印。

64.《竹莊詩話》，（南宋）何汶編撰，臺灣商務印書館，1986年影印文淵閣《四庫全書》本。

65.《莊諧選錄》，（清·光緒）汪康年編撰，清光緒三十年（1904）中外日報館上海鉛印本。

66.《壯悔堂文集》，（明末清初）侯方域著，民國二十五年（1936）中華書局上海鉛印《四部備要·壯悔堂集》本。

67.《綴白裘》，（清）玩花主人輯，（清·乾隆）錢德蒼增輯，清乾隆四十七年（1782）金閶學耕堂刻本。

68.《資治通鑒》，（北宋）司馬光編撰，（元）胡三省音注，中華書局，1956年版。

69.《子不語》，（清·乾隆）袁枚著，上海古籍出版社，1986年版。

70.《紫柏老人集》，（明·萬曆—天啟）釋真可撰，臺灣文殊文化有限公司，

　　1989 年影印《禪宗全書》本，據明天啟間刻本影印。

71.《紫禁城》，該刊編，該刊 1992 年版。

72.《自由雜誌》，臺愛樓主編，民國間該刊鉛印本。

73.《自娛集》，（明·萬曆）俞琬綸著，清刻本。

74.《棕亭詞鈔》，（清·乾隆）金兆燕著，清道光十六年（1836）贈雲軒刻本。

75.《棕亭古文鈔》，（清·乾隆）金兆燕著，清道光十六年（1836）贈雲軒刻本。

73.《棕亭詩鈔》，（清·乾隆）金兆燕著，清嘉慶十二年（1807）贈雲軒刻本。

77.《罪惟錄》，（清初）查繼佐編撰，民國間商務印書館上海影印《四部叢刊三編》本，據海寧查氏手稿本影印。

78.《醉茶誌怪》，（清·光緒）李慶辰撰，清光緒十八年（1892）津門刻本。

79.《醉翁談錄》，（宋末元初）羅燁編撰，日本昭和十五年（1940）東京求文堂影印本，據宋刻本影印。

80.《醉醒石》，（明末清初）東魯古狂生著，上海古籍出版社，1985 年版。

81.《攜李詩繫》，（清·康熙）沈季友編，臺灣商務印書館，1986 年影印文淵閣《四庫全書》本。

82.《遵生八箋》，（明·萬曆）高濂編撰，臺灣商務印書館，1986 年影印文淵閣《四庫全書》本。

83.《左傳》，（春秋）左丘明撰（舊題），中華書局，2009 年《春秋左傳注》本。